**표트르 대제(1672~1725)** 로마노프 왕조의 4대(代) 차르이자 러시아 제국의 초대 황제. 25세의 젊고 용감한 표트르의 모습. 1698년 4월 18일 영국 윌리엄 3세의 요청으로 화가 넬러가 런던에 머물던 표트르 대제를 그린 그림이 원본 초상화이다.

**로마노프 왕조의 초대 차르 선출** 1613년 2월 21일 국민 회의인 젬스키 소보르에서 차르로 미하일 선출, 표트르 대제의 할아버지

**표트르 대제의 아버지**
차르 알렉세이(재위: 1645~1682)

**표트르 대제의 어머니**
나탈리야 나리시키나(1651~1694)

**표트르 대제의 대관식** 1682년 6월 25일 크렘린궁 성모승천 성당, 표트르는 대관식 때 총대주교의 설교를 들었다. "정교회 신앙을 신성하게 보존하고 국민을 사랑하고 호의를 베풀며 올바른 판단에 따라 국정을 운영하고 하느님의 심판이 있음을 기억하시오."

**표트르 대제의 결혼식** 1689년 1월 27일 시인 이스토민이 표트르에게 선물한 『성실한 결혼 생활을 위한 사랑의 증표』 책의 삽화, "경건한 차르와 왕후가 수년 동안 하느님의 구원에서 살기를 바라며 많은 자녀가 그리스도 안에서 살기를 기원합니다. 하느님께서 주신 유산들은 러시아 왕국이 끝날 때까지 이어질 것입니다."

**표트르 대제의 친필 편지** 1693년 9월 8일 표트르가 어머니에게 보낸 편지. "가장 사랑하는 어머니, 나탈리야 키릴로브나에게, 저를 기쁘게 하시는 어머니께서는 자주 편지를 쓰라고 하셨습니다. 편지 쓰는 걸 제 일로 간주했지만, 자주 쓰지 못한 건 제 불찰입니다.……저의 기쁨인 어머니, 안녕히 계십시오. 어머니의 기도 덕에 살아갑니다. Petrv."

**표트르 대제의 수첩** 표트르가 평생 지니고 다녔던 개인 수첩에 있는 함선 등급표

**아조프해 전투 승리 개선식** 러시아 제국 최초의 쌍두독수리 왕관 문양

**표트르 대제의 여권** 1697~1698년 표트르가 유럽 시찰 시 사용한 여권이며 리가, 쾨니히스베르크, 하노버, 암스테르담, 런던, 드레스텐, 프라하, 빈, 크라코프 등을 시찰하였으며 자신의 이름을 표트르 로마노프가 아닌 표트르 미하일로프로 사용함. "폐하의 칙령에 따라 프레오브라젠스키 연대 가브릴로 코빌린, 표트르 미하일로프, 그리고 22명의 병사를 군사 문제를 연구하기 위해 유럽의 기독교 국가, 공국, 자유도시로 파견하였습니다."

**표트르 대제를 조각한 최초의 청동 기마상** 이탈리아 조각가 라스트렐리(Carlo Rastrelli, 1666~1744)가 마르쿠스 아우렐리우스, 프리드리히 빌헬름, 루이 14세의 기마상을 표본으로 조각한 러시아 최초의 청동 기마상

사랑하는 부모님(姜炳哲, 李日惠)께 이 책을 바칩니다.
아버님 생전에 바치지 못한 것을 후회하며, 어머님 살아생전에 책을 바치게 되어, 도움을 주신 모든 분께 진심으로 감사합니다.

"역사는 과거를 심판하고 미래의 유익을 위해 현재에 교훈을 주는 임무를 스스로 떠맡았습니다. 이 일은 이러한 고귀한 목표를 열망하지 않습니다. 역사의 임무는 단지 모든 일이 실제로 어떻게 일어났는지 보여주는 것입니다."

– 근대 역사학의 아버지, 레오폴트 폰 랑케(Ranke, 1795~1886)

러시아는 어떻게 제국이 되었나
# The Reforms of Peter the Great I

|||||||||||||||||||||

By Kang Pyeong Ki

아르바트
Aroat

**[러시아 제국의 최초 지도]** 러시아 역사와 문화에서 중요한 기념물 중 하나로 표트르 대제가 1720년 『일반규정』에 의거하여 지도 제작을 지시하였고 수작업으로 1734년에 편찬한 지도

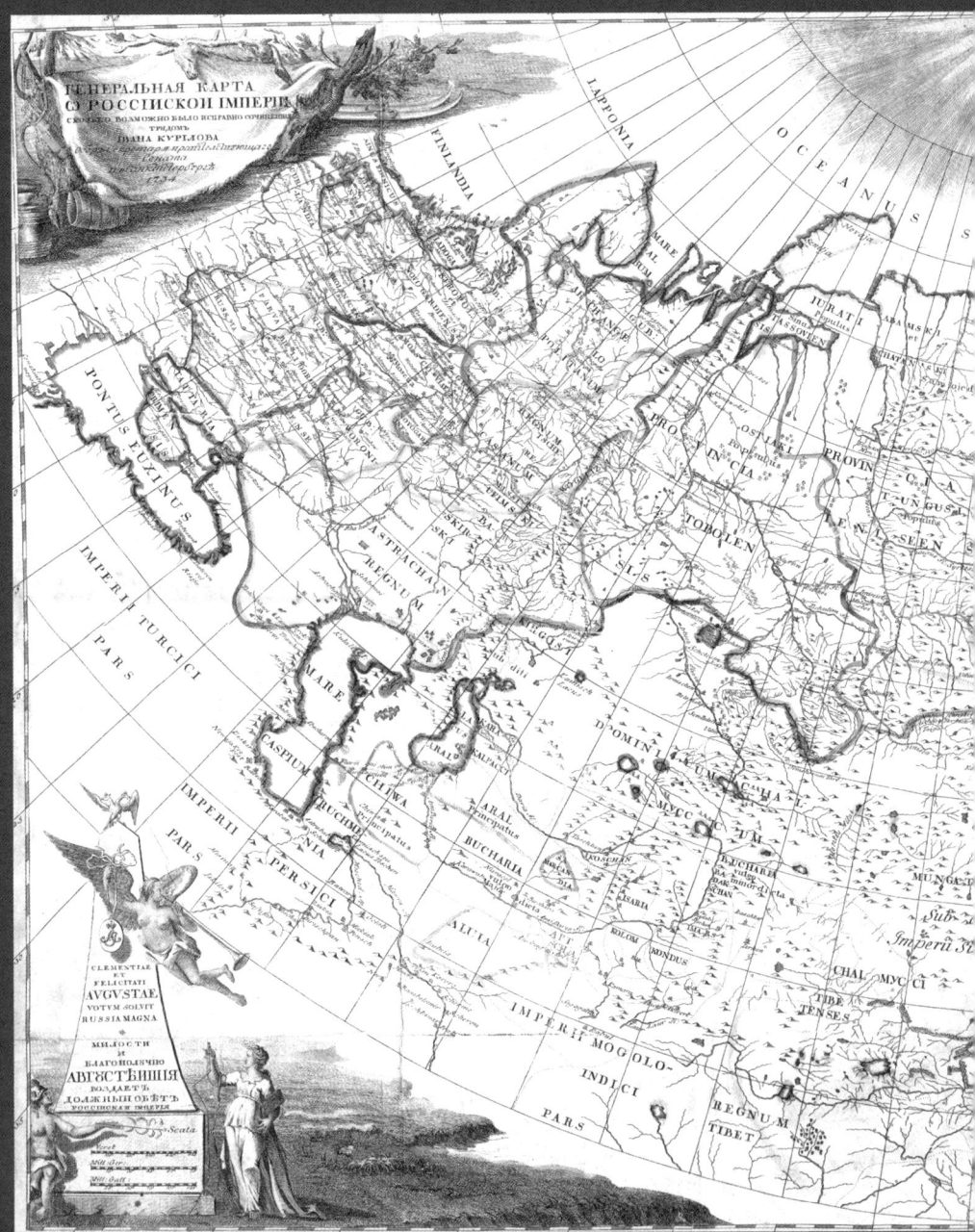

**일러두기:**
- 이 책의 연대는 표트르 시기 사용한 율리우스력이다. 글의 의미상 그레고리우스력이 필요할 경우, '신력(新曆)'이라고 표기했다. 17세기는 그레고리우스력보다 10일이, 18세기에는 11일이 늦다. 러시아는 볼셰비키 혁명 후 1918년부터 그레고리우스력을 사용하고 있다.
- 책에 사용된 고문서와 그림은 러시아연방 기록청과 러시아 국립 고문서관에서 받은 디지털 자료로 모두 허가를 받은 것이다.
- 러시아어 표기는 국립국어원에서 지정한 한글 표기 규정에 따라 썼으며, 명칭은 역사적으로 통용되는 지명을 사용했다. 키이우는 키예프, 아조우는 아조프 등이다.
- 글의 흐름을 위해 " ", ' ', ? 등의 기호는 되도록 표기하지 않았다.
- 번역 시 최대한 오역을 피했지만, 잘못된 부분도 있으리라 생각한다. 너그럽게 양해해 주기 바란다.

# 에필로그(Epilogue)

　1725년 1월 28일(2월 8일 신력(新曆), 목요일) 새벽 5시 15분, 추운 겨울날 칠흑 같은 어둠이 서서히 걷히고 동이 틀 무렵, 상트페테르부르크의 겨울 궁전에서 한 명의 환자가 고통을 못 이겨 숨졌다. 그는 무려 열흘 전부터 통증을 호소했지만, 독일인과 네덜란드인 주치의들은 손을 쓸 수 없었다. 엿새 전에는 신부가 방문하여 종부성사(終傅聖事)하고 하루 전에는 도시의 모든 사형수와 노동교화형 수감자를 사면했다. 마지막 열다섯 시간은 기진맥진하여 신음조차 할 수 없었고 왼손은 이미 마비되었으며 오른손은 끊임없이 이불을 당겼다. 마지막 소리 후를 내뿜으며 조용히 눈을 감았다.

　유언은 분명하지 않았다. 그의 유언을 듣기 위해 사람들이 모였지만, 이미 늦은 것일까. 기력이 조금 남아있을 때 석판을 가져오라고 했다. 두 단어를 썼다.

"모두 주어라(Отдайте все….)."[1]

 통증이 몰려와 더는 쓸 수 없었다. 구두로 유언을 전달하기 위해 첫째 딸 안나를 불러오라고 했지만, 그녀가 왔을 때는 이미 혼수상태였다. 촌음을 다투는 시각, 한밤중에 후계자를 결정하기 위해 원로원 의원, 신성종무원의 사제와 야전사령관들이 하나둘 모였다. 회의장 문밖에는 고인을 존경한 경비병이 근엄하게 서 있었고 자신들이 원하는 후계자를 선출하기 위해 무언의 압박으로 가끔 문을 두드렸다. 만일을 대비하여 주변 광장에는 두 개의 수비대가 대기해 있었다. 어둠을 밝히는 촛불은 혼수상태에 빠진 환자의 마음을 아는 듯이, 그의 호흡만큼 가늘게 가늘게 흐느적거렸다. 환자가 죽기 한 시간 전인 새벽 네 시, 원로원은 만장일치로 결정했다. 황후를 후계자로.
 당대 최고의 화가들이 고인에게 왔다. 프랑스인 카라바크, 독일인 탄나우어, 러시아인 니키틴이었다. 평온히 누워있는 고인의 마지막 모습을 화폭에 담았다. 이탈리아인 조각가는 그의 얼굴에다 석고본을 뜨고 스코틀랜드인 연금술사는 고인을 방부 처리했다. 전통이 아니었기에 모두 낯선 풍경이었다. 환자는 죽기 전에 심한 감기를 앓았는데 물에 빠진 병사를 구하기 위해 차디찬 강에 뛰어들었기 때문이다. 공식적인 병명은 폐렴이었지만 후에 요도 궤양으로 밝혀졌다.
 장례는 러시아 전통이 아닌 프랑스, 독일, 스웨덴 왕실의 장례식을 참고한 서구풍이었다. 그의 동료였던 스위스인 르포르와 스코틀랜드인 고든이 죽었을 때 고인이 직접 기획했던 그 서구식이었다.

장례 기간 제국의 모든 남녀노소, 심지어 외국인까지 검은 옷을 입고, 기사들은 소매에 추모 끈을 달았다. 대관들은 검은 천으로 자기 집 벽을 가렸다.

시신은 겨울 궁전의 '슬픔의 홀'에 안치되었고 고인이 머물렀던 궁전의 가장 큰 홀이 장례식장이 되었다. 그의 권위와 권력에 비하면 보잘것없는 60여 평에 불과했다. 홀은 프랑스 조각가 피노와 프랑스 화가 카라바크가 장식했으며 벽면은 검은 천으로 가렸고 어둠을 밝히는 촛불이 곳곳에 놓여 있었다. 벽을 따라 근위병이 서 있는데 그와 함께 동고동락한 정예 부대원이었다.

홀 가운데에는 진홍색 천으로 덮인 피라미드식 제단이 있고 그 위에 화려한 황금 관이 놓여 있었다. 고인은 평소 즐겨 입었던 제복을 입고 자신이 만든 제국 최고의 훈장인 성 앤드루 리본을 가슴에 두르고, 칼을 차고 긴 부츠를 신고 있었다. 머리 위에는 네 개의 왕관이 있고 좌우로 황제를 상징하는 홀과 보주가 놓여 있으며 왕관 위에는 쌍두독수리 국장이 크게 걸려있었다.

관의 네 모서리에는 사람 크기의 조각상이 있는데 위쪽 왼편에는 러시아를 상징하는 여성이 슬픔에 젖어 손수건으로 눈물을 닦고 있고, 오른편에는 유럽을 의인화한 여성이 군주를 애도하고 있었다. 관의 아래에는 군사적 능력을 보여주는 남성이 방패를 들고 있고, 다른 방향에는 힘과 남성을 상징하는 헤라클레스가 조각되어 있었다.

사면의 벽에는 네 개의 대리석이 놓여 있는데 고인의 행적을 담은 신앙, 시간, 영광, 해양 정복을 의인화한 비문이었다. 교회를 보살

핀 신앙인으로, 시민권을 올바르게 하고, 정부 규정과 합리적 법을 제정했으며, 예술을 발전시키고, 러시아의 삼손으로 영원한 승자로서 육지와 바다에서 영광을 펼친 인물로 고인을 표현했다.

마지막 비문 사이에 하얀 대리석 조각상이 있고 그곳에 황금 글자가 새겨 있었다. 슬픔을 애도하고 권력을 계승하는 황후에게 정통성을 부여하는 문구였다.

"슬퍼하라. 애도하라. 오, 러시아여! 표트르 대제가 떠났습니다. 1672년 5월 30일, 우리에게 왔습니다. 탁월한 행동으로 승리와 평화를 주셨고 모든 영광과 칭호를 받으셨습니다. 1725년 1월 28일, 우리에게 슬픔이 왔습니다. 하지만 남겨두셨습니다. 강력한 힘을 보유한 훌륭한 **후계자**(НАСЛЕДНИЦУ)를 주셨습니다. 애도하라. 오, 러시아여, 그리고 기뻐하라!"[2]

검은 천으로 덮인 여섯 개의 문 주변에는 여덟 개의 조각상이 있고 고인이 갖추고 있었던 개인적 특성뿐 아니라 통치자에게 필요한 황제의 덕목, 여덟 가지였다. 화합, 총명, 용기, 경건, 자비, 평화, 조국애, 정의였다. 갑작스러운 죽음이었기에 장례를 담당한 화가들은 나무로 만든 조각상과 장식물이 청동과 대리석처럼 보이게 색칠했다.

리투아니아인 황후는 40일간 하루도 거르지 않고 슬픔의 홀로 와서 통곡하고 원로원 의원과 동료들 역시 빈소를 지켰다. 사제는 복음서를 쉬지 않고 구슬프게 읽었다. 안타깝게도 여섯 살 된 고인의 딸이 장례 기간에 사망하여 아버지 곁에 안치되었다.

　1725년 3월 8일, 눈보라가 휘몰아치는 가운데 장례식이 거행되었다. 고인을 보내는 최소한의 예의였을까. 포르투갈인 경찰청장의 지시로 도시의 모든 선술집은 문을 닫고 술판매를 금지했다. 오전부터 온 도시가 분주하고 8시부터 1만여 명의 병력이 도시 곳곳에 배치되어 장례식을 기다리고 있었다. 드디어 오후 1시 정각에 장례 행렬을 알리는 세 발의 대포 소리가 멀리 토끼섬에서 쾅 쾅 쾅 울리고 도시의 모든 종탑에서 종이 일제히 울렸다. 사람들은 저마다 손으로 성호를 긋고 연신 고개를 숙였지만, 그들 중에는 기쁨을 간직한 자도 많았다.

　시신이 든 관은 고인이 머물렀던 홀을 지나 서서히 겨울 궁전에서 현관 방향으로 나왔다. 이윽고 장례를 위해 제작한 창문으로 이동했다. 왜 현관이 아니고, 창문이었을까. 당시 사람들은 속세 사람들이 다니는 현관문으로는 영혼이 드나들 수 없다고 생각했기 때문이다.

　관은 네바강둑으로 나와 선착장으로 이동하고 기다리고 있던 영구차에 놓였다. 꽁꽁 얼어붙은 강 위에 미끄러지지 않도록 모래가 뿌려져 있고 나무 널빤지와 가문비 나뭇가지가 길 위에 깔려 있었다. 영구차는 고인이 만든 군악대의 북소리를 시작으로 넓은 네바강을 가로질러 그가 최초로 세웠던 페트로파블롭스크 요새로 서서히 이동했다. 거리는 1킬로미터도 채 되지 않았다.

장례 행렬은 166개의 그룹으로 나누어 이동하는데 선두에는 부사관, 궁정 전령과 궁정 기마병, 외국 상인, 에스토니아와 리보니아 등 지방의 귀족 대표가 행진했다. 황제 그룹에는 군을 상징하는 붉은 깃발이 선두에 서고, 뒤를 이어 두 명의 중령이 붉은색과 흰색 깃털로 아름답게 장식된 말을 끌었다. 고인이 가장 사랑한 말이었다. 32개 지방의 깃발과 기사단이 뒤따랐다. 국가상징 그룹은 모스크바와 상트페테르부르크를 포함한 7개 지역의 깃발을 세워 이동하고, 성직자 그룹은 신성종무원 합창단, 사제단, 넵스키 수도원 신부, 38명의 주교 신부와 고위 성직자로 구성하여 걸어갔다.

고인이 사용한 칼과 검, 고인이 받은 성 앤드루 훈장과 덴마크 코끼리 훈장, 그리고 고인의 왕관을 병사들이 두 손을 모아들고 뒤따르고, 그 뒤로 영구차를 끄는 여덟 마리 말이 움직였다. 검은 천으로 덮여 있는 말 옆에 근위병들이 있었다. 영구차 옆으로 10명의 장교가 관을 잡고 걸어가고 장례위원장을 비롯한 최측근 동료들이 관의 끈을 잡고 이동했다. 영구차 뒤에는 황후가 군사부 장관 멘시코프와 해군부 장관 아프락신의 부축을 받으며 힘겨운 걸음을 떼고, 그 뒤로 검은 옷을 입은 두 딸과 황실 가족들이 슬픔에 잠긴 채 뒤따랐다.

긴 행렬의 좌우로는 1,000여 명의 척탄병이 횃불을 들고 있었다. 200여 명의 성직자와 1만여 명의 시민들이 참여한, 제국 최고의 장례 행렬이었다. 도시에 사는 네 명 중 한 명이 장례식에 참석했으니 도시 건설 후 이렇게 많은 사람이 한꺼번에 모인 예는 없었다.

이제 관은 요새의 성당으로 들어가고 고인이 초빙한 이탈리아 건축가 트레치니는 장례 기간에 성당을 짓는 것을 잠시 멈추었다. 사람들은 고인이 생전에 만든 관등표에 따라 성당 내 추도식 좌석에 앉고 외국의 사절단은 성당으로 들어갈 수 없어 주변에 서 있었다.

성당으로 들어간 관은 다시 뚜껑이 열리고 추도식이 거행되었다. 우크라이나인 프로코포비치 신성종무원 부원장이 고별사를 낭독했다. 당대 최고의 웅변가로서 로마 바티칸 도서관에서 책 읽기를 즐겼던 그는 프랜시스 베이컨과 르네 데카르트를 찬양한 신부였다. 모두 그의 마지막 연설을 듣기 위해 숨죽였다.

"이게 무엇입니까. 오, 러시아인이여! 우리는 무엇을 위해 살았습니까. 우리는 무엇을 봅니까. 무엇을 할까요. 표트르 대제를 묻습니다! 이게 꿈이 아닌가요. 꿈속에 나타난 것은 아닌가요. 오, 얼마나 애통한 일입니까! 오, 얼마나 우리의 불행입니까!
우리의 수많은 평안과 기쁨을 주신 창시자, 러시아를 죽음에서 부활시키신 분, 권세와 위대한 영광으로 끌어올리신 분, 진정한 조국의 아버지로서 우리를 낳고 키우신 분, 그의 위엄에 걸맞게 러시아인은 그의 불멸을 바랐습니다. 요새의 긴 세월처럼 수년 동안 살기를 희망했습니다. 하지만 기대와는 달리, 그는 돌아가셨습니다. 그는 고난, 슬픔, 재난, 그리고 수많은 죽음을 거쳐 새로운 무언가가 살아나기 시작했을 때 생을 마감했습니다.……
우리는 누구를, 무엇을, 얼마나 잃었습니까. 바로 러시아의 삼손입니다. 세상 누구도 당신이 이룬 일을 바라지 않았습니다. 하지만 당신이 이룩한 것에 온 세상이 놀랐습니다.

그는 러시아의 나약한 힘을 깨닫고 자기 이름처럼 돌과 다이아몬드와 같은 국가를 만들었습니다. 그는 국가에 해롭고 전쟁에서 강하지 못하며 적에게는 손가락질받던 군대를, 조국에게는 유용하고 적에게는 두려우며 기백이 넘치고 영광스러운 군대로 만들었습니다.……

고귀한 가족들의 멈출 수 없는 눈물을 닦아주시고, 폐하의 은혜로운 보살핌과 자비로 슬픔을 달래어 주십시오. 오, 러시아여, 당신에게 무언가를 남긴 자가 누구인지, 그가 당신에게 무엇을 남겼는지 보십시오. 아멘."[3] - 페오판 프로코포비치, 1725년 3월 8일

성당의 곳곳에서 울음이 흘러나오고 참석자들은 가슴이 아렸다. 성가대의 구슬픈 레퀴엠을 끝으로 드디어 관이 안치되었다.

시체를 매장한 것은 무려 6년이 훨씬 지난 1731년 5월 21일이었다. 장례위원장이었던 스코틀랜드인 브루스는 품위 있는 영묘를 지어 고인의 시신을 모시고 싶었고 황제가 영원히 썩지 않기를 바랐다. 2년 후 황후가 죽고 역시 방부 처리되어 그의 관 옆에 안치되었다. 시간이 흘러 고인의 조카였던 안나 여제가 지지부진하던 영묘 건설을 중단시키고 전통에 따라 매장을 지시했다.

매장 하루 전날, 그의 심장과 내장을 지하 2.3미터 깊이의 무덤에 묻고, 황금으로 만든 큰 십자가 목걸이를 목에 걸고 다이아몬드 반지를 손에 끼웠다. 다음 날 왕관과 시신을 황금 관에 넣은 후 석판으

로 덮었다. 오전 11시, 51발의 총성이 울리며 관은 땅속으로 내려갔고 그 위에 비석을 세웠다.

"모든 러시아 군주이자 임페라토르(황제)인 표트르 대제는 1672년에 태어나 1682년에 차르가 되었고, 천지창조 7233년인 서기 1725년에 52세로 속세를 떠나 천국으로 갔다. 재위 42년째인 1월 28일의 일이었다."

장례[4]는 최종 마무리되었고 볼셰비키 혁명 전까지 황제의 장례 전통은 이와 같았다.

**표트르 대제의 묘** 얼굴상이 있고 생화가 놓여 있는 오른쪽 무덤

에필로그 | 15

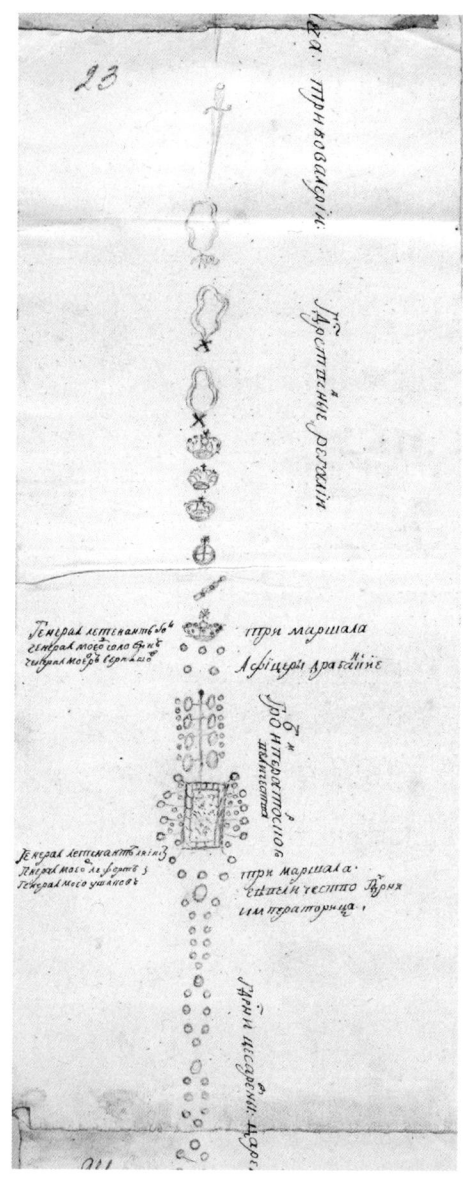

표트르 대제의 장례식 행렬도 1725년 3월 8일 상트페테르부르크

컨케군주의 손으로
담대하게 계몽의 씨앗을 뿌렸고
조국을 경멸하지 않았습니다.
그는 조국의 운명을 잘 알았습니다.

학자로서, 영웅으로서,
항해사로서, 목수로서
그는 만물을 꿰뚫어 보는 영혼을 품은 채
왕좌에 앉은 영원한 일꾼이었습니다.

– 푸시킨, 「스탠커」, 1826년 12월 22일

## I 권 차 례

에필로그(Epilogue) | 7

## 1. 천년의 역사

러시아의 서쪽-폴란드 | 23
북서쪽-스웨덴 | 37
남쪽-튀르크 | 48
동쪽-시베리아 | 57

## 2. 제국의 여명

탄생 | 75
대관식 | 84
결혼 | 90
권력 이동 | 96
독일촌 | 103
백해 항해 | 109
대사절단 | 113
인간 표트르 | 141
표트르의 일화 | 146
개혁 엘리트 | 156

## 3. 외교 개혁

외교 개혁 이전 | 163

표트르의 외교 | 173

외무부 | 183

외교 엘리트 | 187

## 4. 군사 개혁과 군사·외교 전략

아조프 전투 | 205

북방전쟁 전야(前夜) | 213

군사 개혁 | 220

해군 창설 | 237

나르바 전투 | 256

폴타바 전투 | 265

프루트 전투 | 279

뉘스타드 평화 조약 | 287

## 5. 정치·행정 개혁

보야르 두마·젬스키 소보르 | 305

원로원 | 313

중앙정부 콜레기야·공무원 일반규정 | 320

관등표 | 331

비밀경찰·경찰청·검찰청 | 335

지방 개혁 | 349

2권 차례 | 358

각주 | 360

# 1

# 천년의 역사

"차르에게 탄원서를 제출하십시오.
피를 흘리지 않고 스몰렌스크를 주십시오.
동방의 차르는 하느님을 사랑하고,
당신을 사랑하지만 파괴하지는 않습니다.
당신은 당신의 차르를 아시나요. 동방의 군주를.
동방의 차르는 당신을 어여삐 여깁니다.
슬픔 대신 생명을 줍니다."

- 「스몰렌스크 정복에 관한 찬가」 중에서

## 러시아의 서쪽-폴란드

고요한 밤하늘에 은하수가 빛나고 새벽이 올 것 같지도 않은 그 시각, 멀리서 닭 울음소리가 들리면 어느새 검붉은 햇살이 신과 인간이 다스리는 동방의 차르 국에 눈부시게 쏟아진다.

표트르가 통치하기 전 17세기 러시아는 중세의 종교 국가인가. 아니면 인간의 합리적 이성에 의해 통치되는 보편적 국가인가. 황금 왕관, 황금 십자가, 황금 성경, 차르를 상징하는 홀과 보주…. 이 모두를 소유한 동방의 차르는 하느님의 신성한 교리를 묵묵히 수행하고 도덕을 중시하며 선(善)으로 인간 세상을 낙원으로 만들고자 한 지상의 통치자였다.

17세기 러시아 영토는 확장되었지만, 여전히 유럽의 동쪽에 치우친 변방의 국가였다. 우리의 삶이 늘 그러하듯 변방은 우리의 시선이 아닌, 타인이 우리를 바라보는 눈이다. 우리를 중심에 두면 이 세상은 모두 자아를 중심으로 돌아가는 우주이다. 하지만 유럽은 러시아를 '야만의 국가'로 생각했다. 그들과 다른, 폴란드 너머의 차르 국가였다.

표트르의 개혁을 설명하기에 앞서 위기에 직면한 러시아의 대외 환경을 이해하기 위해 **'천년의 역사'**를 쓴다. 러시아가 전통적으로 중시한 서쪽과 북서쪽과의 관계를 우선 적고, 통한의 역사를 간직한 남쪽을 서술하며, 상대적으로 진출이 쉬웠던 동쪽을 쓰고자 한다. 숨겨진 역사적 사실을 곳곳에 기술해 두었기에 독자들은 지루하지 않을 것이다.

**러시아 제국 지도** 1734년 제작된 러시아 제국 최초의 지도

러시아의 서쪽은 대외관계에서 가장 중요한 지역이다. 러시아 초기 공국인 키예프 루스(882~1240)는 폴란드와 긴밀한 관계를 맺고, 헝가리와 체코와도 평화로운 관계를 유지했다. 프로이센과는 문화적 차이에도 불구하고 적대적인 동맹에 참여하지 않았다. 이 시기 교역은 다뉴브강과 드네프르강의 수로를 이용하여 이루어졌다.

키예프의 공(公)들은 모스크바 인근 블라디미르·수즈달 공과 몽골 침입 이후 새롭게 부상한 모스크바 공들과는 확연히 차이가 났다. 그들은 외국어를 자유자재로 구사했으며 통역사 없이도 타국의 군주와 소통할 수 있었고, 심지어 스웨덴어, 노르웨이어, 덴마크어까지 구사했다. 기본적으로 모든 키예프 공은 어려움 없이 그리스어를 사용하고 의사소통할 수 있었다. 라틴어와 독일어에 대한 폭넓은 지식도 있었다.

키예프 루스를 다스린 류리크 왕조(862~1610)는 유럽의 왕조와도 혼인 관계를 맺고 활발한 대외관계를 펼쳤다. 750여 년간 존속했던 이 왕조는 862년 노브고로드에 첫 공국을 세우고, 882년 키예프로 수도를 옮긴 후, 988년 비잔틴에서 기독교를 수용하면서 독립 국가로서 기틀을 갖추고 대외 팽창했다.

시간이 흘러 권력이 키예프를 중심으로 여러 공국으로 분열되었는데 장자상속이 아닌 여러 아들에게 영토를 나누어 상속했기 때문이다. 이 도시국가들은 느슨한 연합체로, 물품 이동 시 지역별 통과세와 도시 간 관세를 적용하여 단일 시장을 만드는 것을 저해했고 공국 간 전쟁도 불사했다.

분열된 공국들은 몽골 침입 시 혼연일체가 되지 못하고 하나씩 파괴되었다. 1237년 처음으로 랴잔 공국이 5일간의 치열한 전투 끝에 함락되어 주민 모두가 몰살되었고, 몽골은 포로까지 잔인하게 처형했다. 이른바 본보기였다. 1238년 모스크바, 블라디미르, 로스토프, 야로슬라블, 트베리, 1239년 체르니코프, 1240년 페레야슬라프, 키예프, 볼리니아, 갈리치아 등이 차례로 무너졌다.

1240년 9월 5일, 동유럽에서 가장 큰 도시 키예프가 몽골군에 포위되었다. 키예프 성은 둘레가 약 5킬로미터로 적이 쉽게 침입하지 못하게 넓고 깊은 해자가 파여있었고 드네프르강 언덕에 있었다. 성의 절반은 높은 경사면이어서 접근하기 힘들었다. 비교적 침입하기 쉬운 곳이 남동쪽인데, 그곳의 성벽은 30미터 두께로 높이 12미터였다. 성벽 위에는 통나무로 만든 벽이 겹겹이 쌓여 있었고 벽은 우물 정(井) 모양이었다.

당시 키예프의 대공 미하일은 아들과 함께 헝가리로 가서 동맹을 맺으려고 했지만 실패했다. 기록에는 그가 동맹을 시도했다고 하지만, 도망간 것을 정설로 본다. 그렇지 않겠는가. 성을 방어하려고 했으면 협상장으로 아들을 보내거나, 아들은 성을 지키고 자신이 가든지 했어야지. 이후 새로운 공은 키예프에 없었다.

도시는 우여곡절 끝에 민병대 수장 드미트리 휘하 5,000여 명이 방어했다. 하지만 지휘와 조직체계도 몽골군에 대항할 수 없었고 무엇보다 무기가 비교되지 않았다. 몽골은 성을 파괴하는 공성 무기를 보유하고 있었는데 초원의 기마민족이 최신식 과학무기를 사용한 것이었다.

몽골군은 성의 남쪽을 공격했는데 고군분투하던 드미트리가 상처를 입자, 그 틈을 타 몽골군이 성벽을 침투하면서 성의 방어 체제가 무너져 끝내 함락되었다. 연대기에 따라 차이가 있다. 방어한 지 74일이 되는 11월 19일 월요일 함락되었다고 하기도 하고, 또는 9일간 버텼다고도 했다. 어느 쪽이 정확한지는 분명하지 않다.[5]

키예프 성 내 소피아 성당과 모든 수도원의 성물들은 약탈당했다. 몽골군은 황금이라는 황금은 모두 탈취했다. 류리크 왕조가 도시를 세운 지, 360여 년 동안 이렇게 처절하게 파괴된 적은 없었다. 민병대와 주민들이 마지막까지 항전했던 북쪽 십일조 교회 근처에는 수천구의 시체들이 쌓였고, 주민들은 노예가 되었으며 도시는 완전히 황폐해졌다. 몇 년이 흘러도 시체를 거두는 사람이 없어 들판과 성에 주검이 덩그러니 놓여 있었다. 성은 인간을 보호하는 최후의 보루였다. 그 성이 무너지는 날, 어김없이 국가의 생명도 끝났다.

몽골 침입 후 정치와 종교의 중심이 키예프에서 모스크바로 차츰 이동했다. 모스크바가 여러 공국에서 징세를 거두어 킵차크칸국에 대납했다. 칸국은 칭기즈칸의 손자 바투(Batu Khan, 재위: 1242~1255)가 세웠다. 초기에는 칸국에서 파견한 다루가치가 정복지의 공물 징수와 인구수를 기록했으며 부장 부대를 거느리고 지배했지만, 후에 러시아 공들에게 징세를 맡겼다. 서로 이 자리를 차지하려고 혈안이 되었다.

모스크바 공국이 킵차크 칸에게서 러시아의 공국들을 다스리는 최고 통치권을 받은 후, 크렘린궁 중심으로 돈이 모이고 중앙집권적 모스크바 공국이 세워졌다. 국가 이름은 '모스코비야'였다. 모스코비야에서 돈을 가장 잘 모은 공은 이반 칼리타(재위: 1325~1340)였다. 돈에 대한 탁월한 재주가 있어 그를 '돈주머니'라고 불렀다. 칼리타는 몽골의 비위를 맞추며 재산을 늘렸다.

그의 손자인 드미트리(재위: 1359~1389)가 1380년 돈강 근처 쿨리코보에서 몽골·타타르군을 이끈 마마이 칸과 전투하여 승리했다. 오매불망하던 첫 승리였기에 영웅이 필요했을까. 드미트리를 돈강의 영웅을 의미하는 '돈스코이'라고 불렀다. 이 전투는 지금까지도 러시아 역사에서 중요하게 여기는 전투 중 하나이다.

모스크바는 키예프 시기의 통치술이었던 공국 간 연합체와 베체 회의체를 활용한 자유로운 통치를 없애고, 몽골식의 엄격한 규율 체제로 통치했으며 인종적 관용과 종교적 색채가 깊은 국가였다.[6]

류리크 왕조의 후손인 모스크바 공들은 선조와는 완전히 다른 환경에서 성장했다. 모스크바는 서구와 단절되면서 고립된 채 그들만의 다른 정체성을 형성했다. 귀족 역시 서구의 언어를 몰랐으며 왕래도 거의 없었다. 고요한 동방의 차르 국이 이렇게 탄생했다.

16세기 모스크바가 점차 커지면서 자연스럽게 유럽 국가와 관계를 맺었다. 외국인을 초빙하여 선진문물을 받아들이고 북쪽의 아르한겔스크 항구를 개항하여 영국 상인을 받아들였다. 1585년 영국 영사관이 최초로 러시아에 설치되었으며 양국 간의 대외무역량은 증대했다. 러시아는 곡물, 대마, 모피, 밧줄, 꿀 등을 수출했고, 포도주, 종이, 유리, 귀금속 등 고가의 물건을 수입했다.

일본이 채택한 폐쇄정책과는 달리 문호를 개방했지만, 유럽의 시선에서 러시아는 여전히 주변부였다. 하지만 실제 러시아는 이 시기 독자적인 시장을 보유하고, 튀르크, 페르시아, 중국 등 아시아 국가와 교역하는 중심국이었다. 아시아에서 향신료, 비단, 면직물, 금은 세공품을 들여왔고, 가죽, 모피, 무기, 꿀 등을 수출했다.

이반 4세(재위: 1547~1584) 시기 류리크 왕조의 영토는 최대로 확장되었으며 강력한 전제군주정을 이루었다. 하지만 그의 치세 후반에 폭정으로 민심이 떠나고 권력을 계승할 후사가 없어지자, 처남이었던 고두노프(재위: 1598~1605)가 왕조를 물려받으면서 혈통은 끊어졌다.

1610년 폴란드가 모스크바를 침공하면서 왕조는 멸망했다. 폴란드 왕자가 러시아 차르로 추앙되었지만, 폴란드 왕은 아들이 러시아 차르가 되려면 가톨릭에서 정교회로 개종해야 했기에 차르가 되는 것을 반대했다. 총체적 위기에서 러시아를 구한 것은 포자르스키 대공과 상인 미닌이었다. 이들은 민관군을 편성하여 폴란드군을 물리쳤고 '혼란의 시대'를 끝냈다.

드디어 1613년 국민의 염원을 담아 국민 회의 젬스키 소보르에서 새 왕조를 선출했다. 새 차르는 미하일 로마노프였다. 러시아의 두 번째 왕조인 로마노프 왕조(1613~1917)가 역사에 등장했다. 표트르 대제는 로마노프 왕조의 4대 차르였다.

**로마노프 왕조의 초대 차르 선출** 1613년 2월 21일 국민 회의인 '젬스키 소보르'에서 로마노프 왕조의 초대 미하일을 차르로 선출

　표트르가 집권하기 전, 17세기 동유럽의 강력한 국가는 폴란드·리투아니아 대공국이었다. 오늘날 폴란드와 리투아니아를 합친 영토보다 훨씬 넓었고, 발트해 3개국, 벨라루스와 우크라이나의 상당 부분을 차지했다.
　폴란드는 영토를 확장하여 드네프르강을 따라 흑해까지 그 영향력을 미쳤으며, 그곳에 거주하던 정교회 교인들을 가톨릭으로 개종시키려 했다. 폴란드·리투아니아 대공국의 혼란한 틈을 타서, 영토 내 우크라이나 코사크인의 반란이 자주 일어났는데 우크라이나 독립운동이었다.

코사크인은 독립심이 강하고 민족해방에 주도적인 정치세력이었다. 드네프르강 하류에 있던 자포르지예 시치를 중심으로 강력한 군을 보유하고, 드네프르강 좌안과 우안에 교두보를 세워 자신들의 권리가 침해되면 투쟁했다.

1648년부터 우크라이나의 코사크인은 폴란드에 대항하여 해방투쟁을 6년간 이끌고, 우크라이나와 벨라루스에 거주하는 정교회 교인에 대한 탄압과 종교적 박해가 사라지기를 희망했다. 러시아와 힘을 합쳐 폴란드를 물리치고 우크라이나의 독립을 얻고자 했다.

코사크의 수장인 흐멜니츠키(Khmelnitsky, 1596~1657)는 여러 차례 모스크바에 도움을 요청하는 편지를 보냈고, 이와 관련해서, 국민회의인 젬스키 소보르가 모스크바 크렘린궁에서 개최되었다. 그 결과 모스크바는 우크라이나 코사크와 벨라루스의 독립을 위해 폴란드·리투아니아에 전쟁을 선포하고 흐멜니츠키와의 협상을 위해 부툴린 대사와 귀족 서기를 파견했다. 모스크바의 전략적 선택이었다.

1654년 1월 8일 아침, 흐멜니츠키는 국민 대표자 회의인 '라다'를 개최했다. 라다는 오늘날 우크라이나의 의회를 뜻한다. 키예프에서 남쪽으로 약 80킬로미터 떨어진 페레야슬라프였다. 이 회의에서 우크라이나는 폴란드에 대항하기 위해 러시아와 합병하기로 만장일치로 결정했다. 라다 회의 후 모든 사람이 모인 총회에서 흐멜니츠키는 이렇게 말했다.

"우리는 더 이상 군주 없이는 살 수 없고, 모든 국민에게 공개된 회의에서 네 명의 군주 - 튀르크 술탄, 크림 칸, 폴란드 왕과 동방 정교의 러시아 차르 - 중 한 명을 선택하기로 논의했습니다. 같은 정교를 믿는 러시아 차르 말고는 가장 자비로운 안식처를 찾을 수 없습니다. 동방의 차르 아래로 갑시다! 그리스도를 미워하거나 더러운 자에게 가는 것보다 경건한 믿음 안에서 죽는 게 더 낫습니다. 모두 동의하십니까." 군중은 만장일치로 화답했다. "모두 승인합니다. 영원히 하나가 되게 하소서."[7]

이후 러시아는 차르의 칭호를 '모든 러시아 군주'에서 '모든 대(大)러시아와 소러시아(우크라이나) 군주'로 바꾸었다.

1654년 6월, 표트르의 아버지 차르 알렉세이(재위: 1645~1676)는 우크라이나와 벨라루스를 지원하기 위해 군대를 이끌고 스몰렌스크 요새를 포위했다. 모스크바에서 서쪽으로 약 365킬로미터 거리였다. 요새는 세로 2.2킬로미터, 가로 3.7킬로미터로 드네프르강 최상류에 있었다. 러시아군은 25,000여 명이었고, 포위된 폴란드·리투아니아군은 3,500여 명이었다.

8월 16일, 러시아가 동시에 여섯 곳에서 대포로 공격하면서 공성전이 시작되었다. 7시간 끝에 러시아가 철수했는데 리투아니아군은 200여 명이 죽었고, 러시아군은 300여 명이 사망했으며 3,000여 명이 다쳤다. 패배였다.

이후 러시아는 장기전으로 전략을 바꾸고 툴라의 무기공장에서 무기를 가져오는 등 군사력을 강화하여 압박을 계속했다. 결국 9월 16일 리투아니아군은 목숨을 구걸하고 자유로운 철수를 요구하며 항복했다.

스몰렌스크 정복에 관한 찬가(Panegric)가 이 시기에 불렸는데 러시아 문학에서 최초의 찬가 중 하나였다. 영웅에 대한 엄숙한 노래다.

"하얀 영광의 독수리는 외쳤습니다.
정교회의 차르는 전쟁 중입니다.
차르 알렉세이 미하일로비치,
동방 왕국의 할아버지.······

차르에게 탄원서를 제출하십시오.
피를 흘리지 않고 스몰렌스크를 주십시오.
동방의 차르는 하느님을 사랑하고,
당신을 사랑하지만 파괴하지는 않습니다.
당신은 당신의 차르를 아시나요.
동방의 군주를.
동방의 차르는 당신을 어여삐 여깁니다.
슬픔 대신 생명을 줍니다.······

그들은 당신의 발아래에 깃발을 두었습니다.

발 앞에 눈물로 엎드려

깃발 앞에서 몹시 슬프게 울었습니다.

자상한 차르는 자비롭고,

이교도에 대한 분노가 모두 사라졌습니다.

그들은 분노를 일으키지 않았고,

군주에게 충성했습니다."[8]

1655년 북유럽의 강자였던 스웨덴이 폴란드를 공격하여 바르샤바를 함락했다. 한편, 폴란드에서는 반(反)러시아 노선이 승리하여 스웨덴과 동맹을 맺고 모스크바에 전쟁을 선포했으며, 1667년 러시아는 폴란드와 13년간의 긴 전쟁 후 「안드루소보 휴전 협정」을 체결했다. 표트르가 태어나기 5년 전이었다.

이 협정서에 따라 드네프르강을 기준으로 서쪽은 폴란드가, 동쪽은 러시아가 차지하며 강의 서쪽에 있는 도시 키예프는 2년간 러시아가 관리하기로 했다. 드네프르강을 기준으로 우크라이나를 최초로 동과 서로 나눈 협정이었다. 러시아는 2년이 지난 후에도 키예프에 있던 경비병을 철수하지 않고 계속 주둔시켰다. 키예프의 상징성 때문이었다. 20여 년간 그렇게 유지되었다.

1686년 4월 26일, 러시아 외교사에서 중요한 조약이 모스크바에서 체결되었다. 표트르가 공동 차르였으며 이복누이 소피아가 섭정한 시기였다. 러시아는 폴란드와 「영원한 평화 조약」을 체결했다. 기존의 휴전 협정을 수정하여 키예프를 러시아가 항구적으로 소유하는 대신 폴란드에 146,000루블을 지급했다. 국가 예산의 10퍼센트에 준하는 거금이었다. 은화 7톤에 달하는 양을 세 번에 나눠 지급해야 할 정도였다.

협상 초기에 폴란드는 무려 80만 루블을 요구했고 그 금액은 러시아 국가 예산의 절반이었다. 이에 모스크바는 3만 루블을 제시했으며 한 달간의 협상 끝에 15만 루블로 조정됐으며 최종 협약서에는 4,000루블이 더 줄었다. 모스크바가 우려한 건 폴란드가 그 돈으로 무장하는 것이었는데 폴란드는 돈을 귀족들끼리 나누어 가졌다.[9] 당시 폴란드 왕은 선출직이었고 귀족의 정치적 영향력이 높았다.

키예프는 공식적으로 러시아의 영토가 되었다. 단순한 도시가 아닌 정신적, 문화적 도시였다. 조약에는 러시아가 튀르크에게 대항하는 동맹에 가입한다는 조항도 있었는데, 이 동맹에는 폴란드, 신성로마 제국(Holy Roman Emperor)과 베네치아가 있었다. 가톨릭의 폴란드와 정교회의 러시아는 우크라이나의 드네프르강 오른쪽과 왼쪽 지역에 각각 종교의 자유를 약속했다.

**알렉세이 로마노프 초상화** 로마노프 왕조의 2대 차르, 표트르의 아버지

## ⚜ 북서쪽-스웨덴

　러시아의 북서쪽은 스웨덴, 독일 기사단과 리투아니아인들에게 자주 침입당했다. 이들과 대항했던 러시아의 옛 공국이 앞에서 언급한 노브고로드이다. 공국은 표트르가 세운 상트페테르부르크에서 남동쪽으로 약 150킬로미터 거리에 있었다. 초기 도시가 형성되기 전에는 핀·위구르족이 살았다. 일설에 따르면, 이 종족은 수 세기에 걸쳐 우랄 지역에서 핀란드로 이주했으며 스웨덴과 에스토니아에도 안착하고 이곳 노브고로드에 소도시를 세우고 살았다.

　5~6세기 유라시아 초원을 관통했던 훈족의 대이동으로 동유럽에 살던 슬라브족이 이곳으로 흘러들어왔고 핀·위구르족과 함께 살았다. 7세기경 도시의 중심을 흐르는 볼호프강을 기준으로 동쪽에 슬라브족이, 크렘린궁이 있는 서쪽에 핀·위구르족이 자리를 잡았다.

　한편, 753년 고대 노르드어로 배를 젓는 사람이라는 뜻의 '루시'가 노브고로드 북쪽 175킬로미터 지점에 스타라야 라도가(Staraya Ladoga) 요새를 세웠다. 이는 러시아 최초의 요새였으며 볼호프강을 따라 교역의 중심지였다. 루시는 노브고로드까지 그 영향력을 차츰 확대하여 루시화(러시아화)했다.

859년은 노브고로드의 설립 연도이지만, 러시아 원초연대기에는 862년에 최초로 이 도시를 언급했다. 도시 설립 후 내부 혼란이 오자, 스칸디나비아의 류리크를 공(公)으로 초대하여 자신들을 통치해주기를 바랐다. 러시아 초대 왕조인 류리크 왕조가 이렇게 역사에 등장했다. 연대기는 다음과 같이 기록되어 있다.

"6370년(서기 862년) 그들은 바랑기인(人)을 바다로 몰아내고, 그들에게 공물을 주지 않았으며 스스로 통치하기 시작했다. 그들 사이에는 정의가 없고 종족들이 들고일어나서 다투었다. 그들은 서로 싸우기 시작했다. 그들은 말했다.
'우리를 통치하고 올바르게 판단할 공(公)을 찾읍시다.'
그들은 바다를 건너 바랑기와 루시에게로 갔다. 그 바랑기는 루시라고도 불렸고, 다른 이들은 스웨덴인, 노르만인, 앵글인과 고트인이라고도 불렀다.
추즈, 슬라브, 크리비치 등 모든 사람은 루시에게 말했다.
'우리의 땅은 광대하고 풍부하지만, 그 안에는 질서가 없습니다. 오셔서 우리를 다스리소서.'
세 형제가 공으로 선출되었고 그들은 모두 루시를 데리고 왔다. 장남 류리크는 **노브고로드**, 차남 시네우스는 벨로오제로, 삼남 트루보르는 이즈보르스크 공이 되었다. 그 바랑기에서 루시의 땅이라는 별명이 붙었다.

노브고로드인은 바랑기 종족이며 그전에는 슬라브족이었다. 2년 후 시네우스와 트루보르가 사망했고 류리크가 모든 지역을 통치했다.……

그에게는 친척이 아닌 두 명의 귀족이 있었는데 그들은 종족과 함께 콘스탄티노플로 갔다. 드네프르강을 따라 배를 타고 가던 중 언덕에 있는 작은 마을(키예프)을 보았다.

그들이 말하기를, '이 마을은 누구의 마을입니까.'

그곳에 있던 주민들이 이렇게 말했다.

'이 마을을 건설하고 사라진 세 형제 키이, 쉬첵, 호리브입니다.'

'우리는 그들의 후손들과 함께 여기에 정착합시다. 그리고 **하자르인들**에게 공물을 바칩시다.'

아스콜드와 디르는 이 도시에 남아, 많은 바랑기를 모으고 다스렸다. 류리크는 **노브고로드**에서 통치했다."[10]

882년 올렉 공(노브고로드 재위: 879~912, 키예프 재위: 882~912)이 수도를 노브고로드에서 키예프로 이전했지만, 노브고로드는 러시아에서 제일 면적이 큰 도시였고 볼가강을 따라 비잔틴과 발트해를 연결하는 실크로드의 최북방 도시로서 대외교역이 활발했다. 북해와 발트해 연안의 도시를 무역으로 이은 한자동맹 일부로 스칸디나비아뿐만 아니라 우랄산맥까지 무역로가 있었다.

노브고로드는 하나의 상업 국가였다. 지역의 특산품이 모피, 수공예품, 소금과 농산물이었다. 모피는 유럽에서 제일 인기 있는 상품이었고, 수공예가 발전하여 심지어 독일에서 가죽 신발을 구하러 오기도 했다. 호밀은 주요 수출품으로 맥주 제조공장도 있었다.

예술장인 중에 이콘(성화)을 제작하여 파는 사람이 많았다. 수없이 제작하여 성당과 수도원으로 보내고 시장에서 거래했다. 노브고로드는 종교와 예술의 도시로 발전했고 키예프와 함께 학문의 중심지였다. 최초의 러시아어 필사본 『오스트로미로보 복음서』도 이곳에서 발견되었다. 최근에도 고고학 유물들이 발견되었는데 자작나무 껍질에 쓴 『시편』 등이다.

도시는 방사선 모양으로 다섯 개 구역으로 나뉘어 관리되었고, 구역마다 자치권이 있었으며 별도의 지역 민회도 존재했다. 그중에는 크렘린궁 맞은편에 별도의 상업지역이 있었다. 시민들은 볼호프강의 서쪽 크렘린궁 근처에 살고 싶어 했는데 이곳에는 귀족의 저택이 많았다. 사람과 마차가 다니기 편하게 거리를 나무판으로 포장하고 도로를 직각과 방사선으로 만들고, 다리를 놓아 볼호프강을 가로질러 도시의 중심을 연결했다. 나무로 만든 수로로 깨끗한 식수를 공급했다. 중세 유럽의 주요 도시 중 하나였다.

이 노브고로드에서 1136년 러시아 정치사에 주목할 만한 사건이 발생했다. 공국에서 '공화국'으로 바뀌게 된다. 시민들이 프세볼로드 공의 잘못된 정치에 대항하여 봉기를 일으키고 두 달간 공과 공후, 자녀를 감금했다. 서른 명의 병사가 밤낮으로 보초를 섰으며 결국 새로운 공을 초대하고서 그를 추방했다. 5월 28일 민회인 베체에서 공에 관한 결정을 내렸는데 문서에는 이렇게 적혀 있었다.

"첫째, 농민을 보호하지 않았다.
둘째, 왜 (노브고로드를 버리고) 페레야슬라프를 통치하려고 했는가.
셋째, 전투에서 다른 병사보다 먼저 도망갔다. 처음엔 올가비치 공과 동맹을 맺으라고 했는데 지금은 파기하라고 말한다."[11]

그가 법률적으로 위반한 것은 없었지만, 추방된 직접적인 이유는 귀족 간 경쟁으로 그에 대한 호불호가 갈렸고 전쟁에서 패배하면서 많은 병사를 잃었기 때문이다.

이렇게 노브고로드의 베체는 최고 권력기관으로 공을 초대하거나 해임할 수 있었다. 공은 대부분 키예프 공국의 왕자였으며, 후에 키예프의 공이 되기도 했다. 공은 초대되어 오면 제일 먼저 자신의 임기를 결정하는 계약서에 서명했다. 마치 임기제 공무원과 같았다.

공은 적에게서 국가를 보호하고 군사를 이끌고 전쟁에 참여하는 등 국가의 중요한 역할을 맡았다. 하지만 자신과 친위대는 도시의 성내에 거주하지 못하고 외곽에서 거처했다. 그들은 도시의 토지를 구매할 수 없으며 상업도 할 수 없었다. 공은 관료를 함부로 해임할 수도 없고, 집정관인 포사드니크(Posadnik)가 없거나 그의 대리인이 없으면 재판도 할 수 없는 등 통치에 한계가 있었다. 철저하게 권력을 견제받았다. 급여를 받는 관료이고, 공이었지만 권력이 제한된 공이었다.

집정관인 포사드니크도 베체에서 선출했다. 국가의 실질적인 행정과 사법의 수장이었다. 공화국이 된 후부터 집정관의 권한이 더 높아졌다. 도시의 다섯 개 지역의 각 귀족이 선거에 출마하여 한 명의 집정관을 선출했다. 14세기 개혁 후에는 6명을 선출하기도 했다. 임기는 1~3년으로 짧았으며 연임하기도 했다. 1175년부터 1205년 사이는 수평적 권력 이동이 빈번했다. 서로 다른 지역을 대표하는 두 명이 번갈아 가면서 교체할 정도로 권력 경쟁이 심했다. 집정관을 제일 많이 배출한 지역은 핀·위구르의 정착촌이었던 류진 지역이었다. 초기에 집정관을 한 번도 배출하지 못한 지역은 슬라브 지역이었지만, 1400년 후에는 차츰 늘어났다. 소피아 성당이 있는 중심부 지역만이 유일하게 다른 지역과 상호관계가 좋았다.[12]

어느 때는 한 지역에서 사람을 바꾸어 가며 일곱 번 연속 집정관을 한 예도 있었다. 특히 노브고로드는 다른 공국에 비해 뇌물이나 부패가 적었는데 그 이유는 집정관이 잘못하면 베체에서 다시 선출했기 때문이다.

대주교의 경우에는 베체에서 세 명을 우선 선출한 다음, 추첨으로 선정했다. 그는 포사드니크와 함께 국가의 실질적인 지도자였는데, 최고 성직자로서 교회와 영적 문제에 관한 재판장이며 귀족 사이의 분쟁을 조정하는 해결사였다. 그는 교회 업무 외에 대외정책을 결정하거나 국가의 재산을 보호하는 일에도 관여했다.

베체는 이렇게 통치 엘리트를 선출하고 전쟁을 결정하며 법률을 제정하거나 폐지했으며 세금과 관세를 정했다. 만장일치 제도였기에 어떤 사안들은 결론이 나지 않아 무려 7일간 논쟁하기도 했다. 회의에는 집안을 대표하는 도시의 모든 남성이 참여했으며, 만일 남편이 출장을 가거나 부재할 때는 아내가 참여했다. 여성은 경제적으로 독립적이고 법적 책임도 지고 고리대금업 등 상업에 종사하기도 했기에 재산권 소송을 한 경우도 빈번했다. 모스크바 공국의 여성과는 사뭇 달랐다.

베체는 시민이 참여하여 의견을 제시하는 직접민주주의 형태와 비슷했지만, 실질적으로 귀족의 과두정에 더 가까웠다. 대주교가 신속하게 결정할 의제라고 판단하면 포사드니크, 티이샤츠키(천인 대장), 다섯 개 구역 대표, 지방행정관 등 통치 엘리트를 소집하여 논의했다. 논의된 결과를 베체에서 형식적으로 최종 의결했기 때문이다.

도시에는 상징물이 두 개가 있었다. 하나는 크렘린궁에 있는 소피아 성당이고 다른 하나는 '베체의 종(鐘)'이다. 이 종은 전쟁이나 도시의 위기를 알릴 때 울렸고, 또한 누구나 억울한 일을 당하면 종을 칠 수 있었다. 소피아 성당 광장에 종을 설치한 별도의 기단이 있었고 계단으로 올라가서 종을 쳤다.

도시의 법률은 엄격하지 않았지만 질서가 잘 유지되었다. 재판하기 전에 양측의 대리인을 각각 한 명씩 두어 네 명이 사전에 교섭하여 중재하는 것을 원칙으로 했다. 사형제도도 있었지만 사형을 집행하는 경우는 드물었다. 시민이 죄를 지으면 모든 재산을 놓아둔 채 빈털터리로 추방당했기에 큰 죄를 짓지 않으려고 했다. 상업 도시의 시민은 재산이 생명만큼 소중했다.

1238년 2월, 노브고로드 공국은 위기에 처했다. 남쪽에서 몽골이 공격해 왔다. 이미 1월 20일 몽골은 모스크바를 포위하여 닷새 만에 정복하고, 2월 7일 당시 가장 세력이 강했던 블라디미르를 사흘 만에 무너뜨렸다. 파죽지세로 트베르를 점령하고, 2월 22일 최단 거리로 노브고로드의 국경 도시 토르조크에 도착했다. 흥미롭게도 토르조크 요새는 노브고로드의 원군을 지원받지 않았음에도 12일간 버텼다. 그곳엔 군주와 중무장부대도 없었고 선출된 포사드니크와 주민만이 방어했다. 그들은 혼연일체가 되어 적군에게 맞섰다. 요새와 노브고로드 중심까지는 불과 270킬로미터였다. 이미 몽골군 선봉대는 토르조크 요새를 지나 도시로 향해 약 100킬로미터까지 진출했다. 결국 요새는 점령되었지만, 몽골은 시간을 너무 지체하면서 코앞에서 회군했다.

회군 이유는 다양하다. 땅이 해빙되면 온통 진흙탕이 되기에 강과 호수가 많은 노브고로드 지역을 정복하더라도 회군이 힘들 수 있고, 이미 많은 전리품을 가지고 있어 이동이 수월하지 않았다. 당시 몽골군은 하루 25킬로미터를 이동했다. 또한, 몽골의 부대가 여러 개로 나누어져 도시를 집중적으로 공격할 수 없었고 봄의 기아로 먹을 것이 없었다.[13]

당시 노브고로드 공은 넵스키였다. 그의 나이 18세였다. 그가 위대하게 조명받는 것은 20세에 군사를 이끌고 스웨덴의 침입을 방어하고, 22세에 튜턴 기사단을 물리쳐서 도시를 수호했다는 것이다. 이후 그는 1247년 몽골 수도 카라코룸으로 끌려갔으며 2년 후에 돌아와서 키예프 공국과 블라디미르 공국의 공을 역임했다. 그는 몽골의 군사력을 잘 알았고 귀국 후 친몽 정책을 펼쳤다. 몽골에 조공을 보내더라도 도시를 보존하는 것이 우선이었다.

몽골 지배하에서 러시아의 모든 공은 킵차크칸국에서 공으로 승인을 받아야 했다. 친몽 정책을 펼친 넵스키의 후손들이 주요 공국의 공이 되었고, 그의 막내아들 다닐은 당시 영토가 가장 작았던 모스크바 공국의 초대 공이 되었다.

이 작은 모스크바가 이반 3세(재위: 1462~1505) 때 이르러 국가의 기틀을 확실히 잡는다. 그는 몽골의 승인 없이 공이 되어 조공을 거부하고 형식상 '선물'을 주었다. 비잔틴 제국 붕괴 후 마지막 황제의 조카를 아내로 맞이하고 비잔틴이 사용한 쌍두독수리를 국장으로 사용했다. 황제를 뜻하는 카이사르라는 명칭을 빌려 자신을 차르라고 칭했으며 비잔틴 풍습으로 궁중 의식을 바꾸고, 비잔틴 건축가를 초빙하여 크렘린궁에 성당을 세웠다. 전능한 자를 뜻하는 '사모데르제츠'라는 말을 군주의 호칭에 처음으로 붙였다. 호칭에 걸맞게 비잔틴의 중앙집권제로 국가를 강화하고 영토를 확장했다.

1471년 이반 3세 시기 모스크바 공국은 노브고로드 공국을 공격했다. 전쟁의 원인은 노브고로드가 가톨릭국가인 리투아니아와 친밀해지고 동맹을 맺는다는 것이었다. 노브고로드의 귀족과 젊은이들은 모스크바에 대항했다. 모스크바는 정교회를 수호한다는 명분으로 공격했다. 종교전쟁 형식을 띤 영토확장이었다. 결국 1478년 또 한 번의 공격으로 노브고로드는 완전히 파괴되고 귀족들과 젊은 이들은 처형되었다. 그 유명한 베체의 종은 모스크바로 옮겨졌다. 이후 이반 3세의 명령을 받은 총독이 그곳을 통치했으며 모스크바에 종속되었고 베체는 사라졌다.

1558년 1월, 이제 모스크바가 스웨덴과 전쟁을 치렀다. 발트해를 차지하여 영토를 확대하고 상업을 부흥시키려는 의도였다. 명분은 러시아 상인과 정교회 교인을 보호한다는 것이었다. 전쟁 장소는 스웨덴령 리보니아였으며 오늘날 발트해에 있는 에스토니아의 나르바였다. 전쟁은 무려 25년간 이어졌으며 한때 리보니아의 모든 영토를 차지하여 속국으로 만들기도 했다. 하지만 튀르크의 지원을 받은 크림칸국이 러시아 남부를 공격하고 폴란드가 러시아군을 연속으로 격파하여, 획득한 영토를 돌려주고 발트해의 유일한 항구였던 나르바를 상실했다. 러시아의 서북쪽은 발전의 기회를 잃었고 인구는 감소했다. 하지만 나르바 항은 완전히 폐쇄되지 않고 교역이 허용되어 러시아 상인들은 곡물과 대마를 수출할 수 있었다.

1610년 러시아는 스웨덴과 다시 전쟁했으며, 1617년 3월 9일, 전쟁을 종료하는 「스톨보보 조약」을 맺었다. 스웨덴은 노브고로드와 라도가를 러시아에 양도하고, 러시아는 리보니아와 네바강 유역 전체, 그리고 전쟁 배상금으로 은화 2만 루블을 스웨덴에 주었다.

1656년 표트르 아버지 시기 또다시 스웨덴과 전쟁을 하여 1661년 6월 21일, 「카르디스 조약」을 맺었다. 러시아는 전쟁 중에 얻은 에스토니아와 리보니아 도시들을 반환하고 앞서 체결한 「스톨보보 조약」대로 국경을 되돌렸다. 당시 러시아 외무장관은 스웨덴과 폴란드 두 전선에서 전쟁을 수행할 수 있다고 판단했고, 차르 알렉세이는 폴란드와 전쟁을 하고 스웨덴과는 평화 조약을 맺고 싶었다. 결국 차르의 안을 선택했다. 이 조약은 표트르가 북방전쟁을 일으키기 전까지 그대로 유지되었다.

표트르 재임 이전, 러시아는 북유럽 최강자인 스웨덴을 상대로 여러 번 전쟁했지만, 영토확장의 꿈은 번번이 좌절되었다. 스웨덴은 발트해를 가로막고 러시아의 옛 영토들을 차지하고 있었으며 언제든 모스크바를 함락하여 속국으로 만들 기회를 엿보았다.

## 남쪽-튀르크

러시아의 남쪽은 실크로드의 상인들이 지나가는 곳으로, 튀르크가 오랫동안 흑해를 장악하고 튀르크의 동맹국인 크림칸국이 강력한 세력을 형성하고 있었다. 특히 크림칸국은 천혜의 요새가 있어서 난공불락이었다. 전 세계를 통틀어서 이런 요새를 찾기가 쉽지 않다.

1552년 모스크바 공국이 볼가강 중류의 카잔칸국을 정복하고, 이어서 1556년 볼가강 하류의 아스트라한칸국을 점령하면서 크림칸국에 대항할 수 있는 교두보를 확보했다. 이 시기 이전까지 볼가강을 이용한 상업 활동은 늘 불안정했으니, 교역이 순조롭지 않았다.

표트르 재임 초기 크림칸국의 병사는 8만 명으로 표트르의 참전 가능한 병사보다 많았다. 1711년 표트르가 튀르크에게 포로로 잡힐 뻔했는데 크림칸국의 기병대가 동맹국인 튀르크 편에서 싸웠기 때문이다. 크림칸국의 영토는 단순히 크림반도만이 아니었고 우크라이나 일부와 러시아의 남부 지역이었다.

1783년 표트르 사후 예카테리나 2세가 처음으로 이 지역을 병합했으니 수 세기 동안 돌궐과 몽골계 후예들의 영토였다. 키예프 공국의 땅도 아니었다. 크림칸국 이전에는 킵차크칸국이었고 그 이전에는 하자르국이었다. 하자르는 아시아 유목민의 후예였다.

6세기 알타이산맥에서 발원한 돌궐족은 중앙아시아의 초원에 제국을 세웠다. 그 제국은 흑해에서 만주까지였다. 7세기 초에 서돌궐과 동돌궐로 분리되었으며, 서돌궐의 후예 중에 하자르족이 있었다. 하자르는 7세기 이전에 코카서스산맥의 옛 도시를 차지했다. 알렉산드로스 대왕이 정복한 데르벤트였다. 오늘날 카스피해 서쪽에 있는 러시아 남부 다게스탄의 도시이다. 그들은 아랍 칼리프와 이 도시를 지키기 위해 전쟁을 수없이 했으며 실크로드 교역으로 부(富)를 모아 거대한 국가를 세웠다.

밀랍, 모피, 말뿐만 아니라 이윤이 가장 많이 남는 슬라브인 전쟁포로를 팔았고 거세된 슬라브 청년, 소녀와 어린이까지 대량 거래했다. 하자르의 영토였던 크림반도의 카파가 노예무역의 거점 중 하나였고 거세를 위한 특수시설도 있었다. 슬라브 노예의 대량 거래로 영어 'Slave', 프랑스어 'Esclave', 독일어 'Sklave'가 노예라는 단어와 동의어가 되었다.[14]

하자르의 수도는 볼가강 하류의 이틸이었다. 오늘날 러시아 남부 아스트라한이다. 하사르는 10세기 초에 최고로 팽창했다. 그 영토는 코카서스산맥, 흑해, 크림반도와 볼가강 중류를 포함한 동유럽의 초원지대였다. 오늘날 우크라이나와 러시아의 거대한 곡창지대인 남부와 중부 전체를 차지했다. 하자르는 남쪽에서는 아랍 제국과 싸웠고 남서쪽에서는 비잔틴 제국과 경쟁했다.

키예프 루스는 하자르의 속국이었고 공납했다. 키예프의 공은 매년 가을걷이가 끝나면 지역을 돌아다니며 공물을 모아 하자르의 수도 이틸로 보냈다. 러시아 류리크 왕조의 이고르 공은 하자르에 공납할 공물을 모으던 중 욕심을 부려 나무에 매달려 처형되었다.

키예프 루스는 하자르에 대항하기 위해 비잔틴과 관계를 강화했으며 948년 하자르에 대항하여 처음으로 전쟁을 일으켰다. 전쟁 전에 이고르의 아내 올가는 공이 되어 비잔틴으로 가서 외교 조약을 맺었다. 물론 세례도 받았다. 경비원과 하인 등을 제외하고 사절단은 100여 명이 넘었다. 비잔틴은 매우 엄숙하고 호화롭게 그녀를 맞이하고 타국의 왕들과 똑같은 의례를 해주었다. 관행이었던 외국 대사의 참여도 없애고 러시아 사절단을 위한 단독 환영회를 베풀었다. 예순 살이 넘은 올가는 황제 앞에 무릎을 꿇지 않고 이야기를 나누었다.

러시아 연대기에는 이렇게 적혀 있다. 비잔틴 황제는 러시아 사절단을 접견하고 올가를 보고 그녀의 미모에 빠져 청혼하였다. 올가는 기독교를 믿지 않기에 아내가 될 수 없다고 말하면서 황제가 대부가 되어 세례를 해준다면 결혼할 수 있다고 말했다. 황제가 세례를 해주고 그녀에게 말했다.

"당신을 아내로 맞이하고 싶소."

그녀가 말했다.

"어떻게 당신은 나를 원하시오. 나에게 세례를 할 때, 딸이라고 부르지 않았소. 기독교인은 아버지와 딸이 결혼하는 것을 허락하지 않지 않소. 당신은 그것을 잘 알지 않소."

황제가 말했다.

"너는 나를 속였구나. 올가."

황제는 그녀에게 금, 은, 직물, 그릇 등 선물을 주고 자기 딸이라고 부르며 놓아주었다. 그녀는 비잔틴과 군사동맹을 맺고 귀국했다.[15]

964년 올가의 아들인 스뱌토슬라프(재위: 962~972)는 하자르 원정을 단행했다. 키예프의 동맹군은 비잔틴, 돌궐 유목민 페체네기족과 구스족이었다. 페체네기와 구스는 같은 돌궐 유목민인 하자르와 동맹을 맺기도 하고 때로는 키예프와 동맹을 맺기도 했다. 종족의 이익에 따라 매번 동맹이 바뀌었다. 설상가상으로 이 시기 하자르는 비잔틴과 아랍과 앙숙이었고, 중앙아시아의 호레즘과 볼가강 유역의 불가리아가 이슬람을 믿었기에 821년 유대교 국가가 된 하자르를 돕지 않았다. 하자르는 종교적으로도 완전히 포위된 상태였다.

만일 하자르가 유대교가 아닌 기독교를 수용했다면 비잔틴과 좋은 관계를 유지하여 키예프와 전쟁하지 않았을 것이고, 이슬람을 믿었다면 아랍과 형제 국가로서 이슬람의 여세를 몰아 러시아, 동유럽과 독일까지 이슬람 국가가 되었을 것이다. 기독교와 이슬람 사이에 강력한 성벽을 쌓은 유대 국가 하자르가 초원의 중앙을 차지하고 있어서 이슬람은 더 이상 그 세력을 동유럽으로 확장하지 못했다.

스뱌토슬라프는 위험한 초원을 피해 드네프르강으로 내려온 후 볼가강을 따라 하자르를 공격했다. 구스족 역시 합동으로 하자르의 수도 이틸을 무너뜨렸다. 궁전을 비롯하여 사원과 수많은 상인이 살았던 집들이 파괴되었고 스뱌토슬라프는 카스피해 서쪽에 위치한 하자르의 초기 수도였던 시멘더를 정복했다. 이 도시에는 포도 재배 농가가 4,000여 가구가 있었다. 하자르는 유목민이었지만 농경을 겸하는 반유목민이었다. 겨울엔 도시에, 여름엔 산에 거주했다. 잡힌 말들은 키예프로 보냈다.[16] 스뱌토슬라프는 귀국 길에 하자르의 최고 방위 요새였던 돈강 하류에 있던 사르켈을 무너뜨렸다. 이 요새는 그리스에서 온 용병이 지켰지만 허사였다. 하자르는 부국이었기에 그리스 용병으로 제국을 방어했다.

965년 키예프 루스는 하자르 원정에 성공하면서 독립국이 되었고, 988년 블라디미르 대공이 기독교를 수용하면서 비잔틴과의 관계를 강화하고 진정한 국가로 거듭났다. 러시아의 기독교 수용은 하자르에 대응하기 위한 종교동맹의 성격을 지니고 있었고, 현명한 올가는 이를 적극적으로 활용했으며 그의 아들은 하자르를 무너뜨렸다.

실크로드의 도시이자 하자르의 수도였던 이틸은 쇠퇴하여 역사의 뒤안길로 사라졌다. 국가는 사라졌고 사람들은 뿔뿔이 흩어졌다. 그러나 하자르가 이렇게 쉽게 무너진 것은 실질적으로 러시아의 원정이라기보다는 카스피해의 범람이 가장 큰 원인이었다.

10세기 초 수년간 비가 많이 와서 카스피해 물이 1.2미터 불어났고 볼가강 삼각주를 덮었다. 수도 이틸의 3분의 2가 물에 잠기면서 동서를 잇던 대상길은 끊어졌고 국가는 쇠락했다. 비잔틴 제국과 아랍 제국에 대등했던 제국이자, 무역으로 성공한 상업 국가였던 하자르는 물에 망했다.

하자르가 역사에서 완전히 사라진 건 패배 후 거의 100여 년이 지난 1070년경이었다. 여전히 돌궐의 후예였던 페체네기족이 우크라이나와 러시아 남부 지역을 차지했다. 초기 러시아의 가장 강력한 상대는 하자르였고 돌궐의 후예들이었다. 러시아의 초기 도시들이 추운 북쪽의 숲속에 있었던 이유도 남쪽의 따뜻한 초원을 장악할 수 있는 능력이 없었기 때문이었다.

하자르를 체계적으로 연구한 고고학자 아르타모노프(Artamonov, 1898~1972)는 1940년 흥미로운 글을 게재했다. 「슬라브와 러시아의 고대 역사에 대한 논쟁의 문제」라는 논문이었다.

> "고고학적 자료에 따르면 다뉴브강 상류에서 볼가강까지의 거대한 영토에 원시 슬라브인은 없었으며, 신석기뿐만 아니라 한참 후에도 없었고 찾을 수 없었다.……
> 슬라브 민족 형성에 여러 부족이 참여하여 확장하면서 슬라브족이 점차 증가했다. 여러 부족은 결국 슬라브족으로 바뀌었고, 공통 슬라브 유산에 뭔가 이바지했기에 원시 슬라브인이라고 불렀다.……
> 이 부족이 결국 슬라브계가 되었고 게르만계도, 핀란드계도, 다른 어떤 것도 아니었다. 슬라브족은 생물학적 특성이나 인종이 아니라, 이웃과의 문화와 정치적 관계에서 발전한 역사적 상황이다."[17]

그의 견해를 수용하면 슬라브는 인종적으로 한 뿌리가 아니다. 오늘날 슬라브족이라고 말할 때 민족의 개념이 아니라, 공통의 역사·문화적 정체성으로 보는 것이 합당하다. 아르타모노프는 러시아의 기원인 루시에 대해서도 흔히 알고 있는 북쪽의 스칸디나비아뿐만 아니라, 남쪽의 흑해 북부의 지명, 국토, 사회집단, 고대 민족 용어 등도 포함했다. 그는 『슬라브의 기원』과 『하자르의 역사』라는 책을 썼다. 『하자르의 역사』 서론과 결론에 이렇게 적었다.

"루시(러시아)가 역사에 등장했을 때 처음으로 직면했던 국가가 하자르였다. 이것은 반박할 수 없는 역사적 사실이며 러시아뿐만 아니라 동유럽 전역의 역사적 발전 과정을 올바르게 이해하기 위해서 반드시 고려되어야 한다. 3세기 동안 이어진 하자르의 존재는 흔적 없이 지나갈 수 없으며, 하자르의 역사적 중요성을 경시하는 것은 반대로 그들이 수행한 역할을 과장하는 것만큼이나 잘못되었다." - 서론 중에서

"하자르는 역사적으로 진보적이었다. 맹렬한 아랍을 막고 비잔틴 문화를 수용했으며 카스피해와 흑해 대초원에 질서와 안전을 확립했다. 이에 따라 이들 국가(비잔틴과 아랍)의 경제발전에 강한 자극을 주었고 동유럽의 숲 지대에 슬라브족이 정착하게 되었다."[18] - 결론 중에서

하자르는 우크라이나와 러시아 남부에 있었던 최초의 봉건국가였다. 무려 2세기가 지나서 드네프르강 중류에 세워진 키예프 루스는 하자르에게 조공을 바쳤고 수장을 하자르처럼 카간이라고 불렀다.

  아르타모노프는 상트페테르부르크대학 고고미술사학과를 졸업했으며 동 대학교 총장과 예르미타시 박물관 관장을 역임했다. 그의 제자가 『유라시아의 리듬』이라는 책을 쓴 구밀료프였다. 현재 하자르 유물은 예르미타시 박물관 수장고에 있다. 이 고고학자는 이렇게 말했다.

  "차르 제국은 속주 민족의 위대한 과거의 영광을 알리기를 꺼렸다."

  한편, 표트르 재임 전 튀르크는 로마 제국보다 영토가 더 넓었고 프랑스와 스웨덴과 동맹을 맺고 있었다. 쉽게 징집할 수 있는 병력도 20만 명이 넘었다. 수도 콘스탄티노플의 인구는 70만 명으로 유럽의 그 어느 도시의 인구보다 많았고 수많은 인종이 이 도시에 살았다.

  한때 튀르크는 빈을 공격하기도 하는 등 발칸반도까지 수중에 넣었고 유럽 국가들이 두려워하는 국가 중 하나였다. 러시아는 흑해로 진출하려고 여러 번 튀르크를 공격했지만, 번번이 실패했다. 표트르의 이복누이 소피아 섭정기에도 두 번이나 남부 원정을 단행했을 정도로 러시아가 쉽게 얻을 수 없는 지역이었다.

  동유럽과 우크라이나, 그리고 러시아 남부는 심하게 약탈당했고 주민들은 노예로 팔려 갔다. 초원의 유목민은 매년 러시아를 약탈했고 수만·수십만 명의 러시아인을 노예로 끌고 갔다.[19]

카파의 노예시장에서 하루 20여 명이 거래되었으며 매년 6~7천여 명이 튀르크와 유럽 시장으로 노예로 팔려갔다. 1783년 예카테리나 2세가 크림반도를 합병하면서 노예 매매를 금지했는데 수천 년간 이어온 초원의 노예무역이 종지부를 찍은 해였다.

당시 노예 거래는 수익성이 좋은 사업이어서 아무나 할 수 없고 법을 어기거나 노예를 학대한 상인은 거래에서 제외했다. 노예 중 노인은 거의 없고 청년이 제일 비싸게 거래되었다. 다음이 어린 소녀와 소년이었다. 미녀와 신체 건강한 청년은 시장에서 거래되지 않고 비밀리에 직거래됐다. 노예의 얼굴에 낙인을 찍거나 상처를 내는 것도 금했다. 돈을 더 많이 받기 위한 의도였다. 노예들은 주로 이스탄불을 거쳐 프랑스 낭트로 팔려 갔으며 당시 유럽 남자들의 첩 중 상당수가 슬라브 여자였다. 이렇게 러시아의 남쪽 주민이 노예로 잡혀가니 인적 손실이 상당했다.

하지만 러시아는 남쪽의 페르시아와 튀르크와의 교역량이 유럽보다 많았으며 모피, 가죽, 밀랍, 꿀, 철제, 직물 등을 수출했고, 향신료, 비단, 설탕, 금은 세공품 등을 수입했다. 볼가강의 하류 아스트라한 항구와 아조프해는 전통적으로 상업적·군사적 요충지였다.

## 동쪽-시베리아

 러시아의 동쪽은 시베리아다. 시베리아의 어원은 다양하다. 몽골·타타르에서 시베리아는 '주요한 도시'를 뜻한다. 러시아가 정복하기 전 시베리아의 중요 도시는 이르티시, 토볼과 투라였다. 이 지역을 러시아 사람들은 시베리아라고 불렀다.[20] 이곳은 칭기즈칸의 후예가 세운 시비르칸국의 수도였다. 원래 시비르칸국의 수도는 튜멘이고 이후 북쪽으로 약 200킬로미터 거리의 토볼로 옮겼다. 오늘날 우랄 지역이다.

 또 다른 시베리아의 어원은 동돌궐의 칸이었던 시비르 칸(Shibir khan), 몽골어의 숲과 덤불을 뜻하는 'Shibir', 예벤크족의 신화에 나오는 최초의 인간이 태어난 고향- 타이가 'Sibir', 기원 1세기 전 서시베리아에 살았던 민족의 조상인 고대 위구르의 선조 'Shipir' 등이다.[21]

 러시아 제국 시기 시베리아는 오늘날 우랄산맥을 기준으로 동쪽이며 태평양까지를 의미했다. 소련 시기에는 우랄, 시베리아와 극동으로 분리했다. 시베리아가 처음 알려진 것은 11세기 말이다. 노브고로드의 집정관 포사드니크였던 구랴타가 자기 휘하의 젊은이를 시베리아로 보내고 들은 이야기를 연대기 작가에게 말한 내용이다. 1096년 러시아 연대기에는 이렇게 적혀 있다.

"나는 노브고로드에 공물을 바치는 페초라(우랄산맥 북쪽)에 젊은이를 보냈습니다. 그는 그곳에 간 후, 유그라(우랄산맥 동쪽 한티·만스) 땅으로 갔습니다. 유그라는 민족인데 그들의 언어를 이해하기 힘들며 그들의 이웃은 북쪽의 사모예드족입니다. 유그라인은 나의 젊은이에게 말했습니다.
'우리가 예전에는 들어보지도 못한 신기한 기적이 일어났어. 이것은 3년 전에 시작되었지. 산들이 있었지. 깊숙한 협곡이었어. 산의 높이는 하늘에 닿을 정도였지. 산에서 큰소리가 울렸어. 산은 깎여져 있었고, 작은 창문(굴)이 뚫려 있었지. 그곳에서 나온 사람이 말하는데 그들의 말을 도무지 이해할 수 없고, 철을 가리키며 손을 흔들어 철을 달라고 했어. 만일 누가 그들에게 칼을 주든지 도끼를 주면 그들은 모피를 줘. 저 산으로 가는 길은 낭떠러지와 눈과 숲이 있어서 지나갈 수 없지. 우리가 그들에게 항상 접근할 수 있는 건 아니야.'

나는(연대기 작가) 구랴타에게 말했습니다.

이들은 알렉산드로스 대왕에게 사로잡혔던 사람들입니다. 파타라의 메토디우스(기원전 신학자)가 말한 것처럼, 마케도니아의 왕 알렉산드로스는 동쪽 나라들, 태양의 장소라 불리는 바다까지 갔습니다.

그곳에서 야벳 출신의 부정한 사람을 보고 불결한 것을 보았습니다. 그들은 모든 종류의 오물, 모기, 파리, 고양이, 뱀 등을 먹고 죽은 것을 묻지 않고 낙태아와 온갖 불결한 가축도 먹었습니다. 이것을 본 알렉산드로스 대왕은 그들이 번성하여 땅을 더럽히지 않을까 두려워하여 높은 산의 북쪽 나라로 몰아넣었습니다. 하느님의 명령에 따라 큰 산들이 그들 뒤에 모였지만, 산들의 12로크(6미터, 1로크=0.5미터)만큼은 모이지 못했고 그곳에 청동 문이 세워지고 기름칠이 되어 있었습니다.

누구든지 그 문을 취하려고 하여도 취할 수 없고 태워지지도 않으며 그 문의 속성은 다음과 같습니다. '불도 그것을 태우지 못하며 강철도 그것을 파괴하지 못하느니라. 마지막 날에는 에트리비아 사막에서 이스마엘의 8개 족속이 나올 것이며, 하느님의 명령으로 이 북쪽 산에 사는 더러운 민족들도 나올 것이다.'"[22]

시베리아는 러시아인에게 신비의 장소이고 호기심 대상이었으며 현물 세금인 '야삭'을 받고 물물교환하는 곳이었다. 야삭 중 으뜸은 모피였고 한자동맹의 도시들과 교역했다. 러시아가 시베리아를 정복할 때 넘어야 할 산이 우랄이었는데 일반적으로 우랄을 큰 돌이라고 말했고 '벨트'와 '시베리아'라고도 불렀다. 시베리아 정복은 15세기 이반 3세(재위: 1462~1505)부터이다. 대부분 역사가는 16세기 말 예르마크의 시베리아 원정을 시작으로 보기도 한다.

하지만 좀 더 깊게 살펴보면 모스크바 공국이 대외 팽창하여 노브고로드를 정복할 시점이었다. 물론 노브고로드는 이미 시베리아의 오비강 하류를 장악하고 있었기 때문에 더 엄밀하게 말하면 14세기쯤으로 보아도 무방하다.

1478년 차르 이반 3세는 노브고로드를 정복하고 조공을 바치던 시베리아 원정을 단행했다. 불규칙한 조공을 안정적으로 받기 위해서였다. 단순히 공물만을 위한 원정이 아니라 영토확장의 일환이었다. 대규모 군사를 파견한 것은 1499년 여름이 처음이었다. 동원된 군사의 수는 700여 명이었다.

원정은 상당히 긴 노정이었고 볼로그다에서 시작하여 강을 따라 이동했으며 북드비나강을 지나고 북쪽 아르한겔스크로 간 후 강의 지류를 이용하여 페초라강을 따라 북극해로 이동했다. 그곳은 우랄의 북쪽 사모예드족이 사는 푸스타오제르스크였고 요새를 세우는 작업을 했다. 이미 그곳에는 러시아 마을이 있었다.

원정은 다시 배를 타고 페초라강을 거슬러 올라가서 우랄산맥의 우사강으로 진입한 후 우랄산맥의 낮은 산등성이로 흐르는 소비강을 거쳐 시베리아 오비강으로 들어갔다. 이 노선을 흔히 '우사-소비'라고 부른다. 가장 일반적인 노선이다. 오늘날 소비강을 따라 시베리아로 접근하면 처음 나오는 마을이 있다. 야말로·네네츠 자치구의 하르프 마을이다.

1499년 원정에서 병사들은 페초라강 상류로 더 올라간 후, 또 하나의 낮은 산등성이에 흐르는 슈고르강을 따라 우랄산맥을 넘었고, 쇼쿠리야강을 따라 랴핀 지역까지 갔다. 구글 위성 지도로 확인해보니 원정대는 이곳까지 구불구불 강을 따라 무려 약 3,170킬로미터를 이동했다. 오늘날 이 노선에서 첫 마을은 한티·만스자치구의 사란파울이다.

랴핀은 유그라 땅으로 한티족과 만스족이 살고 있었다. 원정대는 33개의 마을을 점령하고 50명의 공과 1,009명을 포로로 잡았다. 원정은 성공적이었고 1502년 부활절날 귀환했다.[23]

이렇게 짧은 기간에 많은 일을 한 것에 대해 시베리아학의 아버지로 불리는 독일인 밀레르는 그의 책에서 의심스럽다고 했다. 하지만 그도 동의했듯이 이미 이 시기 우랄을 넘어 북극해 근처 시베리아의 오비강 하류는 러시아의 영향력 아래에 있었다. 사실상 러시아 영토나 마찬가지였다.[24]

이반 3세의 원정으로 유럽인들은 시베리아에 대해 처음으로 알게 되었으며, 독일 대사이자 여행가였던 게르베르스테인이 모스크바 공국과 시베리아 원정에 대한 많은 정보를 알렸다. 이후 유럽인들에게 우랄과 시베리아는 신비의 장소로 누구나 탐험을 해보고 싶은 미지의 땅이었다. 유럽인들의 여행과 학술탐험은 끝이 없었다. 그들은 시베리아에 대한 인상적인 글을 수없이 많이 남겼다.[25] 출간하면 베스트셀러였다.

시베리아 원정이 본격적으로 추진된 것은 표트르가 집권하기 전이었다. 이 시기 러시아는 시베리아의 대부분 영토를 차지했다. 전광석화처럼 아주 빠르게 정복했는데 정복이라기보다 그냥 밀고 들어갔다. 앞에서 서술한 러시아의 서쪽과 서북쪽, 그리고 남쪽은 전쟁의 역사였다. 모스크바가 세력을 확장하면서 끊임없이 전쟁하고, 전쟁의 승리 속에 영토를 쟁취했다면, 시베리아 정복은 그렇게 큰 노력을 기울이지 않았다. 일례로, 1552년 이반 4세가 15만여 명의 병력을 이끌고 카잔을 무려 49일간 포위하여 겨우 정복했는데, 당시 러시아는 수많은 장수와 귀족을 잃었다.

이렇게 정복 전쟁에는 수만 명이 참전했지만, 시베리아 정복은 수천 명이었다. 이 수치는 비공식적이고 연대기에는 약 1,000명이라고 적혀 있다. 그 작은 수로 거대한 땅을 정복했다. 러시아가 빠르게 정복한 원인은 원주민이 적게 살고 몽골·타타르인이 적게 거주하는 시베리아 북쪽이었기 때문이다. 시베리아의 남쪽은 몽골·타타르 세력이 여전히 강했고 칸들과 몇몇 종족이 영향력을 미치고 있었으며 그들은 원주민에게서 현물 세금을 받고 있었다.

또한, 정복은 시베리아의 거대한 강을 따라 이루어졌고 강의 지류와 지류를 연결하는 육로에서는 배를 끌고 이동했다. 시베리아 강들은 남쪽이 아닌 북극해로 흘러가는데 강과 강의 지류를 이용하여 작은 배로 빠르게 이동할 수 있었다. 시베리아는 말로 정복한 것이 아니라 배로 정복했다. 이것은 새로운 문명을 알리는 신호탄이었고 볼가강의 물을 다스릴 줄 알았던 러시아인의 경험에서 나오는 지혜였다. 초기 시베리아의 정복 도시들이 강의 지류에 건설된 이유가 여기에 있다.

무엇보다 시베리아 인구가 적었다. 전체 인구는 약 20만 명이었고 시베리아에서 가장 큰 시비르칸국의 경우 1555년 성인 남성이 3만여 명으로 총인구는 10만여 명이었고 그다음으로 예벤크족이 있는 동시베리아였다.

시베리아 정복의 흥미로운 사실 중 하나는 러시아 장군과 병사가 선봉장이 아니었다는 것이다. 우랄산맥 서쪽의 페름 지역에서 소금 제조업을 하며 거상이 된 스트로가노프 가문이 정복을 이끌었다.

1558년 4월 4일, 왕실 문서[26]를 살펴보면, 차르 이반 4세는 스트로가노프 가문의 그레고리에게 페름의 카마강 유역의 특허권을 주었다. 20년간 소금 제조, 어업, 사냥, 농업, 구리, 주석 등의 허가권과 채굴권이었다. 그레고리는 세금 없는 토지를 하사받고 정부 조달을 맡았다.

1574년 5월 30일, 왕실 문서[27]는 시베리아 정복의 결정적인 문서이다. 이반 4세는 스트로가노프 가문에 20년간 시베리아의 토볼 지역에 대한 다양한 세금과 의무 면제권을 주었다. 이 문서에 따라 가문은 우랄산맥을 넘어 시베리아 토볼 땅을 경작하고 어획을 할 수 있었으며 철광석과 주석 등을 채굴할 수 있었다. 안전을 확보하기 위해 심지어 요새를 세우고 자신의 군대를 양성할 수 있었다. 가문은 사병과 농민을 보유했으며 이들이 죄를 지으면 재판도 할 수 있었다. 대단한 혜택이었다.

1579년 4월 왕실 문서를 받은 지 5년이 되어갈 때쯤 스트로가노프 가문은 시베리아 정복 사업을 추진하기에 이르렀다. 20년이라는 특허권을 받았지만, 특별히 이룬 것 없이 시간만 흘러갔으니 조바심도 있었다. 만일 차르가 다른 가문에게 특허권을 준다면 우랄에서의 독점 사업권들이 사라지기 때문이었다. 그레고리는 코사크 수장 중 한 명이었던 예르마크에게 편지를 보냈다. 모든 걸 지원해 줄 테니 병사들과 함께 시베리아 원정을 추진해달라는 내용이었다. 예르마크는 제안을 수락하고 6,000여 명의 코사크인을 데리고 페름으로 왔다.

스트로가노프는 약속대로 시베리아 원정에 필요한 모든 자금을 지원했다. 개인당 화약 3푼트(1푼트=0.41킬로그램), 총알 3푼트, 밀가루 3푸드(1푸드=16.38킬로그램), 곡물 2푸드, 귀리 2푸드, 비스킷 1푸드, 소금 1푸드, 소금에 절인 돼지고기 등이었다. 무기는 화포 3개, 화승총, 활, 화살, 도끼, 단검, 배 등이었다. 병사는 5,000여 명이었다.[28] 연대기에는 840명으로 기록되어 있다. 코사크 병사 540명과 추가 병력 300명이었다. 5,000여 명은 예비 병력 포함이었다.

1579년 6월 13일, 시베리아 탐험 원정대가 준비를 마치고 드디어 출발했다. 시베리아 원정 시작을 1581년 9월 1일(시베리아 연대기) 또는 이듬해 1582년 9월 1일로 보기도 한다.[29] 이 차이는 무엇을 의미할까. 아마도 선봉대는 사전에 우랄산맥으로 들어가서 그곳에 야영을 하고 원정을 탐색하며 시간을 보냈을 것이다. 그런 후 본격적인 원정을 단행했다. 원정 시점이 조금씩 차이 나는 이유이다.

원정로는 강을 따라 이동했다. 페름 지역 카마강, 추소프강, 타길, 시리브랸카강, 우랄산맥 육로, 투라강 상류, 튜멘, 투라강 하류, 토볼 강과 시베리아 수도 이스케르(옛 명칭: 카실리크)이다. 대부분 수로였고 육로는 약 20킬로미터 정도였으며 배를 끌고 이동했다. 예르마크가 우랄 산등성이 부근에 고장 난 배를 남겨두었는데 이 배는 19세기까지 지도 그곳에 있었다. 원정은 새로 제조한 배로 이어졌다. 원정 거리는 구글 지도로 살펴본 결과, 페름의 추소프에서 우랄 산등성이까지 약 416킬로미터였고 산등성이에서 시베리아 토볼까지 약 954킬로미터로 굴곡의 강과 길을 따라 총 1,370여 킬로미터였다.

원정 지휘관은 스트로가노프 가문이 고용한 코사크 출신의 예르마크(Ermak, 1537~1585)였다. 그는 중간 키에 어깨는 넓으며 단단하고 검은 턱수염과 검은 머리카락에 약간 곱슬머리였으며, 섬광 같은 눈빛에 얼굴은 갸름하고 매우 용감하며 뛰어난 지혜를 지녔다.[30]

그는 카잔칸국과 리보니아 전쟁에도 참전하고 고향으로 돌아와서 코사크분대 중 한 명의 수장으로 사람을 모아서 볼가강을 따라 강도행각을 했다. 수천 명을 거느리고 러시아 남부의 돈 코사크 지역을 차지하고 남동부에 있던 노가이칸국을 파괴할 만큼 세력이 강성했다. 이것은 튀르크, 크림칸국, 아시아 국가 등과 평화 관계를 유지한다는 차르의 대외정책을 위반하는 것이었다. 결국 차르는 돈 코사크의 세력을 흩어놓았으며 몇 명의 수장들을 처형했다. 이 시기 스트로가노프 가문이 예르마크에게 시베리아 원정에 대한 편지를 보냈으니, 그는 쉽게 수락하고 부대원을 이끌고 페름으로 왔다.

사령관 예르마크 휘하 콜초프와 그로자가 부사령관이었고 백인대장이 100명을 한 부대로 편성하여 지휘했다. 백인대 아래에 50인을 지휘하는 두 명의 장교가 있었다. 장교 아래에는 10명을 한 분대로 했다. 부대에는 팀파니, 북, 나팔과 깃발이 있었다. 원정대에는 코사크 병사 외에도, 사냥꾼, 농민, 농노, 부랑자, 상인, 정교회 신자, 목공, 석공, 관료, 전쟁 포로였던 폴란드인과 리투아니아인 등이 있었다.

원정대는 우랄 산등성이 근처 타길에서 겨울을 보내고 이듬해 봄에 투라로 이동한 후 투라강을 따라 튜멘으로 갔다. 이 과정에 원주민인 한티와 만스족과 전투했으며 시베리아 몽골·타타르와 소모전을 펼쳤다. 위협적인 세력은 아니었다.

1582년 봄, 예르마크의 부대가 배를 타고 투라강과 토볼강이 합쳐지는 곳으로 들어갈 때 드디어 시비르칸국의 주력부대와 마주했다. 그들은 언덕 위에서 기다리고 있었으며 가까이 접근하자 화살을 쏘았다. 예르마크 부대는 화포와 화승총으로 대응했다. 상륙하는 예르마크 부대를 칸의 기병은 칼로 공격했다. 한 번도 들어보지 못한 화포 소리에 놀란 칸의 군대는 혼비백산했다. 시베리아 원정에서 화포는 활과 대응했으니 요즈음 같으면 탄도미사일과 소총의 차이라 할 수 있다. 그만큼 위력이 대단했다.

우랄 동쪽의 시베리아를 장악하고 있던 세력은 몽골의 후예 시비르칸국이었다. 킵차크칸국이 14세기 말 중앙아시아의 티무르에게 공격당하면서 세력이 약화했고, 러시아 남부에 있던 수도 사라이가 서서히 붕괴하면서 유라시아 초원에 새로운 칸국들이 생겼다. 그중

하나가 시비르칸국이었다. 예르마크의 원정 당시 칸은 쿠춤(Kuchum, 1563-1598)이었다. 이전의 칸은 모스크바에 공물을 바치면서 유화적인 관계를 유지했지만, 쿠춤이 권력을 장악하면서 공물을 멈추었다. 그는 우랄산맥까지 넘어 스트로가노프의 사업장인 페름까지 공격하기도 했다. 시비르칸국은 원주민에게서 공물로 모피를 받고 그 공물로 중앙아시아의 부하라칸국과 물물교환했으며 식량과 직물 등 다양한 생필품을 구매했다.

1582년 10월 23일, 역사적인 날이 왔다. 예르마크의 부대는 토볼강을 따라 내려온 후 이르티시강을 거슬러 수도로 접근했다. 전쟁터는 수도 이스케르에서 멀지 않은 강변으로 두 강의 합류 지점에서 약 5.6킬로미터였다. 이곳을 '추바시 곶'이라고 부르며 오늘날 여기에 가면 나무 십자가가 세워져 있다. 그곳에서 얼마 못 가서 강이 굽어지기 때문에 쿠춤에게는 최적의 장소였다. 그곳을 전쟁터로 정하고 강변 언덕에 목책을 세웠다. 흩어진 부대를 집결시키고 자신이 통치하고 있던 한티와 만스족까지 동원했다. 이번에는 부하라칸국에서 화포도 2개를 가져와서 배치했다. 그는 언덕에서 예르마크의 배가 올라오기를 기다렸다.

예르마크 부대가 강변으로 접근하자 쿠춤의 기병대가 코사크를 향해 활을 쏘면서 전투가 시작되었고 예르마크의 첫 번째 공격을 격퇴했다. 첫 승리는 쿠춤 부대였다. 그들은 의기양양하여 목책을 열고 뒤쫓았다. 하지만 쿠춤의 후계자가 첫 전투에서 크게 다쳤고 예르마크의 코사크는 전열을 갖추고 상륙하여 원주민 부대를 공격하면서 전세가 바뀌기 시작했다. 설상가상으로 부하라에서 가져온 화포를 쏠 줄 몰랐다. 무용지물이었다.

이 전투에서 쿠춤의 권력에 반대한 타타르의 울루스들은 참여하지 않았고 한티와 만스족은 그렇게 싸울 의지가 없었다. 3일간 진행된 전투에서 예르마크의 코사크부대는 107명을 잃었다. 치열한 전투였다.

러시아 화가 수리코프는 이 전투 장면을 화폭에 담았다. 상트페테르부르크의 러시아박물관에 있는 「예르마크의 시베리아 정복」이라는 그림을 보면 전투대행을 알 수 있다. 언덕에 말을 타고 지휘하는 사람이 쿠춤이고, 배에서 철갑투구를 쓰고 손을 들어 언덕을 가리키는 장수가 예르마크이다. 무기를 보면 두 부대가 크게 차이가 난다. 총과 활이다. 러시아의 전투가 늘 그러하듯이 예수님과 성 게오르기 깃발이 예르마크의 배에 걸려있다. 하느님의 가호로 전쟁의 여신이 그들의 손을 들어주길 바라는 마음이다.

10월 26일, 드디어 예르마크는 시비르칸국의 수도 이스케르를 점령했다. 수도는 텅 비어 있었다. 며칠 후 한티족은 쿠춤에게 바치던 공물을 요새로 가져왔다. 예르마크는 사람들에게 현물 세금을 부과했다. 이제 그들은 러시아 차르의 신민이 되었다. 시베리아는 현물을 받는 자가 그 땅의 주인이었다. 경계선이라는 건 없고 아득히 펼쳐진 타이가의 주인은 자연을 다스리는 인간 그 이상도 이하도 아니었다. 어찌 보면 진정한 주인은 인간이 아닌 담비, 곰 등 동물이었다.

쿠춤은 자신의 수도를 버리고 떠났다. 3일간의 전투에서 패배는 결정적이었다. 하지만 이곳은 방어하기에 턱없이 부족한 땅이었다. 전쟁 후 150년이 지나서 시베리아 학자 밀레르가 이 수도를 조사한 결과를 과학 아카데미에 이렇게 보고했다.

"이 옛 수도는 폐허로 되어있었다. 예전과 같은 곳이라면 도시라고 할 수 있고, 여전히 (그 모습을) 볼 수 있다.······
작고 둥근 산이며 삼 층(계단식)으로 되어있고 각각 나누어져 있으며 한 층이 다른 층보다 높다.
내부 공간의 지름은 약 50사젠(107미터, 1사젠=2.13미터)이다. 만일 이 장소가 당시에는 규모가 더 컸다고 가정하지 않은 한, 칸과 그의 가족, 소수의 고귀한 타타르족만 그곳에 살 수 있다고 결론지을 수 있다.
이곳에는 집이나 영구 주거지가 남아있지 않았다. 약간의 흔적과 다른 장소에서 온 토양이 있었다. 그래서 우리는 한때 여기에 주거지가 있었다고 결론지을 수 있었다.
만일 그렇다면, 주거지들은 시베리아의 타타르식 건물처럼 나무로 만들어졌거나 굽지 않은 벽돌을 사용한 부하라식에 따라 지어졌을 것이다. 지금은 어떤 흔적도 남아있지 않다."[31]

밀레르의 조사가 맞다면, 시비르 칸의 수도 이스케르는 정착촌이 아니었다. 즉, 반유목민의 생활터였다는 뜻이다. 우리가 흔히 생각하는 일반적인 도시와는 달리, 쿠춤은 여러 개의 거점 도시를 만들어

유르트 네트워크를 형성하고 있었다.

한 곳에서 항구적으로 거주하지 않고 잠시 머물며 지역 원주민한테서 현물 세금을 받았다. 그러니 이스케르에는 샘물이 나올 수 있는 우물이 없고 포위되면 감옥에 갇히는 꼴이 되니 당연히 버리고 떠나는 것이 현명한 전략적 선택이었다. 당시 이 도시는 군사, 경제, 행정 도시도 아니었다. 시비르칸국은 오늘날 우리가 생각하는 국가적 관점의 국가가 아니었다. 쿠춤이 비겁해서 떠난 것이 아니라 자신의 전술이었고, 이후 게릴라전으로 바꾸어 예르마크 부대를 계속 급습했다. 예르마크는 쫓겨 도망가다가 결국 익사했다. 유목민 특유의 '말 등에서의 통치'였다.

도시 정복 후 러시아는 시베리아 최초의 도시를 세운다. 튜멘과 토볼이다. 토볼은 이스케르에서 직선거리로 약 17킬로미터에 있었다. 새 도시 토볼에 시베리아 총독이 거주했다. 러시아 관료들은 새 도시에 거주하며 시베리아 원주민한테서 현물 세금을 받고 관리했다. 동시베리아 지역의 바이칼 호수 방향은 관료와 병사를 파견하여 관리했다. 시간이 지나면서 동시베리아와 극동에 요새도 세우고 군사도 배치했다. 배치된 병사들은 기껏해야 1,000명도 되지 않았다.

러시아는 1604년에 시베리아의 톰스크를 정복하고 레나강을 따라 남쪽으로 오호츠크해를 1647년에 합병하고, 1648년에 북쪽으로 베링해가 있는 추코트까지 이른다. 바이칼 호수가 있는 이르쿠츠크를 1652년에 차지했다. 1654년 러시아는 네르친스크를 합병한 후 아무르강에서 중국과 여러 번 전투했으며 1689년 「네르친스크 조약」을 맺었다. 영토 획정, 무역 관계와 이동의 자유를 보장하는 조약이었다.

표트르 이전까지 시베리아에는 강력한 국가가 없었다. 그 시기 러시아의 원정 목표는 얼지 않는 항구 획득과는 거리가 멀었다. 거점지역 개발과 광산개발, 현물세와 세금을 거두기 위한 정복 전쟁이었으며 모피를 얻기 위한 상업 원정이었다. 차르는 원주민을 약탈하지 못하게 지시했고 관료를 파견하여 통치했다. 물론 코사크인들이 원주민을 심하게 탈취한 때도 있었다. 당시에 시베리아는 중앙권력이 미치지 못하는 곳이었다. 표트르 시기에 이르러서야 유일하게 캄차카반도가 합병되었다.

시베리아 정복의 원동력은 모피를 얻기 위한 것이었다. 하지만 러시아 왕실 문서를 살펴보거나 '국가는 자신의 영역을 최대한 확장한다'라는 가설에 따르면, 담비가 없었더라도 러시아는 시베리아 영토를 정복할 수밖에 없었다. 우랄은 모피 외에도 자원 보고였고 러시아의 힘은 원주민이 사는 시베리아를 복종시키기에 충분했다. 국경은 끊임없이 다른 국가와 힘을 겨루는 기나긴 여정이었다.

표트르 재임 전 이미 러시아의 영토는 유럽보다 훨씬 컸다. 하지만 동쪽을 제외하고 외부의 위협을 방어하기에 대외환경은 그렇게 녹록지 않았다. 그만큼 유럽과 비교하면 상대적으로 국력은 왜소했고 강력한 스웨덴의 식민지가 될 수도 있는 환경이었다.

## 2

# 제국의 여명

"어느 한 왕국의 왕자가 가문의 불화와 친족의 박해로
끔찍한 위험에 처했고 기적적으로 살아남았다.
낮은 신분의 사람들과 어울려 지내며 고독하게 성장했고,
이들과 새로운 용감한 부대를 만들고 적들을 물리쳤다.
새로운 사회와 강대국의 창시자가 되었고 자신은 평생 싸웠다.
두 개의 기억을 남겼는데
어떤 사람은 그를 칭송했고, 어떤 사람은 그를 저주했다."

– 솔로비요프, 『고대로부터 러시아 역사에서』, 14권 p.1053.

## 탄생

 네바강의 푸르른 물결이 은빛으로 반짝이고 에메랄드빛 예르미타시 박물관을 따라 걸어가면 어느새 황제의 여름 궁전으로 가는 선착장이 있다. 반대편 원로원 광장에는 하늘로 향하여 두 발을 높이 든 청동 기마상이 아름다움을 드러낸다. 제국의 영원한 역동성을 표현한 것일까, 아니면 천국으로 향하는 길을 안내하는 것일까.

 살아생전에 꼭 가보아야 할 도시, 상트페테르부르크이다. 건물 하나하나가 예술이다. 거장들이 빚은 아름다운 건물이 자태를 뽐낸다. 도시는 유럽으로 향하는 발트해와 접해 있고 거리는 직선이다. 곳곳에 운하가 있으니 물결만 보아도 사람의 감성을 자극한다.

 제국의 심장을 거닐면 결국 하나로 귀결되는 질문이 있다. 누가 이 번영의 도시를, 누가 이 제국을 만들었을까. 푸시킨은 제국을 세운 영웅에 대한 시를 썼다.

전제군주의 손으로

담대하게 계몽의 씨앗을 뿌렸고

조국을 경멸하지 않았습니다.

그는 조국의 운명을 잘 알았습니다.


학자로서, 영웅으로서,

항해사로서, 목수로서

그는 만물을 꿰뚫어 보는 영혼을 품은 채

왕좌에 앉은 영원한 일꾼이었습니다.

- 푸시킨, 「스탠저」, 1826년 12월 22일


350여 년 전, 1672년 5월 30일(6월 9일 신력(新曆), 목요일) 첫새벽이 오기 전 오전 0시 48분, 모스크바 공국의 왕자가 태어났다. 그에게는 이복형과 누이가 무려 열세 명이 있었으니, 왕위와는 거리가 멀고 왕세자로서 서열 또한 낮았다.

그의 성은 로마노프였고 이름은 그리스어로 돌을 뜻하는 표트르(Пётр)이다. 영어로 피터(Peter)이고 네덜란드어로 피에테르(Pieter)인데 그는 피에테르로 불리는 것을 좋아했다.

네 살 때 로마노프 왕조의 두 번째 차르였던 아버지 알렉세이(재위: 1645~1676)가 세상을 떠났다. 러시아어 차르는 로마 황제 시저(Caesar)에서 온 말이다. 아버지는 종교의식을 존중하며 금식을 중시하고 매사냥을 즐겼다. 국경을 개방하여 서방과 교역을 증진하고 유럽의 문화와 예술에도 심취했다. '가장 온화한 사람'으로 불렸는데 조용한 성격에 겸손했다.

하지만 그는 매우 강인한 사람으로 자신의 정책에 대해서 확고한 신념을 가졌다. 관세법과 상법을 공포하여 자국의 산업을 보호하는 중상주의 정책을 펼치고 경제를 활성화했다. 강력한 대외정책을 추진하여 영토를 우크라이나의 일부 지역과 태평양까지 확장했다. 법전을 만들고 관료 체제를 정비하고 외국인 전문가를 영입했다. 종교를 개혁하여 종교 권력을 약화하고 군주정을 강화했다. 그는 로마노프 왕조의 초기 터전을 세운 사람이었다.

표트르의 어머니 나리시키나(Naryshkina, 1651~1694)는 열아홉 살 때 차르 알렉세이와 결혼했는데 나이 차이는 무려 스물두 살이었다. 결혼 생활은 짧았다. 겨우 다섯 해였다. 표트르와 두 명의 딸을 낳았다. 어머니는 검은 눈에 이마도 높고 키가 크고 늘씬했으며 건강했다. 무엇보다 성품이 쾌활하고 목소리도 유쾌했으며 서구 풍습에 대해서도 잘 알고 있는 여인이었다. 어머니는 어떻게 서구문화를 알게 되었을까.

그녀는 열한 살부터 가정교육을 받았는데 아버지의 사령관이자 궁정 대신(大臣) 마트베예프(Matveev, 1625~1682)의 집에서 성장했다. 이런 관습은 당시 귀족들에게 흔한 일이었다. 마트베예프는 최초의 러시아 서구주의자 중 한 명으로 표트르의 아버지 알렉세이와 어린 시절부터 궁정에서 생활하고 유럽의 책을 수집하는 애서가였으며 서양식 약국을 러시아에 최초로 도입했다. 차르가 신뢰하는 신하로 외무 수장이었다. 그의 아내는 스코틀랜드인이어서 러시아 가정이라기보다 유럽의 가정처럼 꾸미며 살았다. 가정 극장도 있고 독일어로 공연도 했다. 표트르의 어머니는 그곳에서 유럽문화를 알았을 뿐 아니라 역사, 문학, 시, 수학, 물리학까지 폭넓게 공부했다.

어느 날, 차르 알렉세이는 마트베예프의 집에서 표트르의 어머니를 보고 저녁 식사 내내 그녀에게서 눈을 떼지 못했다. 왕실은 차르의 부인이 죽자, 왕후를 새로 맞이하려고 전국에 포고령을 내렸다. 전국에서 귀족의 딸들이 모스크바로 왔으며, 1670년 2월 10일 표트르의 어머니도 크렘린궁으로 들어갔다. 무려 70여 명의 여성 중에서 간택된 사람은 표트르의 어머니였다.

이듬해 1671년 1월 22일, 크렘린궁 성모승천 성당에서 결혼식을 했다. 외무 수장 마트베예프와 표트르의 외가인 나리시킨 가문이 권력의 중심에 섰다. 어머니는 크렘린궁의 전통 풍습과 달리 축제에도 참여하고 시골로 가는 길에 마차의 문을 열기도 했다. 이례적이었다. 차르는 젊은 아내를 기쁘게 하려고 유럽식 극장을 왕실 영지에 세웠다. 러시아 최초의 극장이었다. 어머니의 건강과 유쾌함, 그리고 유럽문화에 대한 이해력은 아들 표트르에게 고스란히 전달되었다.

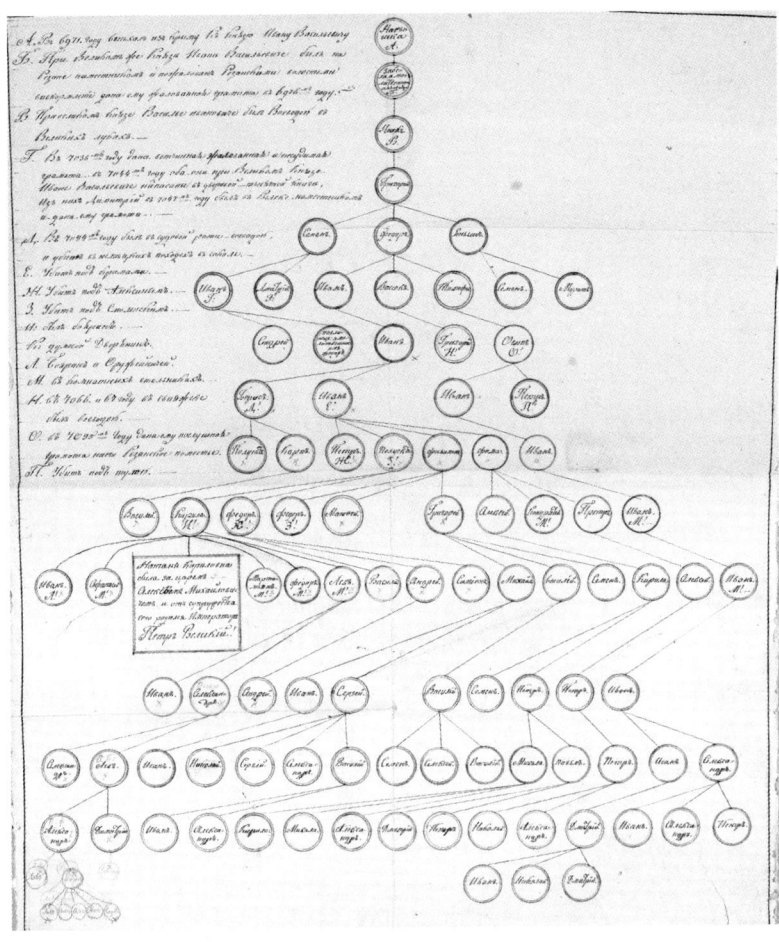

**표트르 어머니 가계도** 네모 안의 내용은 이렇게 적혀 있다. "나탈리야 키릴로브나(표트르 어머니)는 차르 알렉세이 미하일로비치와 결혼했으며 황제 표트르 대제를 낳았다."

아버지 사망 후 이복형 표도르(재위: 1676~1682)가 자연스럽게 왕위를 계승했으며 표트르의 대부가 되어 어린 그를 아꼈다. 1677년 3월 12일, 표트르는 왕자로서 처음으로 알파벳을 배우기 시작했다. 차르 표도르는 어린 동생 표트르의 교육에 관심이 많았고 여러 번 표트르 어머니에게 공부시킬 것을 재촉했다. 어머니는 차르에게 온유하고 겸손한 스승을 찾아달라고 요청했으며 국세청 서기였던 조토프(Zotov, 1644~1718)가 스승이 되었다. 조토프는 표트르 어머니 앞에 엎드려 두려움에 떨고 눈물을 흘리며 말했다.

"저는 그런 보물을 받아들일 자격이 없습니다."

어머니는 조토프를 일으켜 세우고는 다음 날 아침부터 가르치라고 말했다. 차르와 총대주교는 수업에 앞서 예배를 드리고 표트르 머리 위로 성수를 뿌렸다.

당시 왕실 교육은 먼저 문해력과 복음 낭송을, 청년이 되면 수사학, 시학, 폴란드어, 라틴어(외교 언어), 문법, 역사 등을 가르쳤다. 어린 표트르는 정교회 교본, 『사도행전』, 산술, 작문, 역사 등을 배웠으며 글보다 궁정에 있던 그림책과 장난감을 더 좋아했다. 서구의 도시, 건물, 배, 무기, 전투 등의 삽화가 있는 책과 병정놀이 기구였다. 아버지 알렉세이 시기 서구에서 들여온 것이었다. 표트르는 이반 4세와 아버지 알렉세이의 업적과 전쟁영웅이었던 돈스코이, 넵스키 대공 등을 배웠으며 역사에 흥미를 느꼈다.

하지만 교육도 잠시였다. 막상 열 살이 되기도 전에 궁궐을 떠나면서 교육을 받지 못했다. 그는 고등교육을 받지 못한 것을 평생 후회했다. 이것은 그의 자의적 선택이 아닌 궁정의 암투 때문이었다. 이복형제들은 당대 최고의 학자였던 폴로츠키(Polotsky, 1629~1680)에게서 교육을 받았다. 이 학자는 우크라이나 키예프·모힐라 아카데미를 졸업하고 차르 알렉세이의 요청으로 크렘린궁에서 시학, 수사학, 라틴어 등을 가르치고, 러시아 최초의 고등교육기관이었던 슬라브어·그리스어·라틴어 아카데미를 세우는 데 크게 공헌했다. 우크라이나가 러시아보다 근대학문의 수준이 높았는데 폴란드나 서구와 지리적으로 가까웠기 때문이다.

표트르가 읽기, 쓰기와 역사 정도만 배웠다는 것은 권력 승계와 관련이 없다는 것을 의미했다. 표트르는 문장에도 오류가 많았고 필체도 악필이었지만, 글자는 컸고 힘이 있었다. 글씨를 보면 그가 얼마나 자유분방했는지 후세 사람들은 놀란다. 서명은 키릴 글자가 아닌 라틴어 글자로 쓰기도 했다.

"Piter."

차르 표도르가 재위 6년 만에 질병으로 세상을 떠났다. 생존한 왕자는 이제 단 두 명밖에 없었다. 당시 궁정에는 공식 문서로 기록된 왕위 계승 원칙은 없었지만, 공주는 승계할 수 없고 장자가 승계하되 왕자 중 건강한 사람을 선택했다. 이복형 이반은 병약했고 시력도 나빴으며 무엇보다 정신적으로도 문제가 있었다. 귀족 회의체인 보야르 두마는 건강한 표트르를 차르로 선출했다.

하지만 피비린내 나는 권력투쟁이 발생했다. 이복형의 외가인 밀로슬랍스키 가문과 표트르의 외가인 나리시킨 가문이 격렬하게 충돌했다. 두 가문은 앙숙이었다. 1682년 5월 15일, 궁정 소총수를 앞세운 이복누이 소피아(Sofya, 1657~1704) 공주가 쿠데타를 일으켰다. 표트르는 겨우 아홉 살이었다.

소총수들이 크렘린궁 성당 광장에서 표트르의 큰 외삼촌과 궁정 대신(大臣) 마트베예프를 참혹하게 죽였다. 어린 표트르는 크렘린궁 그라나비타 베란다에서 갈기갈기 찢어지는 시체를 두 눈으로 보았다. 조금 전까지도 자신의 곁에 있던 마트베예프가 끌려가서 목숨을 잃는 모습을 목격했다. 3일간의 생지옥이었다. 언제 죽을지도 모르는 두려움에 떨었다. 하지만 합법적인 차르 표트르를 죽이는 것은 반역이었기에 소총수들도 함부로 할 수 없었다. 겨우 목숨만 부지했다. 이 충격으로 표트르는 평생 정신질환을 앓았는데 한 번씩 분노하면 얼굴에 경련이 일어나고 감정을 주체할 수 없었다. 표트르에 대한 평전을 쓴 많은 작가는 이 사건이 그의 광기와 잔인함의 원인이었다고 한목소리로 말한다. 분명히 어린 아이가 받아들이기에는 엄청난 충격과 고통이었을 것이다.

1682년 5월 26일, 두 가문의 합의에 따라 이반과 표트르를 동시에 차르로 선포하고 스물다섯 살의 소피아가 어린 차르들을 대신하여 성인이 될 때까지 섭정한다고 공포했다. 프랑스 계몽철학자 볼테르(Voltaire, 1694~1778)는 권력욕이 강한 소피아를 이렇게 설명했다.

"통치자로서 그녀는 지혜롭고 시를 잘 짓고 글을 잘 쓰고 탁월하게 말하며 아름다운 외모까지 갖춘 다재다능한 사람이었지만, 그녀의 엄청난 야망으로 이 모든 게 훼손되었다."

**소피아 공주 초상화** 표트르 대제의 이복누이

## 대관식

1682년 6월 25일(7월 5일 신력(新曆), 일요일), 공동 차르의 대관식이 전통 방식에 따라 크렘린궁 성모승천 성당에서 거행됐다. 이른 아침부터 이반 대제의 종탑에서 종이 울렸고 왕실 예복을 입은 두 명의 차르는 보야르 귀족과 함께 소총수들의 호의를 받으며, 크렘린궁 그라나비타에서 성당 광장으로 내려와 성모승천 성당으로 향했다. 성당에는 이미 초대받은 귀족과 왕족이 가득 차 있었으며 특별히 제작된 높은 단이 있었고 올라가는 계단은 진홍색 천으로 덮여 있었다. 단에는 차르들이 동시에 앉을 수 있는 황금과 돌로 만든 왕좌가 놓여 있고 대관식을 주관하는 총대주교의 의자도 마련되어 있었다.

두 차르는 왕좌에 앉은 뒤 「신앙의 상징」을 낭독했다. 기독교 교리의 근본에 관한 신앙고백으로 약 3분가량 읽었는데 그 안에는 정교회 신앙의 진리가 담겨있었다. 전체 12장이었다.

첫 장은 "저는 유일하신 하느님 아버지, 전능하신 분, 하늘과 땅, 보이는 것과 보이지 않는 것의 창조주를 믿습니다"로 성부에 관한 내용이고, 2~7장은 성자, 8장은 성령, 9장은 교회, 10장은 세례이다. 11장은 부활로 "죽은 자의 부활을 소망합니다"이고, 12장은 영생으로 "다음 세상의 삶을 기원합니다"이다. 두 명의 차르는 동시에 아멘이라고 말하며 마무리했다.

**크렘린궁 성모승천 성당** 황제의 대관식, 결혼식 등 중요 행사를 하는 성당

이어서 대관식 예배가 진행되었다. 총대주교는 두 차르에게 차르의 의복을 입으라고 말했다. 목에 십자가를 걸어주고 보석으로 장식된 어깨 망토 바르마와 왕관을 씌워주며 홀과 보주를 건네주었다. 총대주교는 차르들에게 "정교회 신앙을 신성하게 보존하고 국민을 사랑하고 호의를 베풀며, 올바른 판단에 따라 국정을 운영하고 하느님의 심판이 있음을 기억하시오"라고 말했다.

차르들은 성모승천 성당에서 나와 조상들이 묻혀있는 크렘린궁 대천사 성당으로 가서 선조들께 묵념하고, 왕실의 가정성당인 수태고지 성당으로 이동하여 신성한 이콘에 입을 맞추었다. 그들이 성당을 나설 때 머리 위로 금화가 쏟아졌다. 이후 귀족과 왕족이 참여하는 연회가 열리며 모든 사람이 축하했다.

　이반은 상위 차르였고 표트르는 하위 차르였다. 아버지 알렉세이가 사용한 모노마흐 왕관과 차르를 상징하는 홀과 보주는 이반이 물려받고 표트르를 위해서는 새로운 것을 제작했다. 두 명이 동시에 앉을 수 있는 왕좌 등받이에는 구멍이 있었는데 소피아가 섭정할 때 이용한 것이다. 지금도 크렘린궁 무기고에는 이 왕좌가 그대로 있다. 소피아의 섭정은 밀로슬랍스키 가문이 왕위 계승에서 승리한 것을 뜻했다.

**크렘린궁 성모승천 성당 내부**

대관식 후 표트르는 어머니와 함께 권력의 중심지인 크렘린궁을 떠나 북동쪽으로 9킬로미터 떨어진 프레오브라젠스코예 왕실 영지로 갔다. 그는 크렘린궁의 권력에서 벗어났기에 궁정의 전통 의식을 싫어했고 공동 차르였지만 궁정 의례에는 잘 참석하지 않았다. 황실의 대부분 의전은 이복형 이반이 주관했다. 표트르는 종교의식과 사절단 접견 등 국가의 중요한 일에만 참석했으며 러시아 전통에서 벗어나 자유롭게 생활하고 조각에 심취했다.

표트르가 모스크바를 떠난 것은 어머니의 지혜였다. 불확실한 상황에서 언제 죽을지도 모르는 궁정을 떠나 아들을 위험에서 구하고 자신도 생명을 보존하기 위해서였다. 어머니는 미래의 차르를 위해 새로운 기반을 조성하려고 노력했고 왕실 영지 중 적절한 장소를 찾아낸 곳이 바로 프레오브라젠스코예 영지였다. 어머니는 묵묵히 아들의 성장을 도왔고 아들은 자유로운 생활을 즐기며 신분에 상관없이 많은 이들을 사귀었다.

표트르는 왕실 영지에서 오두막집을 짓고 동료들과 병정놀이했다. 전통 의복을 벗어버리고 독일 제복을 걸치고는 기마술, 궁술, 검술을 연마하고 군사학을 배웠다. 단순한 병정놀이가 아니었다. 그는 아버지 사후에 관심을 기울이지 않던 왕실의 매사냥꾼 200여 명, 시종, 목동, 장인과 농노들을 영지로 데리고 왔으며 총과 화약 등도 크렘린궁에서 가져왔다. 후에 300명씩 구성된 두 개의 보병 연대를 창설했는데 '프레오브라젠스키'와 '세묘놉스키' 연대였다.

병사들에게 외국식 계급을 주고 전쟁하듯 군사훈련에 임했다. 당연히 급여도 주었다. 초빙된 외국 장교가 사병을 정규군으로 훈련하고 실제 총과 포로 공격도 하며 전투를 하여 20여 명이 죽고 50여 명이 상처를 입기도 했다. 후에 3만여 명의 정예 부대가 되었다. 이 부대는 러시아 제국 내에서 가장 용맹한 부대로 볼셰비키 혁명 전까지 활약했으며, 2013년 대통령 법령에 따라 부활했다. 현재 모스크바 수비를 담당하고 있고 알렉산드르 2세의 모스크바 생도군단 건물을 사용한다.

표트르는 왕실 영지에 '프레스부르크'라는 이름의 요새를 세웠다. 어린 시절 그림책에서 인상 깊게 본 오스트리아의 도시 프레스부르크에서 영감을 받아 이 이름을 선택했다. 크렘린궁의 이복형 이반이 권력의 승계자였다면 표트르는 권력에서 벗어나 자신의 도시를 세우고 새로운 미래를 꿈꾸었다. 요새에는 표트르가 임명한 '가짜 차르'와 '가짜 총대주교'가 있었는데, 가짜 차르는 충신 로모다놉스키였고 가짜 총대주교는 스승 조토프였다. 그는 늘 이들을 존중했다. 상대가 반역하지 않는 이상 한번 맺은 인연을 영원히 간직하는 표트르였다.

요새에서 표트르는 차르가 아닌 사병으로 복무했다. 추운 겨울에 당번을 서고 병사들처럼 똑같이 자고 먹고 행동했다. 사마천의 사기 열전에는 최고의 전략가 중 한 명인 오기에 관한 설명이 있다.

"오기는 장수가 되어 계급이 낮은 병사와 입고 먹는 것을 같이하고 누울 때도 자리를 깔지 않았으며 행군할 때도 수레를 타지 않고 식량도 직접 들고 다니며 병사들과 똑같이 노고를 함께했다."

표트르는 이와 같은 사람이었다. 이미 어려서부터 훌륭한 장군의 자질을 지니고 있었다.

그는 요새 인근의 이즈마일로보 호수에서 네덜란드 장인이 만든 길이 7미터의 조그마한 배를 수리하여 타보기도 했다. 이 배가 오늘날까지 '러시아 함대의 할아버지'로 불린다. 최초의 배라는 뜻이다.

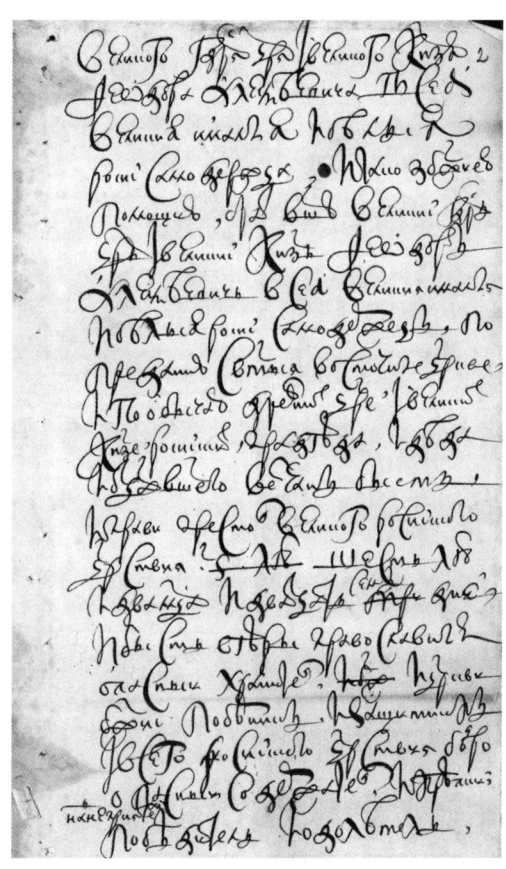

**표트르 대제와 이반의 공동 대관식 문서**

## 결혼

 표트르의 어머니는 아들이 나이가 들자 자유로운 생활을 그치게 하려고 결혼을 주선했다. 물론 또 다른 중요한 목적이 있었다. 당시에는 결혼하면 성인으로 인정되었기에 표트르가 국가를 통치할 수 있는 조건을 갖추기 위함이었다. 이복누이 소피아도 권력을 놓지 않으려고 병약한 공동 차르 이반을 결혼시켰다. 하지만 이반은 모두 딸만 다섯 명을 낳았다.

 1689년 1월 27일(2월 6일 新曆, 일요일), 표트르는 어머니가 소개한 로푸히나(Lopukhina, 1669~1731)와 결혼했다. 그는 결혼식 전에 신부를 딱 한 번 보았다. 아내 집안은 최고가 아닌 평범한 하위 귀족 가문이었다. 차르와 결혼하는 가문은 대부분 그러했다. 만일 상위 귀족의 자녀와 결혼하면 외척의 세력이 강해지기 때문이었다. 당시 귀족은 서열이 분명했고 차르 가문과 혼인하면 신분이 상승했기에 눈독을 들일 수밖에 없었다.

 결혼식은 크렘린궁이 아닌 프레오브라젠스코예 영지에 있는 목조 교회에서 진행됐다. 일반적으로 차르는 크렘린궁 성모승천 성당에서 결혼식을 했다. 그만큼 표트르는 권력이 없었다는 뜻이다.

하지만 결혼식은 러시아 전통에 따랐다. 결혼식 날, 신부는 무려 20킬로그램이 넘는 무거운 전통 드레스를 입고 성수가 뿌려진 길을 따라 요새의 궁전 연회장으로 들어갔다. 신부 자리에는 흑담비 털이 놓여 있었다. 담비 털은 러시아 왕실을 상징했다.

신부가 앉자, 표트르에게 신부의 도착을 알렸다. 소식을 들은 표트르는 자신의 대부를 신부에게 보냈으며 대부는 연회장으로 들어와 사방으로 절하고 신부에게 머리를 숙였다. 잠시 후, 또 다른 귀족이 표트르에게 가서 크게 외쳤다.

"차르 군주여! 위대한 러시아 공이여! 하느님께 자비를 구합니다. 이제 당신의 사명을 수행할 때입니다."

표트르는 천인 대장의 수행을 받으며 성수가 뿌려진 길을 따라 궁전으로 이동하여 신부 곁에 앉았다. 연회장에는 커다란 식탁이 있었고 번영을 상징하는 빵, 치즈와 소금이 놓여 있었다. 사제의 예배에 따라 신랑과 신부는 새로운 삶으로 바뀐다는 뜻으로 머리를 빗고, 빗은 포도주잔에 담갔다.

시종들은 하객들에게 빵과 치즈를 나누어 주고 선물을 주었다. 신랑 우인은 신부에게 선물을 받았다. 빗질 후 신혼부부의 머리 위로 다산(多産)을 상징하는 호프를 끼었었다. 담비 털로 만든 부채로 부채질하고 겸손을 상징하는 긴 베일을 신부 머리 위에 씌웠다.

  신부의 부모는 딸에게 작별 인사를 하고 신랑에게 신부를 넘겼다. 이윽고 결혼 행진이 시작되고 비단으로 덮인 길을 따라 결혼식장인 교회로 이동했다. 신랑이 먼저 교회에 들어가고 이윽고 신부가 뒤따랐다. 결혼식 동안 신혼부부는 담비 털 위에 서 있었다. 의례가 끝난 후 둘은 포도주를 마시고 키스했다. 드디어 로푸히나가 왕후가 되었다.

  다시 교회에서 궁전의 연회장으로 왔으며 잔치가 시작되었다. 신혼부부는 중앙의 큰 식탁에 앉고 가족, 신하, 귀족들이 직급에 따라 앉았다. 연회장의 네 모퉁이에는 담비 털이 걸려있는 큰 화살이 있었다. 전통에 따라 신혼부부는 음식을 먹지 않고 연회장을 떠나 침실로 이동했다. 그들이 떠난 후 모든 여성은 잔치를 멈추고 신방으로 이동했다. 신방의 문지방에서 천인 대장의 아내는 사랑을 상징하는 양가죽을 쓴 채 다가오는 신혼부부에게 호프를 끼얹었다.

  한편, 차르의 우인인 멘시코프(Menshikov, 1673~1729)는 식탁에서 빵, 소금, 닭고기를 식탁보에 싸서 신혼부부에게 주었다. 음식을 먹지 않는 것이 전통인데도 신랑 우인은 신랑과 신부가 안쓰러웠는지 그런 행동을 했다. 침실에는 특별히 제작한 높은 침대가 있었다. 침대 머리에는 베개 두 개와 모자가 있었고 발아래에는 깃털 이불과 카펫이 있었는데 풍요의 상징인 호밀 다발을 이불 밑에 놓아두고 이불은 비단 시트, 모피 담요와 침대보로 덮여 있었다. 침대가 높아서 올라갈 수 있도록 그 앞에 의자가 있었다.

다음 날 아침 관습에 따라 신혼부부는 목욕 후 단둘이서 식사했다. 다시 손님을 영접하고 결혼 연회를 이어갔다. 잔치는 사흘간 지속됐으며 왕실은 모든 하객에게 호의를 베풀었다. 신혼부부의 건강을 위해 기도할 수 있도록 러시아의 모든 성당에 결혼 사실을 알렸다.[32]

궁정시인 이스토민(Istomin, 1640~1718)은 결혼 선물로 『성실한 결혼 생활을 위한 사랑의 증표』를 제작하여 표트르에게 주었다. 이 책에는 그림과 시도 있었다. 첫 장에는 "위대하고 영광스러운 러시아 차르가 축복받은 순수한 여인을 왕후로 맞이하였으며 로푸히나는 모든 러시아의 왕후가 되었다"라고 썼다. 이어 소원을 적었다.

"경건한 차르와 왕후가 수년 동안 하느님의 구원에서 살기를 바라며 많은 자녀가 그리스도 안에서 살기를 기원합니다. 하느님께서 주신 유산들은 러시아 왕국이 끝날 때까지 이어질 것입니다. 아멘."[33]

표트르는 아내를 애칭으로 '둔카'라고 부르고 아내는 '페트루쉬카'라고 불렀다. 이들의 결혼 생활은 아들도 낳고 안정되어 보였지만 기껏해야 3년이었다. 행복한 시간은 단 1년도 못 되었다.

결혼식 후 그는 아내를 두고 모스크바에서 약 140킬로미터 떨어진 페레슬라블 호수로 떠났다. 그곳에서 자신이 수리한 배를 시범 운항했다. 항해와 조선술을 익혔고 어머니에게 편지를 여러 번 보내 자신의 상황을 알리고 선박에 필요한 재료비를 요청하기도 했다. 어머니는 빨리 돌아와서 함께 살기를 바랐지만, 그는 배를 건조하여 항해를 하고 싶어 했다.

표트르의 어머니에 대한 존경은 남달랐다. 1688년부터 어머니가 돌아가실 때까지 표트르의 편지는 총 13통이 남아있으며, 이 중 1689년 4월 20일 자 편지는 다음과 같다.

"가장 은혜롭고 나의 육신보다 더 소중한 어머니, 대공비 나탈리야 키릴로브나,

일하는 아들, 페트루쉬카(표트르)는 당신의 축복을 기원하며 어머니의 건강이 어떠신지 듣고 싶습니다. 어머니의 기도로 우리는 모두 건강합니다.

호수의 얼음은 20일에 모두 녹았습니다. 큰 배를 제외하고 모든 배가 출항할 준비가 되었습니다. 다만, 밧줄 비용이 모자랍니다. 지금 바로 군수부가 700사젠(1,491미터, 1사젠=2.13미터)의 밧줄을 보내줄 수 있도록 어머니께 자비를 구합니다.

이 일이 끝난 후 함께하는 생활이 이어질 것입니다. 축복을 기원합니다."[34]

**예프도키야 로푸히나 초상화** 표트르 대제의 첫 번째 아내

## 권력 이동

1689년 8월 7일, 자정이 넘은 밤 표트르는 이복누이 소피아가 자신을 죽이고 왕권을 차지하려고 한다는 첩보를 받았다. 긴급한 상황이었다. 한밤중에 어머니와 임신한 아내를 두고 잠옷 바람으로 70여 킬로미터 떨어진 세르기예프 수도원으로 급히 피신했다. 그곳은 러시아에서 가장 신성시하는 수도원으로 요새화되어 있었다. 그의 나이 열일곱이었다. 이날 일을 살펴보면, 어쩌면 때를 기다렸는지도 모른다. 한밤중에 그렇게 빨리 행동했던 것을 보면 신변에 위험이 있을 때의 탈출 매뉴얼이 있었음이 분명하다.

소피아는 섭정을 넘어 권력을 손아귀에 쥐려고 자신의 대관식을 준비하기도 했으며 크렘린궁 소총수 수장으로 표트르와 나리시킨 가문에 대응하는 샤클로비티를 임명하고 친정을 강화했다. 이쯤 표트르는 소피아에 대해서 정신적 강박관념에 함몰될 지경이었고 그만큼 극도의 긴장 상태였다.

이 사건이 일어나기 한 달 전, 크렘린궁에서 중요한 종교의례가 있었다. 7월 8일이었다. 차르인 표트르가 참석해야만 하는 행사였다. 기적의 이콘으로 불리는 「카잔의 성모마리아」 이콘의 축일이었다. 붉은 광장의 카잔 성당에 이콘이 있었고, 이 성당은 17세기 폴란드와 싸운 영웅 포자르스키와 미닌을 기리는 성당이었다. 오늘날 붉은 광장의 굼 백화점과 역사박물관 사이에 있는 성당이다.

**붉은 광장의 카잔 성당**

소피아와 두 명의 차르는 오찬을 마치고 크렘린궁에서 붉은 광장을 가로질러 카잔 성당으로 종교 행렬을 시작했다. 표트르는 소피아에게 다가가서 차르인 자신들과 함께 공개 행렬에 참여할 수 없다고 말했고, 소피아는 이것을 권력에 대한 도전으로 여겼다. 그녀는 오히려 성모 마리아 형상의 이콘을 손에 쥐고는 십자가와 깃발 뒤를 따라갔다. 소피아의 강경한 행동에 어찌할 줄 모른 표트르는 울분을 삼키면서 그 자리를 떠났다.

그날 8월 7일, 소피아의 호위병들은 크렘린궁에 400여 명, 인근 루뱐카에 300여 명이 집결했다. 루뱐카는 이반 4세 시기 공포정치를 담당한 '오프리치나' 친위대가 있었던 곳으로 소련 KGB 건물과 오늘날 연방보안국도 이곳에 있다. 집결과 동시에 흉악한 소문이 모스크바에 퍼졌다. 표트르의 프레오브라젠스키 연대가 크렘린궁을 점령하여 공동 차르 이반과 소피아를 죽이고 권력을 장악한다는 소문이었다. 궁실 소총수 수장은 긴급히 반란을 저지하기 위해 프레오브라젠스코예로 병사를 보내어 그곳의 상황을 관찰하도록 지시했다.

궁실 소총수 중 표트르의 협력자가 이 사실을 알려와 차르는 한밤중에 피신할 수 있었다. 그동안 자신과 함께한 정예 부대는 표트르가 있는 수도원으로 모였다. 수도원의 문을 닫고 대포를 준비하고 성벽에 병사들을 배치하는 등 중무장했다. 소피아를 지지한 세력들과 소총수들은 크렘린궁으로 모였다.

한 달간의 초긴장 상태였다. 공동 차르 이반을 등에 업은 소피아의 섭정이 계속되느냐, 아니면 권력이 이동하느냐였다.

표트르는 차르로서 크렘린궁의 소총수 수장과 10여 명의 병사를 자신이 있는 수도원으로 보내라는 칙서를 하달했다. 소피아는 이들에게 크렘린궁을 떠나는 것을 금지하며 그 칙서에 따를 수 없다고 했다.

양 진영을 설득하기 위한 중재자도 있었다. 차르 이반의 삼촌과 고해신부였다. 그들은 양쪽을 진정시키려 표트르가 있는 수도원으로 갔지만, 빈손으로 돌아왔다.

이때 총대주교 요아킴(Joachim, 1621~1690)이 표트르가 있는 수도원으로 가서 머물렀다. 사실상 정교회가 표트르 편을 들어준 것이었다. 정교회는 소피아 섭정 시기 서구의 가톨릭교도와 루터교도에 대한 정부의 관대한 조치에 불만이 많았다. 정교회는 표트르의 외가인 나리시킨 가문에 새로운 기대를 걸었다.

국민 여론도 표트르 편이었다. 두 번에 걸쳐 진행된 크림칸국 원정이 실패하여 수많은 병사를 잃고 국고를 탕진하여 소피아 섭정에 반감이 고조되고 있었다. 결국 소피아는 표트르와 담판을 지으려고 출발했지만, 표트르는 사신을 보내 그녀가 오지 못하게 했다. 오히려 음모를 일으킨 주범을 넘기라고 누이를 압박했다.

교착상태를 끝낸 것은 크렘린궁의 소총수 일부와 국민의 지지를 한 몸에 받고 있던 스코틀랜드인 고든 장군, 그리고 외국 장교들이 표트르 진영으로 이동하면서이다. 소피아의 지지 세력은 붕괴했다.

1689년 9월 8일, 표트르는 크렘린궁에 있던 공동 차르 이반에게 편지를 보냈다. 그는 러시아 왕국은 자신과 이반 형에게 통치를 부여했다고 서두에 언급하며 이제 자신들은 성인이 되었으니, 국가를 다스릴 때가 되었다고 썼다. 편지에는 소피아가 허락 없이 차르 칭호를 사용하고 왕관을 차지하려 했다고 비난하면서 성인이 된 자신들이 통치하지 않는 것이야말로 부끄러운 일이라고 썼다. 국민의 안녕을 위해 아버지의 뜻에 따라 이제 통치를 허용해 달라고 요청했다. 세 장으로 된 편지 마지막 구절은 이렇다.

"군주 형제여, 우리가 함께합시다. 그러면 우리는 모든 걸 다스릴 수 있습니다.
나는 군주 형제, 당신을, 아버지처럼 존경할 준비가 되어있습니다.……
당신의 형제, 차르 표트르가 슬픔에 잠겨 글을 쓰고 있습니다. 당신의 건강을 기원하며 머리를 숙여 조아립니다."35

**표트르가 이반에게 보낸 편지**

표트르는 전투 없이 소피아를 크렘린궁에서 쫓아냈고 그녀를 수녀원에 감금시켰다. '표트르 시해' 음모를 꾸민 죄인들은 붉은 광장에서 공개 처형되었다. 하지만 소총수 수장은 심문 과정에서 이렇게 항변했다.

"매년 소피아 공주가 돈스코이 수녀원(지금은 수도원)의 축일에 참석하기에 집결한 병사들은 그녀의 신변을 보호하기 위한 단순한 호위병이었으며 음모는 아닙니다."

공동 차르였던 이반은 이제 자기 누이가 물러나면서 권력을 잃은 형식적 차르로 남았다. 하지만 표트르는 편지에도 썼듯이 이복형 이반이 죽을 때까지 존중했으며 공동 차르로 함께 궁정 의전을 수행했다. 이제 권력은 표트르에게로 급속하게 이동했다.

소피아는 왜 표트르를 저지하지 못했을까. 그녀는 어린 표트르와 비교할 수 없을 정도의 많은 소총수 부대를 보유하고 실질적인 권력을 쥐고 있었다. 총신 골리친도 그녀를 보필했다. 하지만 소피아는 무엇보다 표트르의 '병정놀이'를 하찮게 생각했다. 이것이 가장 큰 패착이었다.

표트르는 은둔 속에서 힘을 키웠으며 누구도 그를 꺾을 수 없을 정도로 강한 세력을 만들었다. 차르로서 신하와 병사들이 거역할 수 없는 칙령을 내릴 수 있는 존재였고 결정적인 순간에 이를 이용하여 굳건하게 권좌에 올랐다. 아버지 사후 무려 13년 동안 그는 암흑의 시기를 보냈다. 어떤 일이 일어날지도 모르는 불안한 상황 속에서 죽음의 고비를 넘기며 인내했다. 강철처럼 강해졌고 동료들과의 신의는 끈끈해졌다.

표트르는 외국인 장교들을 접하면서 서구에 대한 호기심과 새로운 지식에 대한 열망이 더욱 강해졌다. 그는 가정을 떠나 모스크바 독일촌에서 외국인 동료, 여성들과 어울려 연회를 즐기고 시간을 보냈다. 자유분방한 그는 집에 자주 들어가지 않았고 전통을 중시한 아내는 그를 이해할 수 없어 불만과 비난을 퍼부었다. 그가 귀가하는 횟수는 점점 줄어들었다. 완고한 성격의 왕후는 표트르와는 너무도 달랐다. 왕후는 로마노프 왕조와 결혼한 마지막 러시아 여성이었다. 표트르 이후 차르들의 모든 아내는 외국인이었다.

그렇다면 표트르가 그토록 흥미를 느꼈던 모스크바 독일촌은 과연 어떤 곳이었을까. 그는 그곳에서 무엇을 했을까. 그는 독일어와 네덜란드어를 말할 수 있었고 프랑스어와 영어를 이해했다. 어떻게 외국어를 습득했을까.

## 독일촌

 크렘린궁에서 북동쪽으로 약 7킬로미터 거리에 '독일촌'이 있었다. 어머니와 함께 생활한 프레오브라젠스코예 영지와 불과 2킬로미터 떨어진 곳이었다. 러시아 시인 푸시킨도 여기서 태어났다. 오늘날 모스크바의 바우만스카야 지역이다. 흔히 쿠쿠이(Kokui)라고 불렸고 독일인뿐만 아니라 네덜란드인, 영국인, 프랑스인도 살았다. 외국인을 총칭하여 독일인 또는 '말 못 하는 사람'이라고 불렀는데, 러시아어로 독일인이라는 말은 네메츠(Немец)로 말 못 한다(Неметь)는 말에서 왔다. 표트르는 쿠쿠이를 자주 방문하면서 외국어를 배웠다.

 차르 이반 4세(재위: 1547~1584)는 리보니아 전쟁에서 데려온 4,000여 명의 포로와 유럽인을 이곳에 정착시켰다. 하나의 외국인 홈타운이었다. 1652년 10월 4일, 차르 알렉세이는 모스크바의 모든 외국인을 독일촌으로 이주시키는 법령을 공포했다. 이교도의 활동을 못마땅해한 정교회가 서구의 풍습이 도시에 퍼지는 것을 꺼려, 차르에게 특별 조치를 해달라고 여러 번 요청했기 때문이다. 이 법령으로 더 이상 모스크바 시내에는 외국인이 거주할 수 없었다.

표트르가 태어날 시기 독일촌에는 200여 개의 유럽식 집이 있었고 루터교회와 가톨릭 성당도 있었다. 주민은 1,200여 명 정도였다. 러시아어가 아닌 자국의 언어를 사용했으며 맥주, 와인공장, 제과점, 이발소, 공예공장, 연회장 등 유럽의 생활방식을 그대로 따르고 있었다. 쿠쿠이에 사는 외국인은 모스크바 시내로 와서 손님을 만나고 일을 보더라도 잠은 반드시 독일촌에서 자야 했고, 러시아인도 함부로 이곳에 드나들 수 없었다.

호기심 많은 표트르는 이곳에서 유럽의 발달한 기술을 경험하고 습득했다. 공예는 물론이거니와 시계 수리와 심지어 구두 밑창을 가는 일도 배웠다. 치아를 치료하는 방법도 배우고 와인을 제조하는 기술도 익혔다. 차르가 어떻게 그런 일을 할 수 있느냐고 궁금해하겠지만, 호기심 많은 표트르에게는 자연스러웠다.

그는 다양한 사람들을 독일촌에서 만나고 연회를 즐기며 술을 마시고 담배를 피웠다. 정교회 신자였지만 정착촌에 있던 루터교회도 다니곤 했다. 그의 삶은 궁정의 전통 풍습과는 사뭇 달랐다. 전통을 답답해했다. 전통은 그를 옥죄는 사슬이었다.

특히 이곳 쿠쿠이에서 평생의 동료이자 참모들을 만났다. 한창 혈기 왕성할 때였다. 그들은 표트르의 '캐비닛'이다. 이 단어는 독일어에서 유래했는데 표트르 시기부터 사용된 말로 러시아어로 카비네트(Кабинет)라고 한다. 내각 또는 비서실이라는 뜻으로 지금도 사용되며 국정을 함께 운영하는 동료를 의미한다.

표트르의 카비네트는 외가인 나리시킨 가문, 프레오브라젠스코예 병정놀이 친구와 궁정 대신도 있었지만, 무엇보다 쿠쿠이에서 알게 된 외국인이 1순위였다. 이 외국인들이 표트르 개혁의 여명을 밝힌 영웅이었고 개혁의 설계자였다. 서구화 정책의 필요성을 가르쳐준 스승이었다. 누구일까.

대표적인 외국인이 **르포르**(Lefort, 1655~1699)이다. 그는 스위스 출신으로 키도 크고 야심 찬 기질에 용기도 있었다. 네덜란드에서 군 생활을 시작하여 차르 알렉세이 시기 러시아 군인이 되었다. 골로빈 장군의 소개로 표트르를 만났으며 아조프 전투에서 제독으로 참전하여 승리를 이끌었다. 표트르의 '병정부대'를 유럽식으로 개편하는 데 지대한 공을 세웠으며, 차르의 첫 해외 시찰을 기획하고 사절단의 전권대표를 맡았다. 르포르는 표트르가 서구의 과학과 기술 문명, 무엇보다 군사력을 배우도록 조언했고 표트르 개혁을 기획했다. 표트르보다 열일곱 살이 많았지만, 가장 친한 친구이자 개혁의 스승이었다. 개혁은 실질적으로 르포르가 시작했고 표트르가 마무리를 지은 것이다. 표트르는 이렇게 말했다.

"내 친구 르포르가 없었다면, 지금 군대가 이뤄낸 것을 그렇게 빨리 보지 못했을 것이다. 그는 시작했고 우리는 끝냈다."[36]

1699년 그가 죽자, 표트르는 남부 보로네시에서 시신이 있던 독일촌의 개신교 교회까지 한걸음으로 달려왔고 그의 명예와 공로를 예우하는 영광스러운 장례를 준비했다. 목사가 고인의 공로를 언급하자 표트르는 눈물을 뚝뚝 흘리며 관의 뚜껑을 제거하라고 명령했다. 시신을 껴안고 마지막 작별 인사를 했다. 이 광경을 보고 모두 슬퍼했다.

이후 고인의 집에서 추모 만찬을 했는데, 표트르가 잠시 자리를 비운 사이 몇몇 귀족들이 조용히 떠나던 중 현관에서 차르를 만났다. 표트르는 분개한 눈초리로 그들을 보며 말했다.

"제독의 죽음을 즐기기 위해 집으로 서둘러 돌아가는 것 같군. 너희는 이곳에 참석하기를 꺼렸는데, 아마도 슬픔의 모습이 금방 사라지고 내 앞에서 너희의 기쁨이 드러나지 않을까 우려되어서 그렇겠지. 맙소사! 정말 가증스러운 자들! 내가 진심으로 사랑하고 충성으로 나를 섬긴 사람의 죽음 앞에 너희들은 마치 큰 승리를 얻은 것 같군. 너희들은 이제 이긴 것 같은가.
훌륭한 사람을 공경하는 방법을 가르쳐주지!
프랑수아 야코블레비치(르포르)의 충성심은 내가 살아있는 한, 내 마음속에 남아있을 것이며 죽을 때도 나는 그 마음을 나와 함께 무덤으로 가져갈 것이다!"[37]

**고든**(Gordon, 1635~1699)은 스코틀랜드 출신으로 러시아 장군이었다. 표트르의 최측근 군사 참모였다. 처음에는 러시아에 대항하여 스웨덴 편에서 전쟁했고 그의 뛰어난 능력을 알아본 바르샤바 주재 러시아 대사가 그에게 러시아 군인이 될 것을 설득했다. 이를 계기로 1661년부터 러시아군에 복무했다. 그는 부지런했고 용감했다. 백전노장으로 군사전략과 군율을 책임졌던 공성 전문가였다. 국민은 그의 높은 도덕과 자질을 흠모했다.

1689년 소피아의 '궁정 쿠데타'가 일어났을 때, 고든은 표트르 편에 서면서 절체절명의 위기에서 차르를 구한 사람이었다. 부하 장교들을 표트르의 정예 부대로 편성시키고 정규군으로 바꾸는 데 지대한 공헌을 했다. 그는 차르에게 군사훈련과 요새화 작업뿐만 아니라 서구의 군 조직과 정치 현황까지도 조언했다. 표트르의 해외 시찰 시 러시아에 남아 궁정 반란을 조기에 제압한 인물로 가장 신뢰하는 장수였다.

1699년 그가 병이 나자, 표트르는 매일 병문안을 갔다. 그가 죽을 때 그의 눈을 감겨주고 이마에 입을 맞추었다. 장엄한 장례식에서 차르는 눈물을 흘리며 말했다.

"나와 국가는 열정적이고 충성스러우며 용감한 장군을 잃었습니다. 패트릭 레오폴드(고든)가 아니었다면 모스크바는 큰 재앙에 휩쓸렸을 겁니다."

그의 관이 무덤에 안치되자 표트르는 슬퍼하며 흙을 뿌리면서 말했다.

"나는 그에게 단지 한 줌의 땅만 주었지만, 그는 나에게 아조프해와 함께 넓은 땅을 주었다."[38]

고든은 외국인이었지만, 러시아를 누구보다 사랑하고 헌신했으며 러시아 국민에게 존경받는 영웅이었다.

**브루스**(Bruce, 1669~1735)는 스코틀랜드 왕족의 후예로 모스크바 독일촌에서 성장했으며 표트르와 유럽 시찰을 함께 했다. 야전사령관으로 나르바 전투에서 승리했고 스웨덴과 평화 조약을 체결했다. 연금술사로 신비로운 인물이었으며 1,500여 권의 책을 소장할 정도로 학문에 관심이 많고 외국어에 능통했다.

그는 지리학, 포병학, 수학, 천문학 등에 정통했으며 러시아 포병을 개혁하여 유럽을 능가하게 했다. 또한, 산업, 교육과 사회문화 개혁에도 지대한 영향을 미쳤다. 초대 광산부 장관을 역임하며 산업발전에 기여했고 서구문화를 러시아로 도입하는 데 중요한 역할을 했으며 최초의 수학·항해학교 총장을 역임했다. 훗날 표트르가 죽었을 때 장례위원장을 맡았다. 한평생 러시아에 헌신한 충신이었다.

이들 외국인 참모는 표트르의 개혁을 기획하고 실행했으며 표트르와 평생 동고동락한 동료이자 전략가였다.

## 백해 항해

 권력 이동 후 표트르는 통치를 어머니에게 맡기고 항해에 관심을 가졌다. 소피아의 섭정 7년보다 어머니의 통치 기간이 더 최악이었다. 표트르의 작은 외삼촌이 국정을 흔들어 놓았기 때문이다.

 표트르의 동서(同壻)이자 외교관이었던 쿠라킨(Kurakin, 1676~1727)은 자신이 쓴 『표트르 1세와 가까운 사람들에 대한 역사』에서 크림칸국의 원정에 실패하여 국민의 원성이 자자했던 소피아 정권을 오히려 옹호했는데, 표트르의 어머니 통치기가 워낙 나빴기 때문이다. 그는 이렇게 적었다.

 "소피아 통치기는 국민에게 만족을 주며 열정적이고 정의롭게 시작되었고 러시아에서 그런 현명한 정부는 없었다. 그녀의 통치 7년간 부(富)가 꽃을 활짝 피웠고 상업과 모든 종류의 공예품도 늘어났다.
 학문에 라틴어와 그리스어가 수용되었고 폴란드풍의 궁정 예절이 도입되었으며, 마차, 집 구조, 옷차림, 식탁 등에서도 폴란드 풍습이 스며들었다. 여름 휴가철에는 많은 사람이 모스크바 외곽의 숲과 들판에서 휴식을 즐기며 삶에 만족했다.

소피아는 이웃 국가 스웨덴, 폴란드와 평화롭게 지내며 키예프, 체르니코프와 스몰렌스크를 러시아 제국의 영원한 영토로 남겼고 폴란드와 동맹하여 크림칸국에 대항했다.

반면에, 표트르 어머니는 성격이 좋고 덕망은 있었지만, 근면하지 않고 능숙하지 못했으며 지혜도 없었다. 권력을 동생과 장관에게 넘겼다. 그녀의 통치는 매우 불명예스럽고 국민은 불만이 가득했고 불쾌하게 여겼다. 권력을 가진 자들의 부당한 통치가 시작되었고 거액의 뇌물과 국가 절도가 배로 증가하였다. 그 궤양을 제거하기가 어려웠다."[39]

표트르 역시도 어머니의 통치에 불만이 있었지만, 그는 정치에 관여하지 않았다. 친위부대를 훈련하면서 군을 더욱더 정교화하는 데 집중했다. 군사훈련 외에 네덜란드 기술자의 도움으로 페레슬라블 호수에서 배를 건조하고 항해술을 익혔다.

네덜란드 조선 엔지니어였던 팀머만(Timmerman, 1644~1702)에게 산수, 기하학, 항해학, 군사학을 배웠다. 이때 표트르는 발트해의 공용어였던 네덜란드어를 능통하게 할 수 있었다. 팀머만은 표트르 시기 조선 건조를 책임졌고 표트르에게 유럽 시찰 때 조선술을 배울 것을 건의했다. 바다를 가르쳐 준 스승이었다.

1693년 표트르는 나이 스물한 살에 스스로 선단을 꾸려 볼가강을 따라 러시아의 유일한 항구였던 북쪽 아르한겔스크를 탐방했고 처음으로 바다를 항해했다. 백해(白海)였다. 당시 아르한겔스크는 러시아의 유일한 무역항으로 국가 세수의 중요한 부분을 차지했다.

1693년 9월 8일, 어머니에게 편지를 보냈다. 한 달에 두어 번 정도 편지를 보내기로 어머니와 약속했다.

"가장 사랑하는 어머니, 나탈리야 키릴로브나야에게,
저를 기쁘게 하시는 어머니께서는 저에게 자주 편지를 쓰라고 하셨습니다. 편지 쓰는 걸 제 일로 간주했지만, 자주 쓰지 못한 건 제 불찰입니다.……
하느님께 감사드리며, 저는 이 일(선박을 만들고 항해하는 것) 외에는 다른 일은 하지 않습니다. 지체되지 않는 이상 될 수 있는 대로 멀리 항해할 것입니다. 성 앤드루 함부르크 선박은 아직 오지 않았습니다.
저의 기쁨인 어머니, 안녕히 계십시오. 저는 어머니의 기도 덕에 살아가고 있습니다. -Petrv."[40]

표트르는 아르한겔스크에서 배를 건조하고 경험 많은 선원들과 함께 어울려 지내며 항해술을 익혔다. 사지를 오고 갈 정도의 거친 폭풍우를 경험하기도 했다. 이 항해로 세계적 수준의 군함을 건조하고 항구를 확보하는 것이 무엇보다 중요하다는 것을 깨우치며, 그것이 강국으로 가는 길임을 알았다. 국가개혁을 위한 중요한 여행이자 항해였다.

1694년 1월 25일, 어머니가 사망하자 표트르는 권력의 핵심으로 돌아와 국가 운영을 책임지기 시작했고, 1696년 공동 차르인 이반이 죽으면서 1인 절대 통치자가 되었다. 뒤에 서술하겠지만, 1696년 표트르는 러시아 남부 아조프해에서 튀르크와 전쟁하여 승리하기도 했다. 이렇게 권력이 자기 손에 모두 들어올 때, 아무도 생각지도 못한 행동을 했다.

1697년 스물다섯이 되던 그해, 250여 명의 사절단을 구성하여 유럽으로 떠난 것이다.

표트르는 왜 유럽으로 떠났을까.

## 대사절단

　인간의 삶에 있어서 여행은 행복이다. 자신을 구속하고 있는 환경에서 벗어나 자유를 얻고 낯선 곳에 대한 호기심이 유발되니 흥미롭지 않겠는가. 만일 한 국가의 운명을 쥐고 있는 최고 통수권자의 여행이라면, 그것도 여행을 넘어서 마치 시찰하듯 샅샅이 훑는다면 어떨까. 아마 대변혁의 폭풍이 일어나지 않겠는가.
　1696년 12월 6일, 표트르는 사절단을 유럽으로 파견하라는 법령을 하달했다. 스위스인 르포르, 외무 수장 골로빈, 외교 경험이 풍부한 귀족회의 서기 보즈니친을 사절단의 공동단장으로 임명했다.
　나르토프(Nartov, 1693~1756)는 이 사절단을 높게 평가했다. 그는 과학예술 아카데미 회원이자 표트르와 20년 이상 함께한 왕실 전속 기계공이었으며, 표트르에 관한 이야기와 연설문을 수집한 작가였다.

　"어떤 군주가 왕위에 오르자마자, 왕관과 홀을 남겨두고 왕국의 통치를 동료 고관에게 맡기고는 오직 계몽을 위해 머나먼 외국

순례를 하였다는 말을 들어본 적이 있습니까. 읽어본 적이 있습니까.

자신의 과학과 예술적 재능으로 타국의 왕들과 개인적 만남을 갖고 상호 이익을 논의하며 우정과 화합을 확인한 사람, 그들의 정부, 도시, 주거지, 지역과 기후 환경을 살펴본 사람, 유럽인들의 예절, 관습과 삶에 주목하여 그것 중 유용한 것을 채택하여 자신의 국가를 개혁하고, 군주제에 합당한 통치자로서 자신의 국가를 만든 사람. 아마 그러한 예는 없을 것입니다!

하지만 러시아에서는 이것을 수행한 사람이 있습니다! 국익과 애국심을 가진 스물다섯 살의 차르 표트르 알렉세예비치, 그의 위대한 영혼에는 찬양받을 만한 열정이 불타올랐습니다."[41]

1697년 3월 9일, 사절단이 공식 출발하기 하루 전날, 표트르는 눈이 녹지 않은 추운 날씨에 눈썰매를 타고 리가로 먼저 출발했다. 프로이센, 네덜란드, 영국, 오스트리아, 이탈리아를 탐방하는 유럽 시찰이었다. 러시아 차르 최초의 유럽 여행이었다. 도중에 궁정 반란이 발생하여 예기치 않게 중단되었지만, 무려 1년 5개월간 해외에서 보냈다. 왕위보다 더 중요한 것이 무엇이었기에 그는 이런 행동을 했을까.

바로 자신의 국가보다 훨씬 더 발달한 유럽을 시찰하는 것이었다. 자국을 유럽의 강대국 수준으로 끌어올리기 위해 그들과 군사·외교, 무역 관계를 맺고, 서구의 과학기술을 도입하여 자국의 후진

성을 극복하고자 했다. 유럽의 도시를 구경하여 도시구조와 다양한 사람들의 삶의 방식을 알고 조선 기술을 직접 경험하고 싶었다.

사절단은 출발할 때부터 러시아의 전통 의복을 벗고 유럽의 의복을 입었다. 80여 명의 귀족도 포함하여 외교 업무를 수행하도록 했으며, 표트르 자신은 공식적으로 모스크바에서 출발했다는 발표를 하지 않았다. 튀르크와 전쟁 중이었고 모스크바 귀족들이 그의 유럽 시찰을 부정적으로 보았기 때문이다. 하지만 궁정의 모든 서류는 그의 이름으로 작성되었고 그를 대신하여 발행됐다.

이 해외 시찰을 '대사절단'이라고 불렀다. 명목상 목적은 숙적이었던 튀르크에 대항하는 동맹국을 유럽에서 찾고 대외관계를 확장하는 것이었다. 표트르는 인장에 글귀를 새겨 다녔는데 이런 말을 적었다.

"나는 학생이며 선생님들을 찾고 있습니다."

세상의 모든 전문가와 기술자가 자신의 스승이었다. 흥미롭게도 표트르는 차르임에도 사절단의 전권대표가 아니라 평범한 일원으로 위장했다. 군사과학을 공부하기 위해 프레오브라젠스키 연대에서 차출된 스물두 명 중 두 번째였다. 자신의 이름을 표트르 로마노프가 아닌 '표트르 미하일로프'로 바꾸었다. 차르 신분으로 가면 복잡한 의전으로 배울 시간이 부족했기 때문이다. 무엇보다 환영 만찬과 연회에 참여하는 것을 번거롭게 생각했다. 주요한 문제에 대해서만 사절단의 단장들과 상의하고 자신은 서구의 기술을 익히고 배웠다.

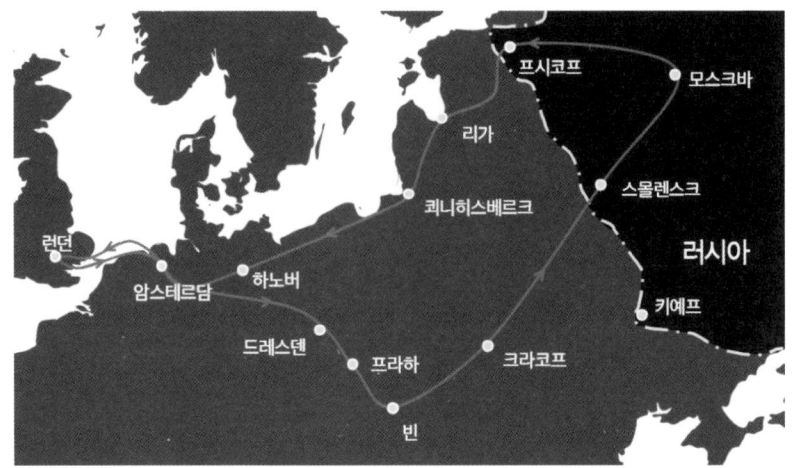

표트르의 유럽 시찰 1697년 3월~1698년 8월

3월 31일 낮, 처음 도착한 리가에서 그는 동료 멘시코프와 함께 항구에 있는 스웨덴 선박을 둘러보고 망원경으로 요새를 살펴보며 방어시설을 스케치했다. 리가는 스웨덴의 속령으로 리가 성은 유럽식으로 축성한 단단한 요새였다. 그들의 행동을 이상하게 생각한 스웨덴 총독은 경비병을 시켜 엄격하게 제지하고 도시의 성벽으로 이동하는 것을 금지했다. 그들에게 총을 겨누기도 했다. 사절단 단장인 르포르에게 항의했다. 르포르는 총독에게 자신은 아무것도 몰랐다고 사과하면서 이렇게 대답했다.

"사절단의 수행원 중 고귀한 귀족들이 요새를 둘러보았다면, 그것은 교활한 의도가 아니라 아마도 외국을 여행하면서 느끼는 호기심과 한 번 정도 허용될 수 있는 산책일 것입니다. 러시아인이 본 적이 없는 영광스러운 요새를 보기 위한 것이었습니다. 조금 전 총독께서 지적했듯이 불쾌했다면 다시는 이런 일이 없을 것이라고 확신합니다."[42]

르포르는 저녁에 표트르에게 이 사실을 말했고 표트르는 총독의 무례한 행동에 매우 놀라워하며 자신에 대한 명백한 억압과 분노로 여겼다. 축하 연회가 있기 사흘 전 그는 노여움을 간직한 채 리가를 떠났다. 표트르가 동료 비니우스(Vinius, 1641~1717)[43]에게 쓴 편지에 그의 심정이 담겨있는데 노여움이 누그러진 상태였다. 이 편지를 모스크바에서 국사를 책임졌던 동료 골롭킨(Golovkin, 1660~1734)에게 보여주라고 했다.

"4월 8일 리가에서.
여기는 2,780명의 병사가 있다고 합니다. 우리는 도시와 요새를 둘러보았습니다. 병사들이 지키는 장소는 다섯 곳이었습니다. 모두 합쳐 1,000여 명도 안 되어 보였지만 이곳에 모두 있다고 합니다. 도시는 요새화되었지만, 아직 완성은 되지 않았습니다. 여기는 악을 두려워하며 도시와 다른 장소를 살펴보는 것을 허용하지 않습니다. 그다지 유쾌하지 않습니다. 리가의 병사들은 불

만이 쌓여 있습니다."⁴⁴

이 사건이 후에 스웨덴과 북방전쟁(the Great Northern War: 1700~1721)의 원인이 될 줄은 아무도 몰랐다. 나르토프는 이렇게 적었다.

"총독의 가혹한 행동은 러시아인에 대한 위협과 괴롭힘이었으며 자유로운 이동에 대한 제한은 사절단뿐만 아니라 차르의 얼굴에 대한 명백한 모욕이었다. 이후 우호 관계가 단절되어 양국 사이에 끔찍한 전쟁이 발생했으며 스웨덴의 엄청난 피해와 러시아의 영원한 영광으로 끝났다."⁴⁵

표트르는 동료와 함께 배편으로 프로이센 공국의 수도였던 쾨니히스베르크에 도착했다. 당시 프로이센 공국에는 종교적 이유로 프랑스에서 쫓겨난 위그노들이 많이 정착해 있었고, 그들은 프로이센의 경제와 교육에 크게 기여했다. 베를린에 있는 프랑스학교는 왕립학교로 프로이센에서 가장 훌륭한 귀족학교였으며, 과학 아카데미의 창립 회원 중 3분의 1이 프랑스 출신의 학자였다. 젊은 차르는 프로이센을 방문하면서 이런 상황들을 주의 깊게 관찰했으며 자신의 국가를 어떻게 개혁해야 할지 고민했다.

5월 9일, 표트르는 프로이센 초대 국왕 프리드리히(Friedrich, 1657~1713)를 만났다. 프리드리히는 브란덴부르크의 선제후이자 프로이센의 공작이었다. 그는 대학을 설립하고 베를린예술 아카데미와 과학 아카데미를 창립했으며 1701년 신성로마 제국의 레오폴트 1세에게 허락을 얻어 '프로이센의 왕'으로 대관식을 가졌다. 그는 왕으로 불리기를 바랐지만, 제국의 수도 빈 사람들은 변방의 왕을 인정하지 않았다. 하지만 그는 국가의 초기 발판을 만들었고, 후에 그의 아들과 손자(프리드리히 대왕)는 군을 강화하여 유럽 패권국에 버금가는 군사력을 보유했다.

이날 표트르는 프리드리히와 비밀회의를 했으며, 양국은 군사적 지원뿐만 아니라 무역 협력까지 구두로 합의했다. 내용은 5월 24일 「브란덴부르크 장관이 쓴 글에 대한 답변」이라는 문서로 알려졌다.

이 문서 2항은 민감한 동맹 조약이었다. 향후 두 국가 중 한 국가가 적에게 공격받게 되면, 다른 한 국가는 공격받은 국가에 병사, 군자금, 군수품, 대포 발사체, 포격수, 식량 등을 보내고 양국이 특별한 협의를 거쳐 합의한다는 내용이었다.

이에 대한 러시아 측 답변은 튀르크와 전쟁 중이어서 러시아가 평화 조약을 맺은 스웨덴과 관계가 복잡해질 수 있고, 만일 러시아가 브란덴부르크를 프로이센 소유로 인정하게 되면 폴란드와 사이가 좋지 않을 것이 우려되어, 러시아와 프로이센은 우선 상호 우호 조약을 체결하고 후에 공동의 이익이 있을 때 반(反)튀르크 동맹을 체결한다는 것이었다.

6항은 러시아가 프로이센 영토를 지나 유럽으로 상품을 수출하고 브란덴부르크는 러시아를 거쳐 중국과 페르시아와 무역하는 것이었다.[46]

사절단은 육지로 이동했는데 표트르는 시간상 여유가 있어 포병술을 배웠다. 교관은 슈테른 펠트 중령으로 표트르의 놀라운 학습에 감탄하며 그에게 수료증을 주면서 이런 말을 했다.

"짧은 시간에 진전이 있었고 인증서를 획득한 것에 놀라움을 금할 수 없습니다. 어디에서나 유용하고 예리하고 능숙하며 용감하고 두려움이 없는 포병 전문가로 인정받을 것입니다."[47]

수료증에 이름이 적혀 있었다. "표트르 미하일로프"

표트르는 하노버에서 전설적인 인물과 만났다. 우연한 만남이었다. 철학자이자 수학자인 라이프니츠(Leibniz, 1646~1716)였다. 표트르는 그의 유명세를 알았지만, 그는 표트르를 그저 변방의 차르로 생각했다. 표트르가 스웨덴 왕 카를 12세(Karl XII, 1682~1718)와 전쟁을 하면 패배한다고 생각하여 깊은 대화를 나누지 않았다.

하지만 후에 표트르가 폴타바 전투에서 스웨덴을 격파한 후 개혁에 전념하고 있을 때 둘은 다시 만났다. 그는 표트르의 능력에 감탄했으며 표트르는 그를 러시아의 특별고문으로 초빙하고 학술 급여를 주었다. 그는 표트르에게 법률 자문뿐만 아니라 항해, 지리학 등 다양한 분야의 연구 프로젝트를 제공하고 국가 발전에 중요한 러시아과학 아카데미 설립도 제안했다.

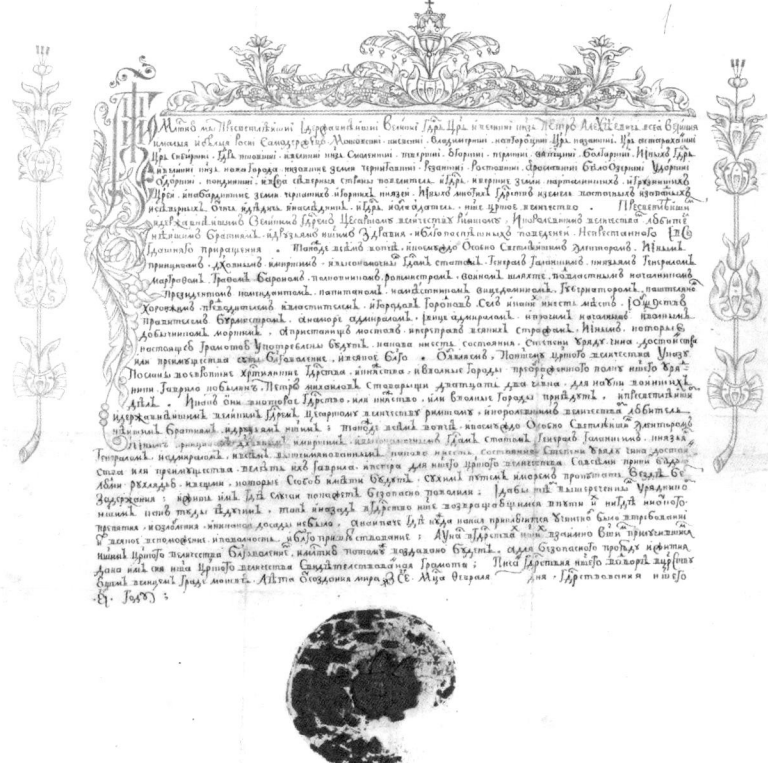

**표트르 대제의 유럽 시찰 시 여권** 표트르 대제는 자신의 이름을 표트르 로마노프에서 표트르 미하일로프로 바꾸었다. "폐하의 칙령에 따라 프레오브라젠스키 연대 가브릴로 코빌린, 표트르 미하일로프, 그리고 22명의 병사를 군사 문제를 연구하기 위해 유럽의 기독교 국가, 공국과 자유도시로 파견하였습니다."

표트르는 하노버에서 30킬로미터 떨어진 코펜브루게에서 하노버 선제후의 아내인 소피아와 그녀의 딸인 브란덴부르크의 선제후(프리드리히 국왕)의 아내 소피아 샤를로테가 주최한 연회에 참석했다. 샤를로테는 총명한 여인으로 라이프니츠와 친했고 학술 증진에 많은 관심을 가졌다.

젊은 차르는 처음에 연회장에 가고 싶지 않아 핑계를 댔지만, 귀부인과 가족을 제외하고 아무도 없다면 가겠다는 조건으로 참석했다. 수줍은 아이처럼 연회장으로 들어가서 두 손으로 얼굴을 가리고 모든 물음에 말을 잘 못한다고 대답했다. 변방의 차르였기에 서구문화에 익숙지 않아 나온 행동이었다. 저녁 식사하면서 점차 수줍음이 사라졌으며 큰 잔에 포도주도 마시고 춤도 췄다.

선제후의 아내가 표트르에게 사냥을 좋아하냐고 묻자, 아버지는 열정적인 사냥꾼이었지만, 자신은 흥미를 못 느낀다고 말하며 항해와 불꽃놀이를 좋아한다고 말했다. 자신이 직접 배를 만든다고 얘기하며 굳은살이 박인 손을 보여주었다. 세상을 떠날 때까지 표트르의 손은 노동으로 굳은살이 박여있었다.

후에 소피아 샤를로테는 표트르가 깔끔하게 먹는 법을 배우지 않았다는 것을 알 수 있었지만, 그의 자연스럽고 편안한 모습이 마음에 들었다고 했다. 소피아는 그날 일을 이렇게 기록했다.

"차르는 키가 크고 외모가 아름답고 고상한 자세를 가지고 있습니다. 그는 두뇌가 매우 잘 돌아가고 대답은 빠르고 정확합니다.

하지만 무례하지 않으면 더욱 좋았을 겁니다. 차르는 매우 좋은 사람이면서 동시에 매우 나쁘기도 합니다. 그는 자기 나라의 완전한 대표자입니다. 그가 더 나은 교육을 받았더라면, 많은 미덕과 총명한 지혜를 지녔기 때문에 훌륭한 사람이 되었을 것입니다."[48]

표트르는 네덜란드 암스테르담으로 이동하여 4개월 반가량 머물렀다. 사절단보다 먼저 도착한 표트르는 네덜란드 선원처럼 옷을 입고 어느 대장장이의 한 칸 오두막집을 빌려 생활했다. 그는 단순한 목수로서 조선소 동료들과 함께 술을 마시고 식사했다.

이 집은 로게 조선소와 5분 거리의 잔담에 있었는데 그는 휴식 시간에는 다양한 사람들과 어울리며 정보를 얻고 조그마한 배를 타고 즐겼다. 당시 잔담에는 가장 큰 조선소가 있었고 네덜란드 조선업의 메카였다.

어느 네덜란드인이 러시아에 사는 친지에게서 편지를 받은 후 표트르가 차르인 것이 동네에 소문이 퍼졌다. 이웃 주민들은 러시아 차르가 누추한 오두막에 있다는 것을 알고 그가 어떻게 생활하는지 궁금했다. 창을 통해 숨어서 보기도 하고 심지어 나무와 지붕 위에 올라가서 쳐다보았다. 그의 숙소는 인기 장소가 되어 표트르는 일주일도 머물지 못하고 떠나야만 했다.

그는 자신의 신분이 공개되자 짜증을 내며 동료들에게 네덜란드어로 말했다.

"만일 내 친구가 되고 싶다면 차르가 아니라 동료처럼 대하십시오. 그렇게 못하겠으면 학생이 되는 즐거움을 나에게서 박탈하십시오. 나는 명예가 아니라 유용한 지식을 구하고 있습니다. 모든 의례를 없애시오. 참을 수 없는 강압보다 자유가 천 배나 더 소중합니다."[49]

표트르 사후 이 오두막집은 순례지가 되었다. 표트르 개혁의 요람이었다. 나폴레옹도 들렀고 러시아 황제 알렉산드르 2세(재위: 1855~1881)도 방문했다. 시인 주콥스키는 오두막집에 대해 이렇게 적었다.

"이 가련한 오두막집 위에는
성스러운 천사들이 날아다닙니다.
대공님, 존경합니다.
여기가 당신 제국의 요람입니다.
위대한 러시아가 여기에서 탄생했습니다."
- 주콥스키(Zhukovsky, 1783~1852), 「잔담의 오두막에서」, 1839년

표트르는 동인도회사의 조선소에서 배를 건조하면서 항해술과 해군 전략을 배웠다. 조선소에 취직시켜 준 사람이 암스테르담 시장이었고 동인도회사 책임자였던 빗선(Witsen, 1641~1717)이었다.

**표트르 대제의 조선공 증명서** 네덜란드 동인도회사에서 발급한 증명서

빗선은 외교관이자 해양 전문가였는데 표트르 아버지 시기 러시아를 방문하여 카스피해와 시베리아를 탐험하고 책도 출간했다. 그는 러시아 전문가로 유럽에 알려졌으며 무역상이기도 했다. 더욱이 사절 단장이었던 르포르와 오랫동안 교류하고 표트르의 네덜란드 탐방에 아낌없이 도움을 주었다.

표트르는 조선소 생활 당시 동료들이 그에게 '잔담의 목수 표트르' 또는 '마에스트로 표트르'라고 부르면 대답하고, 만일 '폐하' 또는 '친애하는 군주'라고 말하면 등을 돌렸다.

표트르는 식물원과 동물학 박물관을 관람하며 희귀한 것에 관심을 가졌다. 그는 해부학 교실에서 인간을 해부하는 것을 처음으로 관찰하고 살아있는 것처럼 미소를 짓는 어린이 시체에 키스하기도 했다. 기이한 행동이었다. 함께 온 러시아 동료들이 시체에 대해 혐오감을 가지자, 그는 시체를 이빨로 뜯도록 명령하기도 했다. 알코올에 보관된 시신을 보았으며 후에 그 시신을 구매하여 러시아로 가져왔다. 그는 병원을 시찰하여 의술을 배우고 실습도 했다.

동인도회사를 둘러보고 무역 전시장과 시장을 구경하고 신상품을 구매했다. 특히 암스테르담의 도시설계, 도시환경, 주거환경, 풍차, 운하, 거리, 제방, 정원, 조경수, 건축, 실내 타일, 부엌, 벽돌 등 도시의 제반 시설을 주의 깊게 관찰했다.

표트르는 왜 네덜란드를 유심히 살펴보았을까. 바로 유럽의 패권국 중 하나로 유럽 최강국 프랑스와 어깨를 나란히 하고 있었기 때문이다. 프랑스 사학자 브로델이 유럽을 지배하면 세계를 지배한다고 말했듯이 상업 국가 네덜란드는 수천 개의 상선이 드나들었다. 표트르는 연간 5개월가량밖에 개항하지 못하는 자국의 아르한겔스크 항구와 수많은 상선이 정박해 있는 암스테르담 항구를 비교했을 테니, 아마도 입이 쩍 벌어지고 왕방울만한 눈이 휘둥그레지며 천지개벽을 느꼈을 것이다.

네덜란드의 고래 사냥과 청어잡이는 국가의 부를 이룬 일등 공신이었고, 국가 내 국가로 인정된 동인도회사는 표트르가 여행했던 1697년 무렵 최고의 이윤을 기록했다. 수많은 노동자가 일자리를 찾아 암스테르담으로 왔고, 전쟁을 피하거나 종교적 탄압을 피해 온 사람이 자유롭게 거주하는 관용의 국가였다.

"관용은 인간을 그 자체로서 인정하는 것을 말한다. 노동자이든 상인이든 혹은 도망자이든 이들이 모두 공화국의 부의 증진에 기여하기 때문에 그것은 더욱 타당해졌다. 사실 관용적이지 않은 세계의 중심을 상상이나 할 수 있겠는가. 이곳은 관용적일 수밖에 없으며 이곳에서 필요로 하는 사람들이 몰려오는 것을 받아들이지 않을 수가 없다. 네덜란드 연방은 분명히 피난처이며 구명 뗏목이었다."[50]

브로델의 책 『물질문명과 자본주의』에서는 네덜란드 상인에 대해 잘 설명해 놓았다.

"상인은 왕이었고 상인들을 규제할 수 있는 것은 어떤 것도 있을 수 없고 상인들로서는 단지 그들의 이해관계 이외에는 그 어떤 다른 법칙도 따르지 않았다. 이것은 국가 자체도 핵심적인 것으로 간주하는 확고한 금언이었다. 어느 개인이 자신의 상업을 위해서 국가에 해로운 일을 한다고 하더라도 국가는 그 일에 대해서 모르는 척 눈을 감고 그 일을 알아채지 못했다는 듯이 행동했다."[51]

네덜란드인은 부유한 상인이 많았음에도 검소했고 화려한 궁전이 아니라 단조로운 목조가옥에 살고 음식도 평범했다.

"프랑스 선원들이 먹는 음식으로는 빵, 포도주, 새하얀 비스킷, 신선한 고기, 염장 고기, 대구, 청어, 계란, 버터, 콩 등이 있으며, 생선을 먹을 때에도 양념을 잘해야 하고 그나마 그것도 금육의 날에만 먹으려고 한다. 이에 비해서 네덜란드인은 맥주, 호밀 흑빵, 비스킷, 치즈, 계란, 버터, 소량의 염장 고기, 콩, 죽에 만족하고, 또 금육의 날인지 아닌지를 가리지 않고 매일 많은 양의 마른 생선을 양념도 하지 않는 채 먹는데, 이것은 육류보다 비용이 훨씬 저렴하게 든다."[52]

표트르는 후에 수도 상트페테르부르크에서 조그마한 네덜란드풍의 목조가옥을 짓고 평생 검소하게 생활했으며 음식도 보통 사람이 먹는 것을 즐겨 먹었다. 그는 배를 만들고 상업을 부흥시켰으며 종교적 관용을 중시했다. 이 네덜란드 시찰이 그의 삶에 결정적인 영향을 미쳤다.

그는 네덜란드에서 선박을 건조하고 진수식까지 해보았지만 배에 대한 이론을 더 공부하려고 영국으로 떠났다. 그는 런던에서도 3개월가량 머물면서 선박 건조 시스템을 연구하고 전함과 호위함의 구조를 살펴보며, 조선소 건설에 필요한 사항을 체크하고 조선소에서 작업을 했다. 역시 주조공장과 무기고를 둘러보고, 시간을 내어 윈저궁, 그리니치 천문대, 옥스퍼드 박물관, 조폐국, 왕립학술원을 방문했다.

이 시기 과학자 뉴턴(Newton, 1643~1727)은 런던 조폐국에서 근무하고 있었는데, 둘 사이의 만남이 이루어졌는지에 관한 기록은 현재까지 밝혀지지 않았다. 하지만 표트르가 조폐국에 방문한 것은 확실하다. 당시 러시아는 위조 동전이 많았고 모양도 제각각이었다. 사람이 망치로 동전을 만들었기 때문이었다. 뉴턴이 조폐국에서 근무하며 인류에 남긴 것이 있다. 주화를 프레스로 생산하는 방식, 동전 끝의 테두리와 톱니바퀴 모양을 만들었다. 위조 동전을 없애기 위해서였다. 러시아의 사절단은 조폐국을 세 번이나 찾아가서 화폐 제조법을 전수받았다. 후에 뉴턴은 자신의 유명한 책 『자연철학의 수학직 원리』를 출간하여 표트르에게 선물로 보내주었다.

표트르는 네덜란드 국가원수인(스타트허우더, Stadhouder) 빌럼 3세이자, 동시에 영국 왕이었던 윌리엄 3세(William, 재위: 1689~1702)의 도움으로 포츠머스에서 관함식에 참석했으며 영국의 조선과 해양 활동, 함대의 모든 걸 관찰할 수 있었다. 모의 해전에도 참여했다. 윌리엄 3세는 자신의 숙적인 프랑스 왕 루이 14세에 대한 표트르의 적대감을 좋아하여 그에게 친절하게 대했다.

표트르가 윌리엄 3세를 처음 만난 것은 영국에 오기 전이었다. 네덜란드의 위트레흐트와 헤이그에서 비밀리에 잠시 만남을 가졌다. 윌리엄 3세는 젊은 차르의 학문과 선박 건조에 대한 열정을 높이 평가했다. 영국에 돌아오자마자 20개의 화포가 장착된 '트랜스포트 로열' 요트를 건조하도록 명령하고, 동시에 표트르에게 이 요트를 선물로 보내주고 싶다고 편지를 보냈다. 표트르는 너무도 감사하다고 말하며 영국의 조선과 해상 활동을 보기 위해 '평범한 외국인'으로 영국을 방문하겠다는 의도를 알렸다. 이렇게 서로 간에 호감을 느꼈으니, 표트르의 영국 시찰은 순조로울 수밖에 없었다.

이 시기 런던은 인구 55만 명으로 유럽에서 가장 큰 도시였다. 모스크바 인구의 1.8배 규모였다. 런던은 영국 전체 교역의 5분의 4 이상을 차지했고 수출입을 독점하는 경제 수도였다. 국왕과 의회가 있는 정치·행정의 도시이기도 했다. 흔히 말해 메가시티였다. 유럽 그 어디에도 런던만큼 시장과 권력을 장악한 곳도 없었다. 특히 스페인 왕위 계승 문제로 프랑스와 전쟁을 하고 있었으니, 영국 전함의 발전은 눈부셨다. 해군력에 있어서 프랑스에 대등했으며 시간이 지나면서 전 세계를 제패했다. 표트르는 이런 말도 했다.

"만일 러시아의 차르가 아니었더라면 영국의 제독이 되고 싶었습니다."

한편, 표트르는 자신을 영국 국교회로 교화시키려는 방문단을 맞이했다. 그가 정교회에 별 관심이 없다는 소문이 있었기 때문이다. 후에 그는 정교회를 개혁하면서 헨리 8세의 '국왕지상법'을 참고하기도 했다. 이 법은 교회를 교황에게서 독립시키고 왕이 대주교와 주교를 임명하며, 수도원의 재산을 몰수하는 등 강력한 전제왕권 국가로 만드는 것이었다. 훗날 표트르 역시 황제 아래에 신성종무원을 두고 종무원 원장과 부원장 등 주요 사제를 임명하고 수도원의 재산을 회수하는 등 전제군주정을 강화했다.

표트르는 런던에서 상인들을 만났는데 그 중 대표적인 사람이 카마던(Carmarthen)이었다. 표트르는 그에게 담배독점권을 20,000파운드 스털링을 선불로 받고 주었다. 정부 재정을 확충하기 위해서였다. 이 금액은 약 45,000루블로 당시 정규 병사 4,100여 명의 1년치 연봉이었다. 러시아에 연간 615,000킬로그램(150만 푼트)의 담배 판매를 카마던에게 허용한 것이었다. 당시 러시아에서 담배를 피우는 것은 법적으로 금지했는데, 표트르는 상인에게 이 법을 폐기하겠다고 약속했다.[53] 귀국 후 표트르는 이 법을 폐기했다.

표트르는 런던시장에서 항법장치, 시계, 담배, 의복 등 다양한 물건을 구매했다. 시계를 분해하여 완벽하게 조립하는 방법도 배우고 장의사에게서 관을 구매하여 러시아로 보내기도 했다. 또한, 난쟁이,

키다리와 흑인도 샀다. 당시 유럽의 왕실은 난쟁이를 데리고 있었으며 표트르를 수행한 난쟁이도 네 명이 있었다.

그는 영국 의회에 방문하였지만, 상·하원 합동회의에 참석하고 싶지 않아 일반인의 시선을 피해 의회당 방청석 창밖으로 올라가서 윌리엄 3세와 의원들을 보았다. 상·하원들이 왕 앞에서 엎드리지 않고 자유롭게 토론하는 것을 보고 동료들에게 이런 말을 했다.

"국민이 자기 왕에게 진실을 공개적으로 말하는 것을 보니 즐겁다. 이런 것을 영국인에게서 배워야 해."[54]

당시 영국은 명예혁명 후 1689년 윌리엄 3세가 「권리장전」을 발표한 지 얼마 되지 않을 시기로 왕의 권한이 대폭 줄어들고 의회의 권한이 강했다. 의회 내 자유로운 토론이 보장되었고 다른 유럽 국가보다 의회 민주정이 한발 앞서 있었다.

하지만 표트르가 동료 브루스와 오스터만에게 아랫글과 같이 말한 것을 보면, 그다지 의회 민주정에 매력을 느끼지는 못했다. 당시 유럽의 대부분 국가가 그러하듯 절대 군주정을 옹호했다.

"잘 모르는 사람들은 내가 농노를 죄수처럼 대한다고 말하지. 내가 명령에 복종하는 국민을 통치하는 것은 맞아. 하지만 이 명령은 국가에 해를 끼치는 것이 아니라 좋은 의도를 가지고 있는 거지. 영국의 자유는 벽에 붙은 완두콩처럼 부자연스러워. 사람을 다스리는 방법을 알아야 해. 나쁜 것을 볼 줄 알고, 선한 행동을 하는 사람은 두려움 없이 나에게 직언할 수 있어. 너희들이 그 증인이야. 나는 최하위층 국민에게서도 유용한 이야기를 들어서 기쁘다네. 그들의 손발과 혀에는 족쇄가 채워져 있지 않아. 나의 소중한 시간을 헛되이 빼앗지 않는 한, 그들은 나에게 다가와 자유롭게 말할 수 있어.

국가는 악의를 품은 사람과 악당을 가만히 두지 않고 법의 굴레로 묶어두지. 악을 행하지 않고 선에 순종하는 사람은 자유인이야. 선한 것을 원하고 고지식한 것을 바르게 펴고 사나운 마음이 부드러워지면, 나는 농노제를 확대하지 않을 것이야. 내가 신하들에게 바른 옷(법)을 입힐 때 군대와 시민은 질서를 지키고 인간다운 삶에 익숙하게 되겠지. 공정한 재판으로 악의 무리를 사형시키기 때문에 나는 잔인하지도 압제적이지도 않아."[55]

표트르가 최하위층 국민의 이야기까지도 경청했다는 점에서 춘추전국시대 제갈량이 쓴 글과 여러 면에서 비슷하다.

"정치를 올바로 하는 길은 듣는 데 힘쓰는 것으로 국민의 말을 살펴 듣고 이를 받아들여 인재들과 함께 의논하면 만물이 그의 시야에 들어오고 만민의 목소리가 그의 귀에 들리게 된다. 그러므로 노자는 『도덕경』에서 '성인은 고착된 마음이 없으며 국민의 마음을 자신의 마음으로 삼는다'라고 하였다.

눈은 마음을 통해 보고 입은 마음을 통해 말하며 귀는 마음을 통해 듣고 몸은 마음을 통해 평안하다. 따라서 몸에 마음이 있음은 마치 나라의 임금이 있는 것과 같으며 마음을 외부의 사물과 조화시키면 만사가 분명해진다.……

원성을 듣지 못하면 억울한 일을 바로잡을 수 없고 충언을 받아들이지 않으면 충신이 신임받지 못하며 간신배가 득세한다. 그러므로 『서경』에서 '하늘은 백성의 눈을 통하여 보고 백성의 귀를 통하여 듣는다'라고 한 것은 바로 이를 두고 한 말이다."[56]

1698년 4월 18일, 표트르는 영국 생활을 마무리하며 윌리엄 3세에게 작별 인사하러 갔다. 그 자리에서 윌리엄 3세는 표트르의 초상화를 갖고 싶다며, 표트르의 허락을 받아 영국에서 가장 유명한 화가였던 넬러(Knelle, 1646~1723)에게 표트르의 초상화를 그리게 했다. 현재 이 그림이 유럽의 군주처럼 멋있게 그려진 표트르의 초상화이다. 25세의 젊고 용감한 모습의 표트르이다.

표트르는 런던을 떠나면서 거금의 위약금을 냈다. 350파운드의 손해배상이었다. 당시 러시아 돈으로는 5,000루블이었다. 각 층에 두 개밖에 없는 좁은 방을 빌렸는데, 방바닥과 벽에 침을 뱉고 장난으로 얼룩이 지고 총탄 흔적도 있었으며 커튼과 벽의 그림도 찢어졌고 가구는 부서졌으며 정원의 잔디는 짓밟혀 있었다.[57]

그는 대단한 호기심으로 서구의 과학과 기술을 배웠지만, 서구의 풍습과 관습은 습득하지 않았다. 다만 들여다볼 뿐이었다. 위약금을 낼 정도로 생활한 것을 보면, 그는 예의 바른 젊은이는 아니었고 신하들과 허심탄회하게 즐기며 동고동락한 사람이었다. 표트르가 머물렀던 집의 영국 시종은 주인에게 이런 편지를 보냈다.

"집은 몹시 더러운 사람들로 가득 차 있습니다. 왕은 서재 옆에서 자고 사무실 뒤 거실에서 식사합니다. 오전 10시와 저녁 6시에 식사를 하고, 그는 때때로 하루 종일 집에 있기도 합니다. 종종 조선소에 가거나 강에서 수영도 합니다. 비용은 모두 왕이 냅니다."

그럼, 표트르는 얼마만큼의 양을 먹었을까. 한번은 호텔에 머문 적이 있었는데, 호텔에서 영국 정부에 요청한 영수증이 원본 그대로 보존되어 있어 그 내용을 토대로 적어 보면 다음과 같다. 표트르는 이날 21명의 동료와 함께 식사했다.

"아침 식사: 숫양 반 마리, 암양 4분의 1마리, 닭 10마리, 매 12마리, 계란 7판(84개), 코냑 약 4리터, 와인 8리터.
점심 식사: 쇠고기 약 20킬로그램, 숫양 한 마리, 암양 4분의 3마리, 송아지 고기, 닭 8마리, 토끼 8마리, 식탁 와인 30잔, 레드 와인 12잔 등."[58]

어느 날 그는 저녁 늦게 작센 선제후국의 수도인 드레스덴에 도착했다. 한밤중임에도 드레스덴 총독에게 특별히 가보고 싶은 곳이 있다고 요청했다. 쿤스트카메라(Kunstkamera) 인류학 박물관이었다. 총독은 새벽 한 시경에 표트르를 박물관으로 안내했으며, 그는 아침 햇살이 밝아 올 때까지 수집품을 보았다. 이후 여러 번 박물관에 갔다. 가장 관심을 가진 것은 수리용 기술 도구와 공예 도구였다.

1678년 7월 6일, 표트르는 58세의 키가 작고 노쇠한 신성로마 제국 황제 레오폴트 1세를 빈에서 어렵게 만났다. 반튀르크 동맹의 선봉장이 되어 달라는 요청이었다. 하지만 레오폴트 1세는 스페인의 왕위 계승권에 관심을 가져서 프랑스와 경쟁하고 있는 상황으로 국력을 한 곳으로 집중해야 했기에 튀르크와 전쟁을 원하지 않았다. 또한, 빈 궁정은 가명으로 여행하는 표트르가 황제와 공식적으로 만나는 것을 거부했으며, 황제 역시 표트르를 자신과 동등한 신분으로 여기지 않았다.

합스부르크 왕가의 여름 궁정에서 비공식적으로 만났는데, 접견실의 양쪽 문이 열리면 두 명이 동시에 천천히 걸어간 후 가운데 지점에서 만나기로 사전 협의했다. 표트르는 이런 황실의 의전을 이미 숙지했지만, 문이 열리자마자 모두 잊어버리고 성큼성큼 큰 걸음으로 다가가 황제에게 존경심을 보이며 대화를 나누었다. 안부를 묻는 짧은 만남이었고 외교적 목적이 서로 달랐기에 결과는 없었다.

표트르는 언젠가 한 번 황실의 가장무도회도 참석한 적이 있었다. 그는 소작농 차림으로 춤을 추었다. 레오폴트 1세는 그가 러시아 차르 표트르인 줄도 모르고 이런 말을 했다.

"나는 당신이 러시아의 군주와 잘 아는 사이라고 들었소. 그의 건강을 위하여 건배합시다! 건배!"

표트르는 그에게 이렇게 말했다.

"맞습니다. 그(표트르) 사람을 알고 있습니다. 그 사람은 당신에게는 친구이고 당신의 적에게는 적이라는 사실을 알고 있습니다."

표트르는 크렘린궁의 소총수 반란으로 이탈리아 베네치아에 갈 수 없었다. 그곳에서 갤리선을 제작하는 기술을 습득하고 싶었다. 그는 세상의 모든 배에 흥미를 느낀 조선공이었기에 가지 못한 것에 아쉬워했다.

1698년 8월 25일, 표트르는 유럽 시찰을 마치고 예정보다 빨리 귀국했다. 가슴 속에 개혁이라는 꿈을 잔뜩 품었다. '얼마나 우리가 미신 속에 살았던가. 얼마나 우리가 낙후되었던가'

다음 날 아침부터 대신과 귀족들이 궁전으로 몰려왔다. 그들은 경의를 표하며 바닥에 엎드렸다. 표트르는 왕방울만한 눈을 부릅뜨고 쳐다보았다. 그의 손에는 가위가 있었다. 아조프해 전투에서 총사령관을 역임한 셰인 장군의 수염을 손으로 잡고 싹둑 잘랐다.

"가수다리(군주여)! 가수다리(군주여)!"

2. 제국의 여명 | 137

외침만 있었고 장군의 눈은 휘둥그레졌다. 두 손으로 머리를 마구 잡고 슬픔에 가득 찬 표정이었다. 다음은 '가짜 차르' 로모다놉스키였다. 싹둑 잘랐다. 당시 러시아 사람들은 수염이 있으면 신의 모습과 닮았기에 은총을 받는다고 생각했다.

표트르와 사절단들은 이미 수염이 없었다. 해외에서 잘랐다. 그날 총주교와 연로한 귀족을 제외하고 모두 잘랐다. 수염을 깎지 않는 사람에게는 수염세를 받는다는 법령을 내렸다. 1705년 1월 16일 수염 법령에 따르면 신분과 재산에 따라 세금을 책정했다. 제1 길드의 상인은 연간 100루블, 궁정, 관료, 장교, 상인 등은 60루블, 귀족과 교회 서기는 30루블을 내면 기를 수 있었다. 도시의 성문을 지키는 문지기들이 가위를 들고 있었다. 수염을 기를 수 있는 '수염 동전'을 보여주면 통과할 수 있었고, 없으면서 기르는 농민은 매번 2코페이카 동전을 지급해야 했다.[59] 당시 정규 병사의 월급이 1루블이 채 되지 않았으니, 만일 1루블이 200만 원의 가치라고 한다면 2코페이카는 4만 원 정도로 적은 돈이 아니었다.

의복을 유럽식으로 바꾸는 법령도 내렸다. 프랑스와 독일 의복, 독일 장화와 모자 등이었다. 남성의 옷은 소매와 바짓단이 짧아졌고 여자는 치맛단이 풍성하고 허리는 잘록하며 가슴은 폭파인 옷이었다. 도시의 주요 출입구에 새 옷을 입힌 인형을 걸어두어 몰랐다는 핑계를 댈 수 없었다. 문지기의 손에는 가위와 자가 있었는데 규정보다 길면 소매와 바짓단을 잘랐다. 법령을 준수하지 않고 옷과 구두를 예전 방식으로 만든 재단사와 구두 수선공은 엄하게 벌했다.

표트르는 수염과 하느님의 은총이 연관이 있다는 합리적 근거가 없고 옷단이 짧으면 지저분하지 않아 건강에 좋다고 생각했다. 얼마만큼 잘라야 하는지 세세하게 알려주었다. 그는 사람들이 핑계를 댈 수 없도록 한 치의 오차도 허용하지 않았다. 만기친람(萬機親覽)형 통치 스타일이었다.

표트르는 개혁의 상징성을 중시했다. 단순히 수염과 옷의 문제가 아니라 개혁이 휘몰아치고 있다는 것을 국민의 가슴에 심었다.

그는 반란을 일으킨 소총수에 대한 조사를 진행했다. 반란의 중심에 있었던 소피아를 만났지만, 그녀는 모든 걸 부인했다. 표트르는 누이의 이름을 소피아에서 수산나로 바꾼 후 노보데비치 수녀원에 감금시키고 그녀의 창문 앞에 처형된 소총수의 시체를 걸어두었다. 표트르는 자기 아내도 반란에 연루되었다고 수녀원으로 유배시켰다. 그는 그해 가을부터 이듬해 봄까지 무려 반란군 1,182명을 처형시켰고 601명을 국외로 추방했다. 수레에 몸을 묶어 사지를 찢고 시체를 장대에 걸었다. 그가 붉은 광장에서 직접 사형을 집행하기도 했다.

표트르는 유럽 시찰 중에 책과 무기를 구매하고 900여 명의 외국인 기술 장인과 과학자를 초빙했다. 이 중에는 선장, 선원, 조선사, 배수리 공, 장교, 함장, 요리사, 건축가, 조각가, 조경사, 화가, 음악가, 배우 등도 있었다. 그는 매년 50명씩 청년을 유럽으로 보내어 신문물을 익히고 배우게 했다. 러시아 최초의 국비 장학생들이었다.

표트르는 자신의 편견과 무지함을 깨기 위해 스스로 전문가를 만나 대화하고 그들의 기술을 습득했다. 오랜 관습과 미신에서 탈피하고 과학적 합리성과 기술을 중시했다. 그는 호기심을 가득 품고 자신부터 변화했다. 격식과 품위를 존중하는 유럽인이 보기에는 웬 이방인의 특이한 유럽 시찰이었다.

표트르의 독일촌 생활, 백해 항해, 해외 시찰은 낙후된 변방의 국가를 개혁하기 위한 소중한 경험이었고, 외국인 전문가와 기술자에 대한 특별한 우대는 새로운 세상을 여는 창문이었다. 부모에게서 받은 서구에 대한 개방성은 창문을 여는 의지와 힘이었다.

르네상스와 종교 개혁이 늦었던 러시아가 뒷심을 발휘한 것은 표트르의 과학적 합리성, 기술자 우대, 전문가 존중, 선진국 모델 차용과 개방이었으며, 무엇보다 다른 종교에 대한 관용이었다. 청년 표트르에게 낙후된 조국은 개혁의 대상이었고 단순히 정치와 경제, 군사적으로 유럽과의 대등한 관계가 아니라, 유럽의 사회문화를 적극적으로 수용하여 유럽의 일원이 되는 것이었다. 동방의 러시아인이 아닌, 진정한 유럽인이 되는 것이었다.

개혁은 지식과 의지로 되는 것이 아니라 경험하고 관찰하여 체득하고 분명한 비전이 있어야 성취할 수 있다. 그 비전을 동료와 공유하고 경험 많은 전문가를 초빙하여 국가를 발전시킨 것이 표트르 개혁의 핵심이었고 제국의 탄생이었다.

이제 궁금한 것이 있다. 개혁자 표트르는 누구였고, 누구와 함께 개혁했나.

## 🜆 인간 표트르

1683년 여름, 열한 살의 표트르가 크렘린궁에서 차르로서 공식적인 외교 접견을 수행했다. 스웨덴 대사 비서였던 캠퍼(Kaempfer, 1651~1716)는 어린 표트르에 대해 글로 남겼다.

"튀르크 카펫으로 장식된 접견실에 이콘 아래에 있는 두 개의 은색 의자 위, 두 명의 차르가 값비싼 보석으로 수놓은 왕실 복장을 하고 앉아 있었다. 형은 왕관을 눈까지 깊숙이 눌러쓰고 시선은 바닥을 보며 미동도 하지 않고 있었다. 동생은 모두를 쳐다보았다. 얼굴은 밝았고 용모가 수려했다. 우리의 연설을 듣자마자 그는 생기가 돌았다. 그의 감탄할 만한 아름다움은 참석한 모든 사람을 놀라게 했고 생동감은 단정한 모스크바 대신들을 혼란스럽게 했다. 공사가 신임장을 제출하고 두 차르가 동시에 서서 왕실의 건강에 관해 물어야 할 때, 동생 표트르는 관례에 따라 신하들이 자신과 형을 보좌하여 도와줄 시간을 주지 않고 재빨리 자리에서 벌떡 일어나 스스로 왕관을 들어 올리고 후다닥 말했다. '우리의 형제 카를 왕은 건강합니까.'"[60]

표트르는 신체가 건강한 열정적인 사람이었다. 그의 키는 무려 2미터 3센티미터였고 몸은 호리호리한 편이었다. 걸음걸이가 빨랐으며 보폭도 크다 보니 신하들이 뛰어다녀야 했다. 당시 러시아인보다 월등히 컸고 목이 하나 더 있는 것 같았으며 긴 장화는 일반인의 허리만큼 왔다. 그의 머리는 몸에 비해 작고 짙은 긴 눈썹에 쌍꺼풀이 있었다. 눈은 검은 왕방울이었다. 코는 곧고 끝이 뭉툭했으며 아랫입술은 두툼했다. 머리카락은 곱슬머리였으며 손을 휘젓고 걸어가면 옆에 가는 사람이 위축되었다. 양손을 옆으로 쫙 펼친 길이가 2미터 13센티미터였는데 러시아 길이 단위 1사젠이었다. 자기 양손 길이로 도량형을 통일한 것이다. 사람들은 부친을 닮지 않아 오해했다. 갓난아기였을 때 독일 아이와 바뀌었고 진짜 표트르는 리가에 있다는 소문도 있었다. 표트르는 외삼촌을 닮았으며 외탁했다.

표트르는 말도 빨랐고 우렁찼으며 상대가 천천히 말하면 답답해했다. 글씨는 누구나 알아볼 수 있게 크게 썼고 힘이 있었다. 주요 사항에 관한 결정도 신속했다. 늘 자신감이 있었지만, 참을성은 부족하여 화를 내면 종종 얼굴에 경련이 일어나고 콧수염이 위로 솟구쳤다. 혹자들은 그가 어렸을 때 크렘린궁 광장에서 친척들이 처형당하는 것을 목격했기 때문이라고 말했다. 광장 공포증이 있었으며 군중이 모여 있는 곳을 싫어했다. 넓은 공간보다 좁은 공간을 좋아했고 키는 크지만 천장이 낮은 집을 선호했다.

만일 사람이 두 번 살 수 있다면, 그는 한 번으로도 충분했다. 그는 새벽 네 시에 일어났고 하루 열네다섯 시간을 일했다. 모든 일에 열정적이었고 손수 모범을 보였다. 부지런한 천재였다. 정원수를 심는 것까지 시범을 보여줄 정도였다. 시계수리공을 비롯해 전문직업이 열 개가 넘었다.

항해술을 배운 선원이자 선장이었으며 배를 제작하고 수리하는 조선사였다. 네덜란드 동인도회사에서 조선공 증명서도 받았다. 차르임에도 보병 병졸로 시작하여 포병을 거쳐 사령관을 역임했고 선원에서부터 함장까지 승진했다. 전쟁에서는 자신의 몸을 던졌고 전술을 배워 군을 지휘했다. 신분과 출신에 따라 승진하는 것을 극도로 싫어하고 능력에 따라 진급시켰다. 적과 동맹국의 대외전략을 살펴보고 합종연횡을 수없이 펼친 외교 전략가였다.

중구난방이던 행정기구를 통폐합하여 조직을 간소화하고 업무 매뉴얼을 만들어 책임을 분명히 했으며 최소 인원으로 정부를 운영할 줄 아는 행정 개혁가였다. 국적과 종교에 상관없이 능력 있는 인재를 적재적소에 배치할 줄 아는 지략가였다. 정치제도를 개혁하여 정부 정책의 효율성을 높였다. 귀족을 교육하고 훈화하여 신분에 맞는 책임과 의무를 부여하고 노블레스 오블리주 문화를 만들었다.

1인 절대 통치 기간(1696~1725)에 법령을 무려 3,000여 개를 공포하였는데 나흘에 한 개가량이었다. 현시점에서 보면 엉뚱한 법도 있었지만 철저하게 법에 근거하여 국가를 다스렸다. 법을 벗어나서 재판하는 것을 꺼렸다. 종교인을 재판하면 당시에는 교회에서 했지만, 신앙에 관한 사항을 제외하고 모든 범죄는 일반 재판에서 했다.

국내시장을 보호·육성하고 수출주도 성장전략을 펼쳤고 제철산업, 광산업과 경공업을 발전시켰으며 국영기업을 만들고 산업의 효율성과 경쟁력을 위해 민영화했다. 가장 중요한 조선과 군수 산업을 일으켜 국가 번영의 디딤돌을 놓았다. 중상주의 경제 전문가였다.

전문가들의 의견을 듣기 좋아하고 과학적 합리성에 근거하면 수용했으며 미신을 극도로 경멸했다. 기적을 일으켰다는 얘기를 들으면 자기에게 와서 기적을 일으켜 보라고 할 정도로 검증되지 않은 이야기를 퍼뜨리는 것을 싫어했다. 인간의 합리성에 근거했으며 이성을 중시했다. 당시 러시아에서 그런 사고는 이례적이었다.

신하들의 아픈 이빨을 뽑아주는 치과의사였을 뿐만 아니라 외과의사였다. 직접 해부하고 실습도 했으며 부하들이 아프면 의사로서 수술했다. 물론 명의는 아니었다.

언론의 중요성을 깨우치고 전쟁 상황과 유럽의 주요 이슈를 신문으로 편집하여 국민에게 알렸다. 최초의 인쇄 신문 「베도모스티」의 편집장이었다. 해외에서 판화와 엠블럼을 배워 자신의 업적을 판화와 동전으로 제작했다. 자신의 위업을 선전할 줄 아는 홍보전문가였다.

서구의 건축술과 도시계획을 분석하고 천년의 도시를 세운 도시계획가였다. 정원의 위치를 정하고 건물과 요새를 스케치하기도 했다. 배우지 못한 것을 후회했지만, 뛰어난 교육 정책수립자였다. 학교를 세우고 인재를 양성하며 심지어 교양서적까지 출간하여 청소년이 지녀야 할 기본 소양을 갖추게 했다. 종교적 색채가 짙은 예술을 자유롭게 해방한 진정한 예술인이었다.

병사와 함께 식사하고 선술집에 자주 들러 선원과 노역자와 얘기하는 것을 즐겼다. 행인의 이야기도 귀 기울여 들을 줄 아는 군주였다. 평민이 먹는 거친 음식을 먹고 그가 좋아한 음식은 군인이 먹었던 보리죽이었다. 보드카는 식전에 마시는 음료였고 헝가리 와인을 선호했으며 커피를 마시는 문화를 만들었다. 제복을 입고 다니는 것을 좋아하고 자신이 직접 옷을 수선하기도 했다. 턱수염은 일찍이 깎았지만, 콧수염은 남겨두었다.

홍수가 나면 제일 먼저 배를 타고 사람을 구하고 추운 날씨에도 선원을 구하기 위해서라면 물에 뛰어들었다. 그는 차르로서 명령만 내리는 군주가 아닌, 한 명의 공무원으로서 국민의 첫 번째 공복이었다. 솔선수범형 지도자였다.

그는 변화무쌍했으며 동료들이 늘 곁에 있었지만 항상 외로웠다. 화려한 술판 뒤에 쓸쓸히 앉은 고독한 군주였다. 개혁을 재촉하는 그의 마음을 아는 사람은 소수였고 개혁에 반대하는 사람들은 곳곳에 있었다. 자신의 이복형제, 첫 부인, 왕위 계승 아들, 궁정 소총수, 사제, 귀족들 대부분이 개혁을 거부한 전통론자이거나 앙숙이었다.

왕자였지만 처음부터 권력도 자연스럽게 받은 것이 아니라 산전수전 끝에 쟁취했다. 개혁 역시 불굴의 의지와 명확한 비전으로 달성했다. 부정부패가 만연한 사회에서 개혁을 위해 늘 정직한 사람을 좋아했고 그들을 중용했다.

## 표트르의 일화

인물을 살펴볼 때 그가 동시대 사람들과 무슨 말을 했고 어떤 행동을 했는지 일화를 알면 그가 남긴 업적을 이해하는 것보다 더 자세하게 그를 알 수 있다. 아랫글은 표트르의 조수로서 선반 기계를 제작한 나르토프가 쓴 『표트르 대제에 관한 나르토프의 이야기』에서 발췌했다.[61]

표트르는 타고난 재능이 있는 골로빈을 매우 좋아했으며 조선 설계를 배우기 위해 그를 이탈리아로 보냈다. 그곳에서 그는 4년 동안 살다가 귀국했는데, 표트르는 그가 얼마나 공부하고 왔는지 궁금했다. 조선소의 작업장으로 오라고 하여 직접 그에게 물었다. 국비유학생이 돌아오면 그렇게 묻는 것이 표트르의 관행이었다. 하지만 조선 설계에 대해서 아무것도 모른다는 것을 알았다. 표트르가 마지막으로 물었다.

"적어도 이탈리아어는 배웠니."

"말하지 못합니다."

"그럼, 뭐 했니."

"가장 자비로운 군주여! 저는 담배를 피우고 와인을 마시고 베이스 연주를 즐기고 배웠습니다. 집 밖을 거의 떠나지 않았습니다."

표트르는 울화통이 터졌지만, 그가 솔직히 대답한 것에 만족하며 '베이스 왕자'라는 칭호를 주었다.

표트르는 그에게 그림을 그리도록 명령하고 그가 과학기술을 좋아하지 않고 베이스를 배웠기에 그의 기술 도구를 버렸다. 그런 다음 식탁에 앉아 악기에 둘러싸여 즐겁게 놀았다. 얼마 후, 골로빈이 그린 그림을 보고 마음에 든 표트르는 그의 솔직함을 높이 사 해군에 복무시켰다. 후에 그는 해군 최초의 승리 해전인 항코 해전과 페르시아 원정에도 참여하고 제독이 되어 조국에 헌신했다.

어느 날 표트르가 원로원으로 걸어가고 있을 때, 열다섯 살쯤 보이는 청년이 다가와 엎드리며 사형 선고를 받은 자신의 아버지를 용서해 줄 것을 호소했다.

"이 세상에서 가장 자비로운 군주여! 불행한 아버지에게 자비를 베푸소서, 아버지에 대한 사형 대신 저를 벌하소서."

표트르는 종이를 펼쳐보고 말했다.

"아버지는 죄인이야. 넌 죄인이 아니란다."

그렇게 말하고 더 걸어가고자 했지만, 젊은이는 땅에 얼굴을 대고 차르의 발을 잡고는 흐느끼며 말했다.

"아버지와 저를 용서해 주십시오. 죄는 하느님께서 심판하실 것입니다."

표트르는 감동하였다.

"누가 너를 가르쳤니."

무릎을 꿇은 청년은 말했다.

"누구도 가르치지 않았습니다. 아들의 사랑입니다. 아버지의 죽음과 함께, 자식의 죽음과 함께."

이에 표트르는 청년의 얼굴을 유심히 바라보았다. 정직한 청년으로 국가에 필요한 인재가 될 것으로 보였다. 그는 신하를 선택하는 통찰력을 지녔고 사람을 알아보는 재주가 남달랐다.

"설득력 있는 사례이다. 이런 아들이 있는 아버지는 행복한 사람이다."

표트르는 원로원에 들어가 아들의 효심을 되풀이하며 용서를 해 주는 것이 어떤지 문의했고 원로원은 불행한 사람에게 다시 생명을 주었다. 아들은 국가의 공복이 되었으며 그의 부지런함과 충성스러운 행동은 표트르의 선택이 옳았음을 증명했다. 아들은 후에 사령관이 되었다.

한번은 전쟁터에서 장교가 군사 법원에 넘겨져 재판받았는데, 적에게 저지른 경범죄로 교수형을 선고받았다. 사형수는 법정에 있는 표트르에게 절하며 이렇게 말했다.

"유죄이지만 자비로우신 하느님처럼 이 수치스러운 죽음에서 구해주십시오."

표트르는 서류를 검토한 후 대답했다.

"복무한 것을 참작하여 총살하는 것이 타당하다."

장교는 고개를 숙이며 말했다.

"저는 조국을 함께 지켰던 병사들에게 총을 맞느니 차라리 적에게 총을 맞고 싶습니다. 자비를 베푸소서, 군주여! 그동안의 충성을 기억하시고 이 상처를 보시고 용서하십시오. 죄책감을 느끼고 지내겠습니다. 반역이 아니라 실수였습니다."

그는 가슴을 열고 팔을 드러내어 궤양과 꿰맨 상처를 보여주었다.

표트르의 얼굴이 순간 바뀌었고 눈에는 눈물이 흘렀다. 자리에서 일어나 판사들에게 겸손하게 말했다.

"여러분, 지금 뭐라고 말씀하시겠습니까."

그들은 침묵했고 시간이 흐른 후 다음과 같이 결론을 내렸다.

"당신의 상처가 당신에게 생명을 줍니다. 우리는 용서합니다."

그는 얼마 지나지 않아 대담한 용기로 스웨덴군을 공격했으며 물리쳤다. 바로 그때 그는 머리에 큰 상처를 입었다. 죽기 전에 가쁜 숨을 쉬며 기쁘게 말했다.

"형제 여러분, 이제 저는 군주에게 졌던 죄를 갚고 편안하고 진실하게 죽어갑니다."


표트르는 네덜란드 잔담에서 자신과 함께 군함을 건조한 무스라는 능력 있는 항해사를 러시아로 데려왔다. 그를 선장으로 임명하고 표트르 자신은 해군의 제일 낮은 계급에서 시작하고 싶었다. 언젠가 표트르는 선상에서 무스에게 물었다.

"배에서는 어떤 계급부터 시작합니까."

무스는 대답했다.

"선원부터입니다."

표트르는 말했다.

"좋습니다. 그럼, 나는 지금 당신의 선원입니다."

무스는 농담이라고 생각하며 표트르에게 돛대에 올라가서 밧줄을 풀라고 말했다. 표트르는 바로 꼭대기까지 올라가서 능숙한 선원이 하는 것처럼 민첩하게 수행했다.

반면, 무스는 공포와 두려움에 떨며 차르를 바라보며 소리쳤다.

"충분합니다. 차르 표트르, 내려오시오."

그때 바다에는 표트르가 날아갈 만큼 강한 바람이 불었다. 다행히 표트르는 무사히 내려왔고 얼굴이 완전히 사색이 된 선장을 보고 물었다.

"무엇을 두려워합니까. 선장님, 두려워하지 마십시오. 짐승이 무서우면 숲에 가지 않는 것입니다."

무스는 혼미한 정신이 돌아왔고 감격했다. 표트르에게 담배를 피우고 음료를 부으라고 말했으며 선장의 단순한 지시를 따르도록 했다. 표트르는 즉각 모든 지시를 수행했다. 부하와 선원들에게 사령관이나 선장에 대한 복종과 의무를 다하는 모습을 보여주기 위함이었다.

어느 날 표트르는 핀란드만에서 함선을 타고 있는데 생명을 잃을 큰 위험에 처했다. 밤중에 맹렬한 폭풍이 일어나 함선 전체가 심각한 상황에 빠져 가라앉을 것 같았다.

표트르는 겁에 질린 병사들을 보고는 자신이 직접 배를 타고 해변가로 가서 불을 피워 육지가 가까이 있음을 알리려고 했다.

함선에 있던 신하들은 표트르의 용기에 오히려 겁을 먹고는 모두 그의 발 앞에 엎드러 죽을지도 모르는 계획을 취소하고 그들이 그 일을 하도록 지시하라고 요청했다. 하지만 표트르는 선원 두 명을 배에 태우고 직접 키를 잡았다. 격렬한 파도에 맞서 오랫동안 고군분투하면서 앞으로 나아갔다. 얼마 후 선원들은 힘이 빠져 익사 직전이었다. 절망 속에서 표트르는 일어서 그들에게 외쳤다.

"무엇을 두려워하나! 차르는 운이 좋은 사람이야! 위대한 하느님, 하느님께서 우리와 함께 계시지! 선원들아! 힘을 내!"

그의 외침은 그들에게 용기를 주었고 거센 파도를 헤치고 해안에 다다랐다. 해안이 멀지 않다는 것을 함선에 알리려고 불을 지폈다. 물에 흠뻑 젖은 차르는 선원들과 함께 불에 몸을 녹이며 물었다.

"배에 꿀과 크래커가 있어."

표트르는 선원이 들고 온 꿀을 불에 데워 마시고 크래커를 먹었다. 두 명의 선원에게도 꿀을 마시라고 건네고 자신은 잠이 들었다.

표트르는 자신이 무자비하다는 소문을 들었다. 이에 대해 이런 말을 했다.

"나는 그들이 나를 엄한 통치자이자 폭군으로 생각한다는 것을 압니다. 모든 상황을 알지 못하는 사람은 착각하고 있습니다. 하느님은 내 마음과 양심입니다. 내가 신하들을 위해 얼마나 마음을 쓰는지 조국에 대해 얼마나 좋은 일이 있기를 바라는지 하느님은 알고 계십니다.

엄격한 도덕률이 개인의 행위를 바꾼다는 준법성을 국가에 도입한 그 순간부터, 무지, 완고함과 교활함은 나를 항상 괴롭혔습니다. 내가 폭군이 아니라, 이들이 폭군입니다.

나는 정직하고 근면하며 순종적이며 합리적인 조국의 아들들을 찬양하고 도와줍니다. 하지만 순종하지 못하고 악의적인 것은 바로잡습니다.

나에 대해 중상모략하십시오. 하지만 내 양심은 깨끗합니다. 하느님은 나의 심판자이십니다. 저들의 중상모략은 일시적인 회오리바람처럼 세상에 퍼지는 잘못된 외침입니다."

표트르는 보로네시 지방으로 가는 길에 악천후를 만났다. 어느 시골 마을 귀족 집에 하루 정도 머물 요량으로 들렀는데, 홀아비였던 귀족은 도시에 일이 있어서 집에 없었다. 표트르는 호위병 없이 한 명의 농민과 두 명의 나이 든 농노와 함께 있었기에 차르가 아닌 단순히 장교로 생각할 수 있었다. 표트르가 집에 들어서자 열여덟 살 된 딸이 정중하게 물었다.

"나리는 누구신지요."

"나는 지나가는 장교입니다. 하룻밤을 보내려고 들렀습니다."

"이름은 무엇인지요."

"표트르입니다."

"많은 표트르가 있지요. 성은 무엇입니까."

"사랑스러운 미하일로프입니다."

"오! 당신이 배를 만들기 위해 보로네시로 가는 표트르 미하일로프라면, 차르로 알려진 사람이라면 얼마나 좋을까요."

"왜이지요."

"나는 그에게 자비를 구할 것입니다."

"어떤 자비인가요. 무엇에 대한 자비인지요."

"그는 저희 아버지에게 은혜를 베풀어 줄 것입니다. 아버지는 아료시 시에서 크게 다쳤고 대위로 전역했으나 중위의 급료만 받고 있습니다. 그에게는 스무 명이나 부양해야 할 사람이 있으나 아버지와 저만 겨우 입에 풀칠하고 있습니다. 콘스탄티노플에서 복무하는 오빠에게도 나누어 주어야 합니다."

"정말 유감이군요. 그래, 어떻게 하면 좋을까요. 차르는 아무것도 모르는데. 혹시 배운 것이 있나요."

"아버지는 저에게 읽기와 쓰기를 가르쳤고, 돌아가신 어머니는 바느질과 집안일을 가르쳤습니다."

"나쁘지 않군요. 한 번 읽고 써보세요."

그녀는 읽고 썼으며 바느질하는 것도 보여주고 자신이 수놓은 천도 보여주었다. 표트르가 말했다.

"좋군요. 아가씨, 내가 자비를 베풀 수 있는 표트르 미하일로프가 아니어서 유감입니다. 하느님께 기도하세요. 어쩌면 왕에게 보고될 수도 있습니다. 왕은 나를 잘 알며 가엾이 여깁니다."

소녀는 고개를 숙이고 그에게 음료 크바스, 빵, 버터, 계란, 햄을 가져오고 침상을 준비하는 등 정성을 다했다. 표트르는 일찍 일어나서 그녀에게 5루블을 주면서 말했다.

"아버지께 표트르 미하일로프 해군 장교가 잠시 들렀다고 말하세요. 이 5루블이 당신의 선한 행동과 아버지의 노고에 대한 대가로 500루블을 가져오기를 기원합니다."

표트르는 돌아오는 길에 다음과 같은 글과 사람을 보냈다.

"최근에 당신을 방문한 장교는 당신이 보고 묻고 싶었던 그 표트르 미하일로프입니다. 속담에 따르면, '하느님은 높고 차르는 멀리 있지만, 하느님에 대한 기도와 차르에 대한 봉사는 사라지지 않는다'라고 했습니다. 당신의 아버지를 위해 대위의 급여를 주라고 지시했으며 당신에게는 신랑을 만나게 될 거라는 약속과 함께 결혼 지참금으로 500루블을 보냅니다."

표트르가 제일 먼저 한 일은 지방의 총각 장교를 이 귀족 아가씨에게 보내는 것이었다.


표트르는 미신을 용납하지 않았고 하느님의 율법을 존중했으며 구약과 신약 읽기를 좋아했다. 성경에 대해 이렇게 말했다.

"성경은 모든 책보다 지혜롭습니다. 하느님과 그의 창조물을 알도록 가르치고 이웃에 대한 의무를 부여합니다. 어떤 것을 명확하게 이해하려면 위로부터 영감을 받아야 합니다. 천상의 것을 배우고 지상의 욕망을 거부해야 합니다."

표트르는 암스테르담에서 네덜란드어 성서를 인쇄하도록 명령했으며 각 장에 절반의 공간을 남겨두게 했다. 신성종무원의 감독하에 러시아어 번역이 들어갈 공간이었다.

표트르는 진정한 하느님의 숭배자였고 기독교 신앙의 수호자였다. 그는 자유사상가와 무신론자에 대해 말했다.

"하느님을 믿지 않는 사람은 광기가 있거나 선천적으로 우둔한 사람입니다."

표트르는 사람을 다룰 줄 아는 지혜와 통치술이 있었고 능력만 있으면 어떤 신분이라도 개의치 않고 인재로 채용했다. 그를 지지하고 함께한 동료가 있었는데, 그들을 '표트르 코만다(팀)' 또는 '표트르 둥지의 새끼 새(병아리)'라고 불렀다.

그들은 누구이고 어떻게 병아리들을 모았을까.

## 개혁 엘리트

표트르 개혁의 핵심은 인물이다. 인물부터 혁명 수준으로 개혁했다. 그들은 차르의 비전을 수행하는 하나의 팀이었다. 팀을 러시아어로 '코만다(Команда)'라고 부른다. 독일어(Kommando)에서 왔고, 표트르 시기인 1700년부터 사용된 말이다. 코만다는 오늘날까지 사용되는 러시아의 통치 스타일이다. '옐친 가족'과 '푸틴 코만다'이다.

표트르는 인물을 찾을 때, 출신이나 지위를 보지 않았다. 표트르 이전의 통치 엘리트는 왕실 친족, 봉직 귀족, 궁정 관료, 대주교청 사제, 궁정 소총수, 사령관, 지방 수장 등이었다. 이들은 권력은 좋아했지만, 개혁은 싫어했다. 그들은 권위를 내세우며 국가를 그럭저럭 운영했지, 개혁으로 자신을 굳이 위험에 노출할 이유가 없었다. 잘못하면 차르 대신 민중의 노여움을 누그러뜨리려 공개 처형당하기도 했으니 움츠릴 수밖에 없었다.

하지만 표트르 시대는 서구문화가 유입되는 시기였고 차르 표트르는 기존의 차르들과 달랐다. 물론 표트르의 아버지도, 이복형도,

이복누이 소피아도 서구 문물을 받아들이고 외국 장교를 초빙하는 등 일련의 개혁을 원했고 엘리트들과 함께 개혁을 시도해 보았지만 잘되지 않았다. 그것을 누구보다 잘 아는 사람이 표트르였다. 그가 국가를 위기에서 구하고 개혁해야겠다고 생각한 순간, 기존의 통치 엘리트 체제를 허물고 새로운 통치 체제를 만들어 그 핵심에 최고의 개혁 전문가를 찾아야만 했다.

얼핏 보면 전문가가 엘리트이고 능력자라고 생각할 수 있는데 이들과 개혁 전문가와는 기본 특성이 다르다. 전문적 식견으로 먹고사는 '밥벌이'가 아니라 위험을 무릅쓰고 불굴의 의지로 자기 몸을 국가에 헌신할 줄 아는 충신이 개혁 전문가이자 개혁 엘리트이다. 표트르는 기존의 전통주의자와도 선을 그었다. 그들이 자신의 개혁을 방해한다고 생각했다. 이것을 파괴해야 자신이 구상하는 국가를 세울 수 있다고 생각했다.

그러면 그는 어떻게 개혁 엘리트들을 모았을까. 쉽게 말해, 인재가 있으면 어디든지 달려가서 초빙했다. '싹쓸이' 전법이다. 세상의 온갖 사람들을 모았다. 궁정 청지기, 글씨 예쁜 사람, 노래를 잘하는 사람, 밧줄을 잘 타는 사람, 우직하고 정직한 사람, 싸움 잘하는 사람, 상인, 공인, 예술가, 철학자 등 자신의 국가를 위해 누구든지 실용적이면 국적, 인종, 종교와 신분 등에 상관이 없었다. 최고 인재를 해외에서 찾았고 고액의 연봉을 주어서라도 초빙했다. 정규 병사의 연봉보다 500배가 넘는 전문가를 초빙하기도 했다. 만일 병사의 연봉이 2천만 원이면 최고 인재의 연봉은 100억이라는 뜻이다. 오늘날 자본주의 사회에서도 쉽게 줄 수 없는 거액이었다. 러시아로 올 수 없는 사람이면 돈을 보내어 국가 발전 프로젝트를 요청했다.

앞의 글에서 쓴 독일촌에서 만난 외국인들인 르포르, 고든, 브루스 등이 개혁 엘리트였다. 그들이야말로 개혁 전문가였고 표트르에게 명확한 비전을 제시했다. 그들은 위험을 무릅쓰면서까지 그 비전을 차르와 함께 실현한 충신이었다.

시인 푸시킨은 표트르의 코만다를 '표트르 둥지의 새끼 새'로 불렀다.

그를 따라 무리가 질주한다.
표트르 둥지의 새끼 새들-
땅의 운명이 바뀌고 주권 보호와 전쟁의 고통에 있는
그의 동료들, 아들들.
- 푸시킨, 「폴타바(Полтава)」, 1828년

표트르의 둥지에는 오른팔 멘시코프, 왼팔 아프락신, 비서실장 마카로프, 충신 로모다놉스키 백작, 지상군 총사령관 셰레메테프와 셰인, 제국 최고의 훈장인 성 앤드류 훈장을 최초로 받은 골로빈, 표트르에게 황제 칭호를 요청한 수상 겸 외무부 장관 골롭킨, 최고의 외무차관 샤피로프와 오스터만, 정직과 충성의 표본 검찰 총장 야구진스키, 웅변가이자 사상가 프로코포비치 등이 있었다.

이 밖에도 골리친, 글루크, 데비예르, 돌고루키, 레프닌, 마그니츠키, 마트베예프, 무신-푸시킨, 부르, 부투를린, 비니우스, 비들루, 블류멘트로스트, 슈마허, 스트레시네프, 조토프, 쿠라킨, 톨스토이, 포소시코프, 힐코프 등이 있었다. 표트르의 코만다는 출신 성분이 다양했고 그가 의지할 수 있는 추진력 있는 전문가이자 동료였다. 평생 비바람을 맞으며 경력을 쌓은 강호의 인물이었다.

그들은 표트르와 동년배였거나 나이가 조금 많았다. 표트르 시기 파워 엘리트 스물세 명의 평균 출생 연도는 1664년생이었다.[62] 1672년생인 표트르가 개혁할 시기 20대 후반이었으니 개혁의 중추는 30대였다. 30대의 비전으로 강대국을 만든 것이다.

표트르 시기 통치 엘리트에는 외국인이 많았고, 그와 함께 야전에서 싸운 군사 엘리트가 다수였다. 어렸을 때부터 크렘린궁에서 자신을 도운 귀족과 능력을 인정받은 최하위층 출신도 있었다. 그들의 평균 사망 연도는 흥미롭게도 표트르와 비슷한 시기였다. 적재적소에 인재를 배치한 표트르의 용병술은 제국의 초석이 되었고 표트르는 야생에서 불굴의 의지로 살아남은 전문가를 등용했다.

개혁 엘리트들의 개인 자질, 능력, 표트르와의 관계 등은 그들이 활동했던 해당 분야에 기술했다. 이제 표트르가 가장 공(功)을 들인 외교 개혁과 군사 개혁, 군사·외교 전략을 살펴보자. 변방의 약소국 러시아가 강대국이 되는 비결이 숨어있다.

# 3

## 외교 개혁

"표트르 시기부터 전문 외교관이 확고히 자리 잡게 되었고
그들은 밤새워 일했다. 하루 12~13시간 근무했다.
외교관의 보고서 한 장은 제국의 미래를 설계했고
그들의 숨은 노력은 제국을 건설하는 중추가 되었으며
강국으로 가는 초석을 놓았다.
대사관과 영사관을 개설하여 서구와의 외교 네트워크를 완성했고
그것은 정보의 그물망이자 전쟁의 최전선이었다.
국가개혁의 실질적인 시작은 외교였다.
표트르 자신이 최고의 외교관이었다."

- 외교 개혁 중에서

## 외교 개혁 이전

 외교는 한 국가의 운명을 좌우한다. 인류가 존재했던 시기만큼 외교의 역사는 깊다. 타국을 아는 건 진정한 우리를 아는 시작이었고, 우리를 보호하기 위한 수단이었다. 수많은 외교관이 이름 없이 헌신하였기에 국가는 존속했고 존재하는 한 사라질 수 없는 보호망이 외교이다.
 표트르의 외교 개혁 이전, 모스크바 공국의 외교는 어떠했을까. 15세기 말 이반 3세(재위: 1462~1505) 시기 국가가 대외적으로 팽창하면서 외교는 국가의 중요한 과제였고 외교 업무가 확장되어 외교부인 '파솔스코예 젤로'를 만들었다. '사절단의 일'이라는 뜻으로 이 시기 사절을 주고받는 역할이 외교였다. 그전에는 대사 접견을 왕실 재무부가 담당했다. 당시 외교정책은 차르가 단독으로 처리하지 않았고 귀족 회의에서 결정했다. 전쟁과 포로 교환 등 주요한 문제가 발생하면 대사를 파견했는데 러시아에 거주하는 외국인을 보냈다. 외국어를 할 수 있는 그리스인과 이탈리아인이었다. 이들은 주로 무

역 상인들이었다.[63]

이들 중에는 비정상적 행동을 한 사람도 있었다. 이탈리아인 볼페는 대사직을, 돈을 모으는 방편으로 삼았다. 그는 모스크바 공국의 대사급 외교관으로 재임하면서 동시에 베네치아, 로마, 심지어 킵차크칸국의 대사로 근무했다. 모두를 속였다. 한번 파견될 때마다 한밑천 잡았다. 이런 폐단을 줄이기 위해 차츰 대사를 러시아인으로 교체하였다.[64]

1549년 2월 10일(新曆), 러시아 외교사에서 역사적인 날이다. 차르 이반 4세(재위: 1547~1584)가 외무부를 개편하여 '파솔스키 프리카스'의 수장을 임명했다. 오늘날 이날은 러시아 외교관의 날이다. 이 시기 외무부는 외교, 포로 교환, 우편 업무와 새로 획득한 영토인 남동부 지역을 담당했다. 직원은 약 15~17명이었고, 이들은 귀족의 자녀들로 보야르 두마(귀족 회의) 서기 출신이었다. 이들 외에 통역사와 낮은 직급의 공직자들도 있었다.[65]

표트르 이전, 1634년 최초로 러시아 대사관을 스웨덴에 개설했고 이어서 1673년 폴란드에도 설치했다. 차르와 귀족 회의에서 신임받은 왕자나 귀족이 대사로 파견되었고 지위가 낮은 사람은 대사가 될 수 없었다. 두마 서기 출신의 외교관들은 차르와 귀족 회의의 결정을 집행하는 역할만 수행했다.

## 사절단 파견

모스크바 공국에서 사절단을 파견할 경우, 국가와 목적에 따라 규모가 달랐다. 귀족과 하인을 포함하여 평균 20~30명이었고 많게는 300여 명이 넘었다. 250여 명이 넘으면 '대사절단'이라고 불렀다. 모스크바로 오는 외교사절단 규모도 이와 비슷했다. 외교관은 해외로 파견되기 전에 2년 치 연봉을 현금으로 받고 1년 치 연봉 인상분까지 받았다.

당시 러시아는 능숙한 외교관이 적었고 해외 파견 업무는 상당히 난해했다. 특히 귀족 출신 대사들은 외국어를 거의 몰랐고 국제관계에 능통하지도 않았다. 설상가상으로 동행한 통역사를 신뢰할 수도 없었다. 파견 전에 모스크바에서 세부 사항까지 지침을 주고 발생할 수 있는 모든 문제를 모스크바에서 통제했다. 모스크바는 대사가 외교협상에서 어떤 방법을 사용해야 하는지를 결정하고 비밀 지시도 수없이 내렸다. 실례로 중국과 「네르친스크 조약」을 맺을 때도 이미 사절단이 출발했는데도 차르는 여러 번 명령을 하달했다. 외교관들은 모스크바의 명령을 암기하고 협상 후 그 지시문을 파기했다. 상당히 폐쇄적이었고 자율성이 없었다.

해외에서 대사의 복장은 호화로운 러시아 전통 복장이었는데 키예프 공국 시기 비잔틴으로 사절단이 갈 때도 그러했다. 차르의 명예와 위상을 보여주어야 했기에 아무 옷을 입을 수 없었고 크렘린궁 창고에서 드레스를 빌려 갔다. 한번은 페르시아에서 자국에 온 외국 대사에게 정장을 주었는데 그것을 입은 러시아 대사는 귀국 후 엄중한 심문을 받았다. 그만큼 대사의 의복은 차르의 명예였다.

고대부터 러시아는 선물을 주고받는 것을 매우 중히 여겼다. 대사는 출발 전에 왕실 재무부에서 외국의 왕과 측근에게 줄 선물 목록을 받았다. 일반적으로 러시아는 유럽에 모피, 바다코끼리 상아와 맹금류를 주고, 유럽은 러시아에 금·은으로 된 쟁반과 그릇 등을 선물했다. 동양은 살아있는 동물을 좋아했는데 러시아는 곰, 흑담비, 사냥개와 맹금류를 보내고, 동양은 러시아에 고급 의복, 카펫, 실크, 보석, 말과 안장을 주었다. 오늘날까지 러시아는 상대국 지도자가 좋아할 만한 선물을 선택하는 풍습이 있다.

러시아 대사는 상대국의 군주를 알현하기 전에 고관대작을 만나거나 그를 방문하여 사전 협상하는 것을 엄격하게 금지했다. 유럽은 그렇지 않아서 이런 행동에 당혹해했다. 대사는 타국의 왕을 알현하기 전에 함부로 도시를 돌아다니거나 개인적 친분이 있는 사업가나 사람을 만날 수도 없었다. 동시에 다른 국가의 외교관이나 대사가 있는 자리에서 상대국의 군주를 알현하는 것을 거부했다. 심지어 같은 날, 군주를 접견하는 것도 꺼렸다.[66]

대사는 무릎을 꿇고 굴욕적인 태도를 보이는 것도 금지였으며 차르처럼 행동했다. 차르의 편지를 전달할 때 군주가 직접 자기 손으로 친서를 받는지 유심히 살펴보고 차르의 칭호를 언급할 때 상대국 군주가 항상 일어서는지 경계심을 갖고 지켜보았다.

대사는 더 많이 듣고 덜 묻도록 지시받았으며 비밀이 아닌 것만 말하고 예상치 못한 질문이 나오면 대답을 회피할 방법을 스스로 찾았다. 대사는 처음에 일기를 작성하여 기록을 남겼는데 점차 보고서 형식의 문서를 기록했다. 이 보고서는 동행한 서기가 기록했으며, 그는 대사의 외국 체류에 관한 상세한 이야기, 축하 행사, 협상 시 대화 내용, 군주와 측근들이 말한 내용을 적었다. 해당 국가의 정치와 군사력뿐만 아니라 무역 관계와 경제 상황을 기록하고 지리적 특징, 도시의 모습, 사람들의 생활 풍습 등도 자세히 썼다. 보고서는 국제정세에 대한 정보였고 중요한 가치를 가졌다.

귀국하면 대사는 차르 앞에서 보고서를 읽고 차르는 질문했다. 차르의 질문까지 자세히 적어 그 내용을 외무부 문서보관소에 보관했다. 서류는 지역별, 국가별로 보관했으며 수십 미터의 두루마리 문서도 있었다. 이 경우 두루마리 안쪽에 글씨를 쓰고 둘둘 감은 후 작은 리본으로 묶고 서기가 서명하여 함부로 열 수 없게 했다. 수도 이전 후 모스크바와 상트페테르부르크 두 곳에서 문서를 보관했고 오늘날에는 러시아 외무부 문서보관소에서 관리한다.

대사의 보고서는 주로 사절단의 행동 규범과 협상의 세부 사항이었다. 일반적으로 협상은 정치범 인도, 포로 교환, 무기 구매, 차관 체결, 동맹 체결, 곡물 수출과 대외무역 관련이었다. 특히 사절단은 파견국에서 러시아에 관한 부정적인 언급을 하거나 잘못된 기사가 발행되면 항의성 문서를 전달했다.

### 차르 알현

차르가 외국의 대사와 외교관을 접견할 때 엄격한 관료 절차가 있었다. 우선 외국의 대사가 러시아 국경에 도착하면 집행관이 마중했으며 대사의 신변을 보호하고 숙박과 목적지로 이동할 수 있는 마차 등을 제공했다. 모든 외국 사절단은 차르의 손님으로 여겨져 모스크바의 충분한 지원을 받았다. 집행관은 사절단의 목적과 원하는 바가 무엇인지 해당 국가의 내부 상황 등에 대해 공손히 질문하고 정보를 수집했다. 이 정보를 크렘린궁의 협상준비단에 보고했다. 보통 스웨덴과 북유럽의 사절단은 사전에 북쪽의 노브고로드 총독과 차르 알현에 대한 일정을 조율했고, 중국은 시베리아 총독, 폴란드는 키예프 총독과 우선 논의했으며 크렘린궁이 허가하면 사절단이 입국했다.

외국 대사는 모스크바로 함부로 올 수 없고 수도에서 3킬로미터 거리쯤에서 입성을 다시 기다렸다. 오늘날 크렘린궁을 기준으로 '사도바야' 원형 거리쯤이다. 날짜가 정해지면 새로운 집행관이 그들을 영접했으며 왕실에서 특별히 보낸 말과 마차를 타고 왔다.

모스크바 시내로 들어올 때는 품위를 유지한 채 지정된 장소로 이동했다. 군중은 외국 사절단의 행렬에 동원되어 모든 길에 서 있고 보병은 무기를 들고 있었다. 길거리 군데군데 포가 놓여 있었다. 이는 모두 모스크바 공국의 위대함과 강건함을 보여주기 위해서였다. 페르시아 사절단이 코끼리나 치타를 선물로 가져오면 거리는 구경하고자 하는 사람들로 북적였다.

　사절단이 머무는 곳은 오늘날 붉은 광장의 굼 백화점 뒤편인 기타이-고로드 지역이며 모스크바강 근처에 있었다. 사절단을 위한 특별 궁전이었고 평소에 비어 있었다. 그곳에는 많은 방이 있었으며 큰 건물과 뜰이 있었다. 사절단의 규모와 성격에 따라 음식과 숙박 등 서비스가 달랐다. 정보 유출을 피하고자 외국의 대사와 외교관은 일반인, 상인, 고위 관료와 접촉을 할 수 없고 나갈 수도 없었다. 당연히 러시아인도 함부로 들어갈 수 없었다. 몇 달간 체류하기도 했는데, 한때 폴란드 대사가 떠나겠다고 협박하자 음식을 줄이기도 했다. 이스탄불에서 온 대사가 비둘기 두 마리를 데리고 온 일도 있었는데 비밀정보를 보내는 메신저로 비둘기를 이용할 수 있기에 어떤 의도로 데리고 왔는지 묻는 등 예방조치를 철저하게 했다.

　드디어 차르와의 알현 날짜가 정해지면 대사는 왕실이 보낸 경비병의 호의를 받으며 말이나 마차를 타고 이동했다. 차르에게 보낼 선물도 마차에 실었다. 행렬은 차르의 권위를 보여주기 위해 엄숙하게 진행되었으며 붉은 광장을 지나 크렘린궁으로 들어가면 말에서 내려 융단이 펼쳐진 계단을 따라 접견실로 들어갔다. 대사가 통과하는 계단과 각 방에는 황금 의복을 입은 귀족과 서기들이 서 있었다.

　대사가 접견실 입구에 오면 왕실 시종이 큰 소리로 외쳤다. "머리를 숙여 조아립니다" 대사는 절을 한 다음 서서 말했다. "사절단을 잘 관리했습니다" 그 후 문이 열리고 접견실로 들어갔다. 차르가 가운데에 앉고 그 옆으로 귀족들이 원형으로 앉아 접견받았다. 대사는 차르의 맞은편에 앉았다. 접견실에는 의자만 있고 가구는 없었다. 차르는 대사에게 의례적인 질문을 하고 인사가 끝나면 대사는 차르에게 친서를 전달했다. 이때 차르는 대사에게 손을 허용했고 대사는 차르의 손을 잡을 때 힘을 주거나 흔들지 않고 조심스럽게 잡아야 했다. 대사는 자신의 목적을 말하고 가져온 선물을 공개했다.

접견이 끝나면 식사가 준비되어 있었다. 차르는 말했다. "빵을 드세요(Хлеба ести)" 리셉션은 보통 네다섯 시간가량 이어졌다. 오늘날 크렘린궁 그랜드궁전의 성 게오르기 홀이 리셉션 장소이다. 차르의 부득이한 일정으로 만찬이 생략되면 숙소로 음식을 보내주었다.

며칠 후, 두 번째 접견 시 차르는 대사에게 받은 친서를 잘 숙지했다고 말하며 외교 회신을 쓸 귀족으로 누가 임명되었는지 알려주었다. 협상이 최종 끝나면 차르의 작별 접견이 있었는데, 이는 차르가 귀족과 서기들이 자신을 대신하여 협상한 내용이 맞는지 최종적으로 확인하는 절차였다. 모든 게 끝나면, 차르는 외국 대사에게 모피코트를 선물로 주었다. 값비싼 모피는 대사들이 좋아하는 귀중품이었다. 해외 사절단의 외교 접견에 대한 모든 문서와 연설문은 외무부 문서보관소에 저장했다.

## 17세기 외무부

표트르 통치 이전, 외무부 조직은 통상 4~5개 조직으로 유지되었다. 부서 이름은 부서 수장의 이름이었다. 예를 들면, 알렉세예프 부서는 교황청, 신성로마 제국, 스페인, 프랑스, 영국, 외교 의례를 맡았다. 네피모노프 부서는 스웨덴, 폴란드, 튀르크, 크림칸국, 네덜란드, 함부르크, 그리스 등을 담당했다. 타라소프 부서는 덴마크, 브란덴부르크, 쿠를란드, 통역사, 번역가, 집행관, 글씨 전문가 등을, 세묘놉스키 부서는 페르시아, 아르메니아, 인도, 돈 코사크, 우편배달, 무역 관계 등을, 니키타 알렉세예프 부서는 중국, 부하라, 히바, 준가르, 조지아, 외교 비품과 시설을 맡았다.[67] 이렇게 부서 책임자에 따라 업무와 대외 지역이 정해졌다.

모스크바 공국의 영토가 확장되면서 새롭게 편입된 지역은 외무부가 담당했는데 외무부 산하 해당 지역 부서가 별도로 있었다. 예를 들면, 1637년 외무부 산하 스몰렌스크 부서는 스몰렌스크 지역과 폴란드와의 국경 문제를 담당했고, 1662년 '소 러시아' 부서는 우크라이나 문제를 담당했다. 시베리아 지역은 처음에는 카잔 부서가, 후에 시베리아 부서가 담당했다. 표트르의 아버지 알렉세이는 외무 수장의 지위를 높이고 귀족 회의에서 벗어나 독자적으로 외교정책을 추진했다. 표트르 이전부터 외교는 귀족에서 관료 엘리트로 전환되는 추세였다.

외무부의 핵심 인력인 1급서기는 총 다섯 명으로 이들의 연봉은 240루블이었으며 2급서기는 100루블가량 받았다. 외교관의 임금은 일반 공무원보다 높았으며 30여 명이 종사했고 번역가가 별도로 15명이 있었다. 이들은 번역 외에도 국가 서적을 편집하는 일도 맡았다.

통역사는 17~50명 정도로 최소 두 개 외국어에 능통했으며 대부분 네 개 언어를 동시에 알고 있었다. 가장 큰 비율을 차지한 언어가 라틴어, 타타르어, 튀르크어, 폴란드어, 독일어, 이탈리아어 등이었다. 대외관계가 확장되면서 스웨덴어, 네덜란드어, 영어, 그리스어, 아랍어, 페르시아어, 조지아어, 칼미크어, 돌궐어 등이 필요했다. 번역가는 해외에 파견되어 통역도 했기에 통역사보다 통상 급여가 세 배 정도 많았다.

특히 외무부 내에 글씨를 예쁘게 쓰거나, 그림을 그리는 '황금 글씨 전문가'가 5명 정도 재직했고 그들은 황실 편지와 국가 중요문서 등에 예쁜 글씨를 쓰거나 황금으로 디자인했다. 문양은 예쁘고 하려한 '모스크바 바로크'였다. 친선사절단과 외교 회의를 호위하거나 행정업무를 돕는 집행관으로 10여 명이 있었고 그들 역시 귀족 출신이었다.

## 표트르의 외교

표트르는 유럽 시찰 동안 첨예한 외교 현장을 목격했다. 러시아 역사에서는 표트르 시기부터 진정한 외교가 이루어졌다고 말해도 과언이 아니다. 러시아 연방 대외정보국이 편찬한 책을 보아도 대외 첩보활동은 실질적으로 표트르 시기부터였다. 외교와 첩보는 한 울타리였다. 앞에서 언급했듯이 예전에는 주로 사절단을 파견하거나 접수하는 수준이었으며, 종교적 교리에 충실한 대외정책이었다. 튀르크와 전쟁한 이유는 발칸반도와 우크라이나 일부 지역에 거주하는 슬라브인이 튀르크에게 종교적 탄압을 받고 있어, 그곳의 정교회 신자를 해방하기 위한 것이었다. 러시아는 전쟁하면 늘 '핍박받고 있는 정교회 신자'를 돕는다는 명분을 내세웠다.

당시 러시아의 외교 노선은 크게 네 개였다. 첫째, 옛 러시아의 영토였던 우크라이나와 벨라루스와 통합하고, 둘째, 리시아 남부를 안정화하기 위해 튀르크와 크림칸국과의 관계를 개선하면서 이들의 세력을 저지하고 대외교역을 늘리며, 셋째, 스웨덴의 발트해 진입을 막고 서구의 문물을 받아들이며, 넷째, 시베리아 정복을 추진하고 중국과 대외관계를 증진하는 것이었다.

표트르가 해결해야 할 당면과제로는 스웨덴과 튀르크의 동맹에 대한 대응책으로 앙숙이었던 폴란드와 우호 관계를 유지하고 스웨덴의 침입을 막기 위해 유럽 국가와 동맹을 맺는 것이었다.

표트르는 스웨덴과 전쟁하여 발트해로 진출하는 것보다 튀르크와 전쟁하여 흑해로 나가기가 더 쉽다고 생각하여, 흑해 진출의 관문인 아조프해에서 튀르크와 전쟁을 했다. 이후 튀르크에 대항하는 동맹국을 찾기 위해 유럽 시찰을 했지만 찾지 못했다. 오히려 스웨덴에 대항하는 유럽 국가들이 있다는 것을 알고 외교 전략을 바꾸었다. 흑해에서 발트해였다. 만일 표트르가 유럽을 시찰하지 않았다면, 그는 상트페테르부르크가 아닌 남부의 아조프해에 새로운 수도를 세우고 크림칸국을 굴복시키고 튀르크와 전쟁을 계속했을 것이다.

18세기 초 표트르의 외교 목표는 크게 세 가지였다. 발트해로 접근하여 유럽과 교류하고 그들과 대등한 패권국가로 부상하며, 국민이 유럽문화를 공유하여 진정한 유럽의 일원이 되는 것이었다. 바로 서구화 정책이었다. 이 목표를 이루기 위해 표트르는 합종연횡을 수없이 하고 외교 전략과 전술을 펼쳤다.

우선 그는 외교 역량을 높였다. 외교관 겸 첩보원을 파견하여 각국의 정보를 수집하고, 1699년부터 대외관계를 증진하기 위해 해외 공관을 적극적으로 개설했다. 통치 초기 2개였던 공관이 통치 말기에는 무려 20개나 되었다. 외무부 조직은 스웨덴을 모방하여 획기적으로 바꾸어 전문 외교관을 양성하고 파견했으며 외교 용어와 외교문서를 서구화했다. 무엇보다 능력 있는 외국인을 러시아 외교관으로 적극 등용하고 차르 자신이 유럽 시찰 당시 전통 의복을 입지 않고 서구풍의 옷을 입었듯이 외교에 새로운 기풍을 도입했다.

표트르 시기 대사들은 표트르만큼 바빴다. 스웨덴과 21년간의 북방전쟁에서 매번 외교 전략이 바뀌었는데 오늘의 적이 내일의 친구가 되기도 했으며 친구가 적이 되는 긴 여정이었다. 대사들은 목숨을 걸고 복무해야만 했고 그만큼 전쟁 시 외교는 치열했다.

표트르는 경험 많은 외교관 마트베예프를 네덜란드 대사로, 톨스토이를 튀르크로, 힐코프를 스웨덴으로 파견했다. 가장 중요한 지역이었다. 이어서 덴마크, 오스트리아, 프랑스, 영국, 브란덴부르크 등으로 외교관을 파견했다. 물론 현지 상황을 잘 아는 외국인을 러시아 대사로 임명하기도 했다. 대사들은 러시아의 국익을 위해 사심 없이 일할 수 있는 외교관들이었지만 어떤 장소에 파견되느냐에 따라 그들의 운명이 결정되기도 했다.

일례로 스웨덴으로 파견된 힐코프 대사는 러시아와 스웨덴 간의 북방전쟁이 시작되면서 가택연금되고 재산은 압류되었다. 후에 그는 요새에 갇혔으며 오랜 감옥 생활 끝에 결핵으로 죽었다.

튀르크 주재 러시아 대사는 엄청난 위험을 감수해야만 했다. 표트르 이전에도 이곳을 파견 가던 베기초프 대사는 크림칸국의 공격을 받아 죽었고, 함께 간 외교관들은 노예로 팔려 가거나 감금되어 생명의 위협을 받았다. 표트르 시기 튀르크로 간 톨스토이 역시, 튀르크가 러시아에 선전포고하면서 제일 먼저 희생되었는데 재산은 모두 약탈당했으며 투옥되었다.

외교관들은 표트르의 변화무쌍한 외교 전략을 적진에서 충실히 수행할 뿐 아니라 해당 국가의 정치와 사회환경을 러시아에 유리하게 만들었다. 단순히 외교 수행과 정보원의 수준을 넘었다. 전쟁 시 펼치는 적극 외교였다. 외교관은 해당 국가의 신문편집장과 평소에 친분을 쌓아 북방전쟁에 관한 언론 기사를 조율하고, 해당 국가의 유력인을 연회에 초대하여 자국에 대한 부정적인 인식을 상쇄시켰다.

실례로 헤이그에 파견된 **마트베예프**(Matveev, 1666~1728) 대사는 매주 자신이 주최하는 '신사와 숙녀' 연회에 지역의 유력인과 상공인을 초대하여 카드놀이를 하며 즐겼다. 러시아에 호의적인 반응을 보인 외국인은 전쟁이 발발했을 때 반(反)러시아 감정을 숨기고 오히려 러시아의 북방전쟁에 동조하거나 전쟁에 반대하는 세력에 대항하여 논쟁을 벌였다. 이것이 전쟁 시 러시아가 펼치는 간접전략이었다. 이 전략은 오늘날에도 러시아가 중시하는 전술로 연회를 개최한다든지 문화행사를 열어 자국의 호감도를 높인다.

마트베예프는 네덜란드 대사로 재직할 때 1701년 스웨덴 첩자들이 러시아의 북쪽 아르한겔스크 항구를 파괴할 목적으로 어부로 위장하여 침입한다는 정보를 입수하고 이 사실을 알려 침략자를 퇴치했다.

또한 1708년 9월 그는 폴타바 전투 당시 스웨덴의 카를 12세가 식량과 사료가 부족하여 모스크바로 직접 공격하지 못하고 우크라이나 남쪽으로 선회한다는 중요한 정보를 획득하여 표트르에게 긴급히 알렸다. 그는 스웨덴이 폴란드와 크림칸국과 동맹을 맺을 수 있고 모스크바에 반대하는 코사크 병사를 이용할 수 있다는 정보를 제공하여 표트르가 작전을 펼치는 데 결정적인 역할을 했다.[68]

마트베예프가 오스트리아 빈으로 파견되었을 때, 그는 빈 고관들의 뇌물풍습에 놀랐다. "여기서는 뇌물이 부끄러운 게 아닙니다. 오히려 뇌물이 없으면 이상하게 봅니다" 처음에 마트베예프 대사는 러시아와 오스트리아 간 동맹을 설득했지만 실패했다. 그가 황후에게 선물을 주고 난 후에야 서명받을 수 있었다. 당시 선물로 둔갑한 뇌물은 궁정과 외교가의 일상이었다.

표트르는 우크라인초프를 튀르크로 파견했다. 스웨덴과 북방전쟁을 개시하기 위해 스웨덴의 우군이었던 튀르크와 평화 협상을 하기 위해서였다. 만일 튀르크가 러시아를 공격하면 남쪽과 북쪽에서 동시에 협공받을 수 있기에 이는 매우 중요한 협상이었다. 특사는 무려 9개월간 마라톤협상을 수행했다. 총 스물세 번의 회담 끝에 평화 협상을 맺고 그 소식이 차르에게 전달된 다음 날 스웨덴과 전쟁을 개시했다.

콘스탄티노플 대사였던 **톨스토이**(Tolstoy, 1645~1729)는 전쟁 시 튀르크의 전략을 알기 위해 콘스탄티노플 총주교 도시테우스와 그의 조카를 귀중한 정보원으로 삼았다. 전쟁 시에는 정교회 사제를 최대한 활용했다. 톨스토이는 표트르에게 이런 편지를 보냈다.

"도시테우스와 그의 조카는 죽음에 대한 두려움을 잊고 위대한 차르를 위해 즐겁게 일하고 있습니다."

톨스토이는 특별히 비밀업무에 탁월했다. 그는 뇌물로 튀르크의 군사정보를 구하고 튀르크 고위 관료에게 직접적인 영향을 미쳤다. 1710년 표트르 시기 뇌물, 선물, 외국 외교관 비자금 등 '특별지출' 비용이 148,000루블이었다. 당시 정규 병사 1년 연봉이 11루블이었으니 엄청난 비용이었다. 표트르의 딸 엘리자베타(재위: 1741~1762)가 차르가 되었을 때는 무려 360,000루블이었다.[69]

톨스토이는 튀르크가 러시아와의 전쟁을 개시하지 않도록 뇌물을 곳곳에 주었다. 튀르크 술탄이 소집한 국무회의 선거에서 톨스토이가 암암리에 지원한 평화당이 승리했다. 이 결과 튀르크는 러시아에 선전포고하지 않았다. 톨스토이는 비공식 정보원이 많았다. 평소에 여러 사람을 사귀어 다양한 정보를 얻었다. 대사는 이들에게서 얻은 정보를 분석하여 주기적으로 모스크바로 보냈다.

표트르는 그에게 술탄과 측근의 특성은 무엇인지, 술탄이 직접 통치하는지, 전쟁을 좋아하는지, 평화에 관심이 많은지 등에 대한 중요 정보를 획득하도록 지시했다.

톨스토이의 이러한 노력에도 튀르크와 전쟁이 발발하자, 그는 포로가 되어 외부와 차단되었다. 하지만 그는 표트르에게 충성을 맹세한 몰도바의 대사를 이용하여 비밀리에 정보를 전달했다. 후에 튀르크와 평화 조약을 체결할 때, 협상 조건 중 하나가 톨스토이의 석방이었다. 뇌물과 선물로 양국 관계를 조율한 최고의 대사였다.

**힐코프**(Khilkov, 1676~1716) 대사는 이탈리아 유학을 마치고 귀국하자마자 표트르의 특명을 받고 스웨덴 대사로 파견되었다. 특명은 러시아가 스웨덴과 평화를 원하고 양국 간의 친선이 돈독함을 보여주는 것이었다. 그가 스톡홀름에 도착할 시기 카를 12세 국왕은 덴마크와의 평화 조약을 위해 출발하고 없었다. 궁정 관료가 그에게 두 가지 선택지를 주었다. 하나는 국왕이 없지만 우선 대사 업무를 시작하는 것이고, 다른 하나는 국왕을 쫓아가서 그에게 친서를 전달하는 것이었다.

힐코프는 무려 약 570킬로미터를 쫓아가서 국왕을 해안에서 만나 표트르의 친서를 전달했다. 이에 국왕과 고위 관료들은 그에 대한 호감을 느껴 러시아가 스웨덴과 전쟁할 의도가 없다고 한동안 확신했다.

힐코프가 두 번째로 카를 12세를 알현한 날은 그가 국왕에게 신임장을 제출하는 날이었다. 드디어 공식 대사가 되었다. 하필이면 그날 표트르는 스웨덴에 전쟁을 선포했다. 전쟁 발발과 함께 힐코프 대사와 러시아 외교관을 포함하여 스톡홀름에 있던 러시아의 주요 인물과 노동자까지 총 111명이 체포되고 재산은 압수되었다.

힐코프는 가택연금 상황에서 스웨덴의 비밀정보를 입수하여 모스크바에 암호로 서신을 보냈다. 종이에 비밀 잉크로 글을 쓴 후 불에 가열하면 내용이 보이는 방법이었다. 레몬즙이나 식초를 사용하여 글을 쓰면 이렇게 된다.

폴타바 전투 승리는 러시아에는 영광이었지만 개인 힐코프에게는 최악이었다. 감옥에 구금되어 더 힘든 생활을 했다. 대규모 포로 교환이 이루어졌을 때, 그는 골로빈, 트루베츠코이 장군과 함께 감옥에 남게 된다. 하급 장교에게 순번을 우선 주기 위해서였다. 그들의 고귀한 행동은 젊은 러시아 포로들에게 감동을 주었다.

힐코프는 스웨덴의 외교, 무역, 사법, 군사, 재정 등 중요한 사항을 계속 암호로 보내고, 감옥에서 『러시아 역사의 핵심』이라는 책을 집필했다. 3년 후, 마지막 포로 교환이 있기 6개월 전에 폐결핵으로 감옥에서 사망했다. 그의 활동을 기리며 작가 노비코프(Novikov, 1744~1818)는 그에게 시를 바쳤다.

"빛나는 아버지의 가장 찬란한 열매, 힐코프,
우리에게 예언하는 훌륭한 왕자!
당신은 우리 국민의 영광스러운 얼굴입니다.
러시아의 영웅들을 어둠에서 구출했고,
그들의 영광을 멀리 외국 하늘까지 뻗쳤습니다.
온 세상과 자연이 그들의 업적에 대해 알게 하고,
훗날에도 알게 하소서.
러시아는 어디에서든 존경받을 것입니다.
새로운 꽃은 아테네와 로마보다 더 붉게 피어납니다.
영웅들을 영화롭게 하여 당신은 영광을 받았습니다.

당신의 영광이 여기에서 천둥을 칠 것입니다.
러시아의 국권이 서 있는 한!"[70]

표트르의 동서(同壻)였던 **쿠라킨**(Kurakin, 1672~1727) 대사는 차르의 지시로 런던, 빈, 프라하, 함부르크, 하노버, 암스테르담 등을 쉴 새 없이 방문했다. 외국의 병사들이 스웨덴 군대로 지원하지 못하게 막는 것이었다. 또한, 헤이그에서는 네덜란드가 스웨덴을 지원하는 것보다 러시아와 무역을 확대하는 것이 더 이익이라고 설득했다.

그는 표트르의 특명을 받고 프랑스로 갔다. 루이 15세와 표트르의 딸 엘리자베타 공주의 혼인을 성사시키는 임무였다. 영국에 대항하여 러시아와 프랑스의 관계를 강화하려는 정략결혼이었다. 이 모두 전쟁 시 펼친 표트르의 외교 전술이었다.

이렇게 표트르 시기부터 전문 외교관이 확고히 자리 잡게 되었고 그들은 밤새워 일했다. 하루 12~13시간 근무했다. 외교관의 보고서 한 장은 제국의 미래를 설계했고 그들의 숨은 노력은 제국을 건설하는 중추가 되었으며 강국으로 가는 초석을 놓았다. 대사관과 영사관의 개설은 서구와의 외교 네트워크를 완성했고 그것은 정보의 그물망이자 전쟁의 최전선이었다. 국가개혁의 실질적인 시작은 외교였다. 표트르 자신이 최고의 외교관이었다.

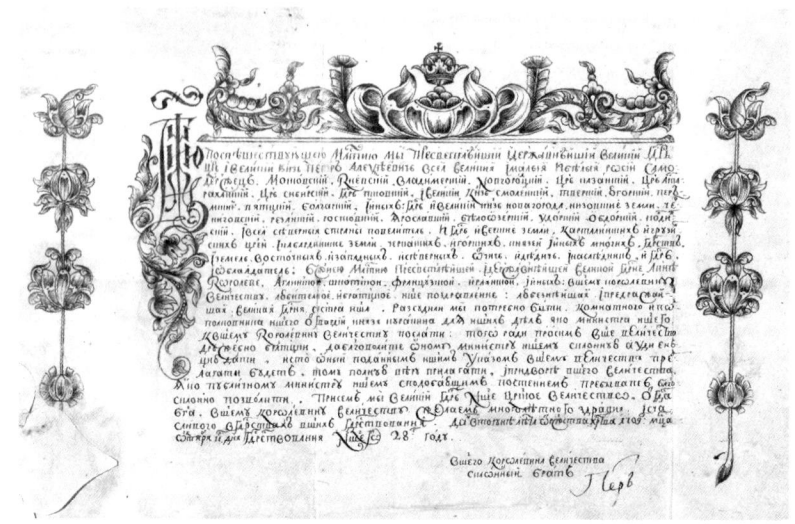

**표트르 대제의 칙서** 1709년 10월 11일 표트르 대제가 영국 앤 여왕에게 보낸 칙서로 영국 주재 러시아 특명전권대사로 쿠라킨을 임명한다는 내용

## 외무부

표트르 시기 실질적인 대외부서는 '외무현장사무소'였다. 전시 상황에서 차르와 동행하며 대외정책을 결정하는 부서였다. 표트르가 이곳에서 중요한 지시를 내리면 외무부와 해외 대사관은 그것을 수행했다. 이 부서는 아조프해 원정 시기부터 있었는데, 처음에는 전문 외교관 10여 명이 근무했지만, 그 영향력은 점차 확대되고 인원도 늘었다. 해외 지역별로 다섯 개 부서로 구성했다. 이는 상트페테르부르크로 수도를 이전하기 전부터 설치되어 있었다. 모스크바에 있던 기존의 외무부는 주로 행정과 재정업무를 담당했다.

1720년 2월 13일, 표트르는 외교의 효율성을 높이기 위해 스웨덴을 모델로 외무부(파솔스키 프리카스)를 '외무콜레기야'로 개편했다. 기존의 외무현장사무소와 외무부를 통합했다. 당시 표트르가 서명한 설립 문서를 보면 국무장관 겸 외무부 장관은 골롭킨이었고 차관은 샤피로프였으며 국무장관의 정책 참모는 오스터만이었다. 장관, 차관, 위원 4명, 8등 관료 4명, 비서국, 등록관, 통역관 등이 있었다.

대외정책 결정은 장관이 단독으로 할 수 없었고 위원들 참여하에 다수결로 표결했다. 국서, 칙서, 조약서, 협정서, 결의서, 포고문 등 중요문서를 쓸 때는 황제가 직접 참여하거나 정책 참모가 동석했다. 대외문제에 대한 투표는 구두가 아닌 서면으로 이뤄졌다.[71] 위원들이 결정을 신중하게 하고 책임을 명확하게 하기 위해서였다.

외무부는 정부 부서 중 서열이 가장 높았다. 외무장관은 국무장관을 겸직했다. 외무부는 군사부와 해군부와 함께 중요 부서였다. 이 부서들은 원로원을 거치지 않고 표트르가 직접 관리했고, 이 전통은 오늘날까지 이어져서 현재 러시아 대통령 직속부서로 있다. 물론 표트르는 최종 결정자였지만 결정하기 전에 최대한 외무 수장과 원로원의 의견을 참작했고 일반적인 문제들은 각 부서에 일임했다.

외무부는 크게 두 개 부서가 있었다. 제1부서는 다섯 개국으로 동맹국, 적국, 중립국과 기타 국으로 나뉘었고 외교 기술 지원·번역·인력 담당국이 있었다. 제2부서는 일반행정국, 재무국, 경제국이 있었으며, 우편 업무, 칼미크, 코사크, 소 러시아, 시베리아 등 지역 업무를 담당했다. 외무부는 외무 업무 외에 외국인 전문가 초빙, 국내 외국인 관리, 국외 전문가 파견, 여권 발급, 시민권 업무 등을 담당했다.

표트르 재임 초기 외무공무원은 90여 명이었다. 외교·행정 업무 35명, 통·번역 45명 등이었다. 1709년 폴타바 전투 승리 후 외국과의 교섭이 활발해지면서 업무가 늘었으며 통치 말기에는 본국에 142명, 외국에 78명이 재직했고 인력은 늘 부족했다. 전체 외무공무원 중 약 30퍼센트가 외국인이었고 독일인, 프랑스인, 폴란드인, 튀르크인, 조지아인 등이었다.[72] 표트르는 능력이 있으면 외국인도 과감하게 채용했다. 외국인은 18세기 말까지 러시아 외무부에서 근무했다. 19세기 초 나폴레옹과의 전쟁 후 민족주의가 등장하면서 내국인으로 교체되었다.

1701년 7월, 표트르는 모스크바에 외국어학교를 개설하여 외무공무원을 양성했다. 독일 출신 슈마허가 총장을 맡았으며 초기에는 귀족 자녀들에게 스웨덴어, 라틴어, 독일어, 네덜란드어, 프랑스어를 가르쳤다. 성적이 우수한 학생은 외무부에서 소정의 장학금을 받았다. 이후 이 학교는 '김나지움(Gymnasium)'으로 바뀌어 다양한 출신의 학생이 공부했다.

표트르는 독일과 오스트리아의 외무공무원 채용 모델을 차용하여 시험을 엄격하게 치렀고 자신이 직접 시험에 참여하기도 했다. 합격 후 일정 기간 실습을 거친 후에 채용했다. 준비된 전문 외교관과 정직한 공무원을 양성했다.[73] 외교관은 외국어를 자유자재로 구사했고 채용되면 제일 먼저 번역일을 하고 이후 통역을 했다. 재능 있는 외교관은 외국으로 유학을 갈 수 있었고 능력이 뛰어나면 비밀업무를 다루었다. 연봉과 연금을 받았는데 당시 기준으로 상당히 파격적이었다. 오늘날까지 초임 외교관은 외무 실습 기간을 거쳐야 한다.

1722년 1월 11일, 표트르는 「관등표」를 발표했다. 모든 공무원과 군인은 이 관등표에 따라 자신의 직위가 결정되었다. 관등표는 14등급이었으며 외무부 기준 1급은 국무장관 겸 외무장관이었다. 차르 아래 제국 최고의 국가 직위였다. 2급은 차관이었으며 13급은 외무부 관할 지방업무를 보는 지방 서기였으며 14급은 기록관이었다. 14급부터 업무를 시작했으며 능력에 따라 승진했다. 8급 관료인 '아세소르' 이상은 신분이 귀족으로 바뀌었다. 귀족 자녀라도 시험에 합격하면 8급부터 업무를 보지 않고 14급부터 시작했다. 관등표는 볼셰비키 혁명 전까지 있었다. 오늘날 러시아 외무부는 11등급으로 나누어져 있고 역시 11급부터 시작하며 1급은 장관, 2급은 차관, 4급은 1등 참사관 '소베트니크'이고, 6급이 1등 서기관인 1비서이다.

## ⚜ 외교 엘리트

### 골리친

표트르 시기 외무부 장관은 총 6명이었다. 그가 공동 차르로 있을 때 이복누이 소피아와 가장 친한 골리친(Golitsyn, 1643~1714)이 외교정책을 담당했다. 프랑스 특사 뇨빌은 그에 대한 인상을 이렇게 적었다.

"나는 이탈리아 궁정에 있는 듯했습니다. 우리는 당시 유럽에서 중요하게 다루던 주제를 라틴어로 이야기했습니다. 골리친은 다른 나라의 왕들이 프랑스에 대항하여 일으킨 전쟁과 영국의 명예혁명에 대해 나의 견해를 듣고 싶어 했습니다. 그는 여러 종류의 보드카와 와인을 나에게 제공하라고 지시하면서 동시에 그것을 많이 마시지 말라고 충고했습니다. 그는 가난한 사람과 문맹인을 사막으로 이주시켜 그들을 풍요롭게 하고 겁쟁이를 용감하게 하며 목자의 오두막집을 대리석으로 바꾸고 싶어 했습니다. 골리친의 저택은 유럽에서 웅장한 그것 중 하나였습니다.[74]

골리친은 어려서부터 라틴어, 그리스어, 폴란드어와 독일어를 배우고 유창하게 구사했다. 소피아 섭정기에 최고의 권력 엘리트였다. 폴란드와 「영원한 평화 조약」을 성공적으로 체결한 외교관이자 개혁가였다. 처음으로 외국인을 자택으로 초대하여 비공식 회의를 도입했으며, 외국의 정보를 수집한 요약본을 만들어 차르와 귀족에게 정기적으로 보고하기도 했다. 그는 귀족의 자녀들이 교육받아야 하고 해외 유학을 보내야 한다고 촉구했으며, 서구 양식의 석조 건축을 세우도록 했다. 더욱이 농민을 농노에서 해방해야 하며 파산자에 관한 법률을 완화하고, 남편을 죽인 아내에 대한 야만적인 처형을 폐지해야 한다고 주장했다. 당시 그런 죄는 산 채로 묻었다. 그는 종교적 관용을 주장하는 등 보기 드문 사회 혁신가였다.

하지만 소피아의 권력 실정(失政)으로 그의 재산과 직위는 박탈당하고 북쪽 아르한겔스크로 추방되었으며 그곳에서 사망했다. 개혁 군주 표트르는 사회 혁신가였던 그를 끝까지 정부로 부르지는 않았지만, 그가 주장한 서구화 정책은 적극적으로 실행했다.

**골로빈**

표트르는 유럽 시찰 후 외무장관으로 골로빈 백작과 골롭킨을 중용했다. 장관은 믿을 수 있는 동료에게 맡기고 차관은 협상에 능통한 최고의 인재를 발탁했다.

골로빈(Golovin, 1650~1706)은 귀족 출신으로 궁정 시종이었다. 표트르 아버지가 임종 시에 어린 표트르를 지켜 달라고 요청한 사람으로, 궁정 반란을 미리 파악하고 급히 표트르를 세르기예프 수도원으로 피신시켰다. 1689년 러시아 극동 아무르로 파견되어 중국과 「네르친스크 조약」을 맺었으며 2차 아조프 전투부터 표트르와 함께 싸운 전사였다. 러시아 최초로 야전 원수로 러시아 해군 창설에 중요한 역할을 했으며 초대 해군부 장관을 역임했다. 표트르의 유럽 시찰 당시 대사절단의 부단장이었고 후에 외무부 장관이 되어 해외에 러시아 공관을 적극적으로 개설하고 조폐국과 교통 등 행정기관의 수장을 역임했다.

골로빈은 최초의 고등 수학기관인 수학·항해학교 설립을 위해 노력했다. 표트르는 자신보다 나이가 무려 스물두 살이 많은 그를 언제나 친구라고 부르며 그의 충성을 높이 평가했다. 표트르가 만든 제국 최고의 훈장이었던 성 앤드루 훈장을 최초로 받은 사람이었다. 표트르 시기 이 훈장을 받은 사람은 표트르 자신을 포함하여 총 41명이었으며 대부분 표트르의 최측근 동료였다. 오늘날 이 훈장은 부활하여 옐친 대통령도 받았다. 러시아에서 가장 성스러운 최고의 훈장이다.

## 골롭킨

골롭킨(Golovkin, 1660~1734)은 표트르의 외가 친척으로 귀족이 되었고 크렘린궁의 시종으로 표트르의 침대를 관리하는 직책을 맡았다. 궁정 반란 시 표트르를 세르기예프 수도원으로 데려간 동료였다. 그는 왕실의 회계장부, 문서, 귀금속 등을 관리했고 후에 외무장관이 되었다. 그는 「뉴스타드 평화 조약」에 서명한 후 외무장관이자 수상으로서 원로원의 이름으로 표트르에게 '조국의 아버지, 표트르 대제, 모든 러시아 황제 (Отца Отечества, Петра Великого, Императора Всероссийского)' 칭호를 수락해 달라고 요청했다.

한때 표트르가 그에게 국가 조달 계약이 불법임을 조사하라고 지시했는데 당시 가격을 부풀려 계약하는 경우가 많고 부당이익을 획득한 대신들이 있었기 때문이다. 골롭킨은 그 혐의에 표트르 동료들과 자신의 이름을 올렸다.

표트르 사후 수상으로 계속 재임했고 새로 만들어진 정책 결정기관이었던 추밀원의 위원이었다. 표트르의 아내였던 예카테리나 여제가 유언장을 그에게 맡길 정도로 신뢰가 높았으며 표트르의 조카가 여제일 때도 국가의 중책을 맡았다.

## 샤피로프

표트르 시기 전설의 차관이 두 명이 있었다. 폴란드인 샤피로프와 독일인 오스터만이었다. 최정예였다. 표트르는 어느 날 모스크바의 한 가게에서 재치 있는 점원과 얘기를 나누었다.

"어떻게 외국어를 잘하지."

키가 작은 점원은 독일어, 네덜란드어, 폴란드어, 프랑스어, 라틴어를 구사했다.

"누가 가르쳤지."

"아버지입니다."

"난, 네가 필요해. 내일부터 '외무부(파솔스키 프리카스)'에서 일해."

제국 최고의 외교관이 탄생하는 순간이었다. 그의 이름은 샤피로프(Shfirov, 1669~1773)였다. 폴란드계 유대인 마부 집안에서 태어났으며, 그의 부친은 외국어를 잘해서 귀족의 통역관으로 일했다. 샤피로프는 외무부에서 유럽 법조문을 분석하고 근면 성실했다. 외무장관이었던 골로빈은 그의 재능을 단번에 알아보았고, 그는 표트르의 대사절단에 들어가서 경험을 쌓았다. 이후 외무차관이 되어 폴타바 전투에 기여한 공로로 남작이 되었다. 1711년 프루트 전투에서는 협상 대표였다. 당시 표트르는 왕후와 함께 포위되었는데 절체절명의 순간 표트르는 원로원에 편지를 보냈다.

"내가 체포되면 나의 명령에 따르지 말고 만일 내가 죽을 경우 나의 후계자 중에서 가장 합당한 사람을 선택하시오."

표트르는 지금까지 얻었던 모든 영토를 튀르크에게 줄 생각이었다. 굴욕적인 협상이었다. 이 어려운 협상을 샤피로프가 맡았다. 그는 인간의 미묘한 감정을 누구보다 잘 감지했을 뿐만 아니라 특히 뇌물을 누구에게 얼마를 주어야 협상이 성사되는지 알았다. 그는 상인 출신 외교관으로 협상에 능통했다. 술탄의 대신들과 적군에게 거금의 뇌물을 주었다. 더욱이 유럽의 외교관에게도 선물을 주었다. 그들은 술탄의 신하에게 직접적인 영향을 미쳤기 때문이다.

평화 협상의 대가로 표트르와 왕후는 풀려났고 러시아 남부의 아조프와 타간로그 요새만 튀르크에게 반환했다. 자신과 야전사령관 셰레메테프 백작의 아들은 협상 조건에 따라 인질이 되었다. 대단한 성공이었다. 외교는 가능성의 예술이라는 것을 몸소 보여주었다.

샤피로프는 책을 출간했다. 『표트르 1세 폐하가 스웨덴의 카를 12세와 전쟁을 시작한 법적 이유에 대한 담론』이었다. 러시아 최초의 국제법 책이었다. 독일어와 영어로 출간했는데 유럽에서까지 인기가 워낙 좋아 명성을 얻고 부를 손에 넣었다. 1721년 북방전쟁의 최종 승리 협약서인 「뉘스타드(Nystad) 평화 조약」도 그의 손을 거쳤다.

그는 제국의 모든 외교문서에 자신의 영혼을 담았다. 하지만 뇌물죄로 단두대에 목을 내밀었고 처형 직전, 표트르가 목숨만은 살려주어 모든 직위와 재산은 박탈된 채 시베리아로 추방되었다.

## 오스터만

표트르 시기 최고의 외교 엘리트 중 한 명인 오스터만(Ostermann,

1686~1747)은 어떤 사람일까.

 네덜란드의 암스테르담에서 러시아 해군에 입대한 독일 청년이 있었다. 당시에 러시아는 용병을 공개 모집했다. 그는 루터교 목사의 아들로서 예나대학을 다녔다. 이 대학은 독일의 문호 실러가 졸업한 대학으로 헤겔이 교수로 있었고 마르크스가 박사학위를 받은 대학이다. 그는 어느 날 술 한잔을 마시고 친구와 결투하다가 얼떨결에 죽이고 도망자가 되었다.

 이 도망자가 전설의 외교관 오스터만이었다. 그는 독일어 외에도 프랑스어, 네덜란드어, 이탈리아어, 라틴어 등을 자유자재로 구사했다. 러시아 해군에 입대하였고 그의 능력을 알아본 해군 제독이 외무부 근무를 추천했다. 그는 번역 일을 했고 4년 만에 러시아어를 러시아인보다 더 잘했다. 외국어에 탁월한 재능이 있었다. 이후 표트르의 전담 통역관이 되었다. 표트르는 그가 살인자인 것에 개의치 않았다.

 오스터만은 신속하고 정확하게 판단하는 능력이 출중했고 적극적인 활동가였다. 평일과 휴일도 없이 열정적으로 일했다. 표트르가 찾던 스타일이었다. 1711년 러시아가 수세에 몰렸던 프루트 전투에서 샤피로프와 함께 튀르크와의 협상에 참여했다. 표트르를 구출하는 데 큰 역할을 했다. 그는 협상의 본질을 보았다.

 그는 하나의 질문에 '예스'와 '노'를 대답하지 않고 무려 서너 시간을 이야기할 수 있는 협상가였다. 대화 속에서 상대방의 의도를 파악하고 대화가 끝날 무렵 적의 모든 걸 간파하여 러시아의 이익이 무엇인지 명확하게 알았다.

그는 1717년부터 북방전쟁의 대미를 장식한 「뉘스타드 평화 조약」의 실무협상가였다. 협상팀을 진두지휘하여 표트르의 전략을 정확하게 실천했다. 무려 4년의 긴 협상이었다. 당시 영국은 러시아의 부상을 두려워하여 스웨덴을 지원해서라도 북방전쟁을 계속하길 원했다. 이런 국제 상황을 타개한 그는 1721년 스웨덴과 평화 조약을 체결했고 페르시아와도 평화 협상을 맺었다.

표트르 사후 1726년, 오스터만은 최고의 외교 작품 중 하나인 튀르크와 프랑스에 대항하는 '러시아·오스트리아 동맹'을 이끌었다. 이것은 오랫동안 러시아 외교의 방향을 결정한 「외교 독트린」이었다.

그는 정직했고 일절 뇌물을 받지 않았다. 당시 외교관 중에는 외국에서 '연금'을 받는 경우가 일반적이었다. 바로 외국에서 주는 뇌물이었다. 모든 국가가 그에게 뇌물을 주고자 노력했지만 통하지 않았다. 심지어 조약 체결 후 전달하는 조그마한 선물도 거절했다. 당시에는 조약이 체결되면 선물을 주고받는 것이 관례였다. 청렴을 우선순위에 놓은 외교관이었다.

표트르는 죽기 직전 그에게 외교 훈령을 만들도록 지시했고, 그는 「외무부의 구성과 정의에 관하여」라는 최고의 제안서를 작성했다. 그는 그 제안서에 외무공무원은 똑똑해야 하며 교육을 받은 사람으로 밤낮으로 일을 할 수 있는 사람이어야 하고, 일 처리를 깔끔하게 하고 정직해야 하며 생계를 충분히 영위할 수 있도록 해야 한다고 썼다. 특히 열정적으로 일할 수 있는 동기를 부여하기 위해 보상을 충분히 하여 가족을 부양할 수 있게 하며 불법적 이익을 탐내지 않고 충분히 만족할 만큼 일반 공무원보다 많은 봉급을 주어야 한다고 적었다.[75] 외교관이 돈이 없거나 정직하지 않으면 쉽게 뇌물을 받을 수 있고, 결국 국익보다 사익을 우선시하여 국력이 저해된다고 보았다.

그는 표트르 개혁의 핵심 중 하나인 「관등표」를 만들었으며, 러시아 최초로 정기적인 우편 체계를 도입했다. 후에 해군부 장관이 되어 함선과 상선을 건조하여 국익을 증진했다. 그에게 러시아는 조국이었고, 러시아 제국은 한 독일 청년의 재능에 많은 빚을 졌다.

표트르 사후 황제가 여러 번 바뀌었다. 그는 표트르의 딸인 엘리자베타 지지자들의 궁정 쿠데타를 사전에 간파하여 당시 어린 이반 6세를 대신하여 섭정하고 있던 황제의 모친 안나 레오폴리도브나에게 알렸지만 결국 무시되었다. 쿠데타 이후 엘리자베타가 여제가 되면서 사형을 선고받았다.

한겨울 사형장에 들어선 백발의 오스터만은 지시에 따라 모자를 벗었다. 수백 명의 경비병이 사형수를 에워쌌다. 그는 사형 선고문을 침착하게 들었다. 다섯 개의 죄명이었는데 이 중에는 그가 엘리자베타 공주와 외국 왕자와의 혼인을 주장한 것도 포함되었다.

그는 단상에 무릎을 꿇고 단두대에 머리를 얹었다. 사형집행자가 도끼를 들어 찍었다. 하지만 도끼가 찍은 곳은 단두대 옆이었다. 어제가 그를 용서한 것이다. 그는 시베리아로 유형을 가 그곳에서 생을 마감했다.

## 마트베예프

표트르 시기 외국에 파견된 대사 중 훌륭한 이들이 많다. 마트베예프, 쿠라킨, 톨스토이, 힐코프 등이다. 그들에게 처음으로 부여한 명칭은 오늘날까지 사용하고 있는 '특명전권대사'이다.

표트르가 가장 총애한 외교관은 마트베예프(Matveev, 1666~1728)였다. 그의 외교 역량은 앞서 언급했지만, 그와 표트르와의 개인적인 인연을 알면 더욱더 깊숙이 기술하지 않을 수 없다. 그의 아버지는 표트르의 아버지 시기 외무 수장으로 궁정 반란 시 어린 표트르를 적극 지지한 대신이었다. 표트르의 어머니가 이 외무 수장의 집에서 가정교육을 받았으니, 표트르는 어린 시절부터 마트베예프를 잘 알고 있었다.

마트베예프는 훌륭한 교육을 받았고 외무부에서 근무했다. 어느 프랑스 외교관은 그에 대해 이렇게 말했다.

"그는 매우 똑똑하고 라틴어를 잘하며 읽기를 좋아하고 유럽에 관한 이야기를 즐겨 듣습니다.……
나는 그에게 프랑스어를 공부하라고 조언했습니다. 겨우 스물두 살이었기 때문입니다. 고대와 현대 작가들의 모든 훌륭한 작품이 프랑스어로 번역되어 있으니, 독서에 대한 열정으로 쉽게 배우고 만족할 것이라고 확신했습니다."[76]

표트르는 유럽 시찰을 마치고 마트베예프를 헤이그 대사로 파견했다. 차르는 그에게 특명을 주었는데 러시아가 스웨덴과 전쟁을 준비하고 있다는 걸 유럽 국가들이 알지 못하게 하라는 것이었다. 그는 전쟁 직전 유럽의 외교관들과 자주 만나 다양한 회의에 참석하고 안심시켰다. 전쟁이 발생했을 때 차르는 그에게 비밀명령을 내렸다. 네덜란드를 러시아 편에 서거나 적어도 중립을 지키게 하라는 것이었다. 당시 네덜란드의 실질적 통치자였던 윌리엄 3세는 동시에 영국의 국왕이었으니 네덜란드에 대한 외교는 영국에 대한 외교였다. 그만큼 중요한 지역이 네덜란드였다. 그는 그 임무를 성공적으로 수행했고 네덜란드는 표트르의 북방전쟁 시 중립을 지켰다.

전쟁이 교착상태에 빠지자, 표트르는 그에게 다음 명령을 지시했다. 영국과 네덜란드가 북방전쟁의 중재자로 평화 협상을 주선해 달라고 요청하는 것이었다. 하지만 쉽지 않았고 그는 표트르에게 이런 편지를 보냈다.

"전쟁을 끝내기 위한 유용한 수단으로 기대할 만한 것은 아무것도 없습니다. 그들은 우리를 두려워합니다. 그들은 우리의 이익과 전 세계를 위해 자신들이 차지하고 있는 발트해에 들어갈 수 있도록 문을 열어 줄 수 있을까요.
그들은 러시아의 위력에 떨고 있습니다. 나는 진실을 알고 있습니다. 영국과 네덜란드는 폴란드에 비밀명령을 내려 러시아 없이 스웨덴과 폴란드를 화해시키고자 합니다."

표트르는 다시 마트베예프에게 지시했다. 이번에는 프랑스로 가서 북방전쟁의 중재자가 되어달라고 요청하는 것이었다. 1706년 그는 네덜란드 주재 러시아 대사를 겸직하며 파리로 갔다. 비밀업무였기에 프랑스로 가는 위장술이 필요했다. 이전에 프랑스 병사가 러시아 상선 두 척을 포획한 사건이 있었는데 이것을 논의하러 간다는 명목이었다. 표트르가 원한 협상은 실패했다. 당시 프랑스는 스웨덴의 왕위 계승 문제에서 패배하여 좌절을 겪고 있을 때였다. 쉽게 움직이지 않았다. 마트베예프는 프랑스와 무역협정만 맺는 데에 그쳤지만, 그가 쓴 프랑스에 대한 보고서는 국가개혁에 중요한 자료가 되었다.

그는 프랑스에 1년간 체류하면서 모든 걸 상세하게 보고했다. 프랑스의 정치체제, 관료행정, 법률체계, 과학기술, 요새 축성술, 건축, 도시계획, 공원, 주거환경, 프랑스인의 풍습, 종교인, 귀족, 상인, 예술인 등에 관한 내용이었다. 한마디로 선진국 프랑스의 모든 자료였다.

1707년 이번에는 표트르의 명령을 받고 런던으로 갔다. 영국에게 전쟁의 중재자로 나서 달라는 표트르의 비밀 특명이었다. 내용은 이렇다.

"중재자가 되어 준다면 러시아가 영국과 동맹을 맺겠습니다."

그는 영국의 앤 여왕과 측근에게 전쟁을 중단하면 영국에 도움이 된다고 설득했다. 동시에 러시아의 최고 무역 상대였던 영국 상인들을 만나서 발트해 무역에서 혜택을 제공하겠다고 약속했다. 또한, 상인과 정치인이 만날 수 있는 모임을 주선하기도 했다. 하지만 영국 정부의 입장은 미묘했다. 러시아가 계속 스웨덴과 전쟁하여 국력이 소진되어 러시아가 발트해 진입을 못 하는 것이 오히려 영국의 이익이라고 생각했다.

그러던 중 1708년 7월 21일, 세계 외교사의 역사적 사건이 영국의 한 거리에서 일어났다. 경찰은 마트베예프를 50파운드 스털링의 부채 미납을 구실로 감금하고 모욕을 주었으며 심지어 구타까지 했다. 3일 전에 그는 앤 여왕과 마지막 접견을 하고 영국을 떠나려고 하는 중이었다. 그의 비명을 듣고 주변에 있던 사람들이 구해주었다. 타국의 외교관들이 크게 동요했다. 그는 앤 여왕에게 만족할 만한 조치를 요구했고 여왕은 유감을 표명했다. 이 소식을 들은 표트르는 격분했다. 외교관의 불체포특권(면책특권)을 강하게 옹호하며 영국 왕실에 책임자 처벌을 요구했다.

결국 1709년 4월 21일, 통상 '앤 법령'으로 알려진 「외교관에 대한 특권 보존에 관한 법령」이 의회에서 통과되었다. 영국 주재 외교관들이 법률 초안에 참석했다. 여왕은 표트르에게 친서를 보냈다. 오늘날까지 유효한 외교관 면책특권은 이렇게 만들어졌다.

1712년 11월 그는 빈 주재 러시아 대사로 갔다. 오스트리아와 동맹을 맺기 위해서였다. 전통적으로 오스트리아는 러시아와 친밀했다. 1711년 튀르크와의 전쟁에서 패한 표트르에게 오스트리아는 튀르크를 견제할 수 있는 국가로서 중요했다. 하지만 빈 정부는 러시아와 우호 관계를 맺으면서 동시에 튀르크가 러시아와 전쟁하도록 부추겼다. 이런 상황에서 마트베예프는 인내심을 갖고 외교 업무를 수행했다. 표트르 사후까지도 이어진 그의 노력으로 러시아는 오스트리아와 동맹을 맺으면서 안보 독트린이 완성되었다. 그는 빈 대사를 끝으로 귀국하여 해양 아카데미와 항해학교 총장으로 재직했고 법무부 장관을 역임했다. 그가 쓴 보고서들은 오늘날 상트페테르부르크 국립도서관에 보관되어 있다.

표트르 외교 개혁의 핵심은 전문성과 선진모델을 빌려온 모방이었다. 즉 서구의 외교 시스템을 도입한 것이다. 귀족 중심의 외교에서 벗어나 능력 위주의 전문가를 활용했고 그들은 차르가 아닌 국가를 위해 헌신했다. 종교적 관념의 대외정책에서 벗어나 국익을 최우선 과제로 설정했으며, 그것은 국제질서에서 '현상 유지'가 아닌 '현상 타파'였다.

단기간에 서구 수준으로 외교를 개혁하고 외교 네트워크를 활성화했으며, 외교 업무 매뉴얼을 도입하여 강대국 도약을 위한 발판을 마련했다. 표트르는 자신의 곁에 늘 '외무현장사무소'를 운영하여 중요 문제를 신속하게 결정했으며, 외무장관과 외무공무원의 위상을 높여 그들이 국가에 충성할 수 있는 여건을 조성했다. 이 모든 외교 개혁은 전쟁 승리와 강국을 만들기 위한 하나의 방편이었다.

표트르의 외교관은 군사, 정치·행정, 경제, 교육, 사회문화, 종교, 예술 등 모든 분야의 개혁을 위해 최전선에서 헌신한 전문가들이었다. 그들은 외교 본연의 업무 외에 외국의 과학기술, 신무기, 첨단 신산업 기술, 선진 제도 등을 도입하기 위한 정보를 차르에게 보냈고 탁월한 외국인 전문가를 초빙하는 역할을 했다.

표트르는 외교 전략을 펼칠 때 늘 군사전략을 고려했다. 이 둘은 한 몸이었다. 외교 목표를 달성하기 위한 오른팔과 왼팔이었다. 이에 표트르의 군사 개혁과 군사·외교 전략을 북방전쟁과 함께 설명하고자 한다.

## 4

# 군사 개혁과 군사·외교 전략

"병사들이여! 이제 조국의 운명을 결정할 시간이 왔다.
그대들은 표트르를 위해서 싸운다고 생각하지 말라.
표트르에게 맡긴 국가를 위해, 가족을 위해, 조국을 위해,
우리가 믿는 정교와 교회를 위해 싸운다고 생각하라!
적의 영광에 당황하지 말라. 적에게 수차례 이기면서 증명하지 않았는가.
눈앞의 전투에서 너희를 위해 맞서는 정의와 하느님이 계신다는 것을 기억하라.
인지하라! 표트르는 자기 삶에 어떤 가치도 두지 않는다는 것을,
오로지 러시아의 무한한 행복과 영광 속에서만 살고,
그대들의 안녕을 위해서만 산다는 것을."

— 표트르 대제, 폴타바 전투에서, 1709년

## ⚜ 아조프 전투

러시아는 1558년 리보니아 전쟁부터 오늘날까지 약 55회 전쟁을 했다. 러시아와 튀르크는 열두 번을 전쟁했고, 전쟁 기간만 무려 70여 년이었다.

1695년 표트르는 유럽을 떠나기 전에 튀르크와 전쟁을 했다. 흑해로 나아가는 따뜻한 아조프해를 얻기 위함이었다. 유럽의 선진문물을 실은 영국 상선이 러시아의 북쪽 아르한겔스크 항구로 들어왔지만, 9월 말이면 추워서 항구를 폐쇄했다. 한 해 동안 겨우 5개월도 사용하지 못하는 항구였다.

아조프해는 러시아 남쪽 돈강 하류에 있는데 오랫동안 튀르크의 요새가 있었다. 바닷길을 열려면 이곳을 점령해야 했다. 전략적 요충지였다. 오랜 염원이었던 흑해를 차지하여 아시아와 유럽과의 교역을 활발히 하고 남쪽의 변방을 안정시키고자 했다.

1695년 2월 6일, 표트르는 군사 회의에서 아조프 원정[77]을 결정하고 동시에 셰레메테프 장군과 코사크 수장인 마제파에게 크림칸국의 서쪽으로 이동하라고 지시했다. 서쪽을 공격하는 척하다가 동쪽을 공격하기 위한 전술이었다. 당시 동맹을 맺고 있던 튀르크와 크림칸국을 분리하기 위한 고육지책이었다.

3월 7일, 스코틀랜드인 고든 장군이 선봉대를 이끌고 모스크바에서 크림칸국의 동쪽 아조프해 방향으로 출발했다. 선봉대는 보로네시로 이동하여 돈강을 따라 아조프로 들어가는 가장 짧은 노선이었다. 하지만 초원을 가로지르는 길은 위험하고 험난했다. 3주를 계획한 원정이 두 달이 걸려서야 겨우 아조프해 근처 체르카스크에 도착했다.

4월 30일, 표트르는 주력부대와 함께 볼가강을 따라 아조프로 이동했다. 자신은 장군이 아닌 포병 대위였고 골로빈과 르포르가 사령관이었다. 이렇게 크게 3개 전선으로 러시아군은 이동했다. 전체 병사는 31,000명이었다. 이 중 14,000명이 외국인 용병으로 구성한 서구형 군대였다.

러시아 남부에 사는 민족인 돈 코사크 병사도 고든 장군의 부대와 합류하여 아조프로 이동했다. 돈 코사크는 튀르크, 크림칸국과 앙숙이었으며 튀르크가 점령하고 있는 아조프해와 흑해를 자유롭게 다닐 수 없었다. 표트르의 원정을 찬양한 코사크의 옛 노래가 있다.

"독수리가 하늘로 날아올랐는지는 분명하지 않소.
코사크의 1등 대위는 돈강을 따라 달려갔소.
그는 코사크인들을 환영하며 말했소.

당신들은 일어나시오. 선한 젊은이들이여,
당신들은 일어나시오. 친구들이여, 깨어나시오.
친구들이여, 말 등에 앉으시오.
친구들이여, 아조프로 달려가시오.
오, 우리는 머리부터 발끝까지 도시를 파괴할 것이요.
많은 재산을 가질 것이요. 많은 황금도 가질 것이요.

독수리는 스스로 깨어나고,
차르 표트르는 스스로 일어납니다.
자기 공후들과 귀족과 함께,
자신의 돈 코사크와 함께,
자신의 자포르지예 코사크와 함께."[78]

6월 29일, 표트르의 주력부대가 아조프 요새를 포위했다. 요새에 갇힌 튀르크 병사는 7,000여 명이었다. 요새는 북쪽으로 돈강과 접해 있었다. 군사 회의에서 장군들의 전투 위치를 결정했다. 고든 장군이 중앙, 르포르 장군이 왼쪽, 표트르와 골로빈 장군이 오른쪽을 맡았다.

7월 7일부터 대포 공격을 시작으로 무려 석 달 동안 공격했지만 끄떡없었다. 요새를 파괴할 수 있는 대포의 화력이 부족했다. 러시아군이 세 부대로 나뉘어 별도로 공격을 펼쳐 명령이 통일되지 않았다. 표트르가 프레오브라젠스코예에서 그토록 병사를 훈련시키고 모의 전투를 했음에도 실전에서는 무용지물이었다.

오히려 튀르크 함선은 흑해에서 아조프해로 진입하여 식량과 탄약을 요새의 북쪽으로 수송했다. 러시아는 함선이 없었기에 튀르크의 보급로를 차단할 수 없었고 안타깝게도 그들의 수송을 쳐다만 보았다.

설상가상으로 튀르크 편에 있던 크림칸국이 러시아를 후방에서 공격하면서 요새를 둘러싼 포위망이 와해되었다. 러시아군의 외국인 장교들은 싸우지도 않고 도망가 버렸다. 용병은 위기가 오거나 패전의 낌새가 생기면 제일 먼저 도망가니 무의미했다. 요새는 난공불락이었고 러시아군은 비참했다. 이렇게 1차 원정은 실패했다.

이듬해 표트르는 기존의 전투 방식을 바꾸었다. 2차 아조프 원정을 준비했다. 우선 러시아는 함선을 건조하기 위해 네덜란드에서 갤리선을 가져왔다. 25,000명을 동원하여 돈강 상류 보로네시에서 함선을 건조하기 시작했다.

또한, 표트르는 병사를 모으기 위해 특별 법령을 공포했다. 군에 입대하면 개인 소유의 농노들이 자유인이 되는 법령이었다. 신분을 바꿀 수 있으니, 농노들이 많이 지원했다. 표트르는 전체 75,000명을 모았고 이들 중에는 모스크바 궁정의 귀족, 청지기, 잡부, 주민 등이 3,816명, 30개 부대 38,800명, 13개 소총수 부대 15,000명, 돈 코사크 5,000명, 칼미크 3,000명, 기마 소총수 500명 등이었다.[79]

표트르는 지휘체계를 통일하기 위해 지상군 총사령관으로 셰인 장군에게 전권을 위임했다. 해군은 르포르 제독이 맡아서 2척의 군함, 23척의 갤리선과 4척의 화공선을 지휘했다. 군함은 각각 36개의 대포를 장착하였고 길이가 30미터, 폭이 9미터가량이었다. 이번에는 육·해군 연합작전이었다. 표트르는 군을 두 군데로 집합시켰는데 함선이 있는 보로네시와 인근 탐보프였다.

3월 15일, 총사령관 셰인이 이끄는 주력부대는 모스크바에서 출발하여 3월 30일 보로네시에 도착했고, 4월 22일 갤리선을 타고 아조프해로 이동했다. 전군이 시차를 두면서 보로네시에서 아조프 인근 체르카스크로 집결했다. 약 3주 정도 걸렸고 표트르는 네 개의 갤리선과 함께 5월 15일 도착했다. 드디어 5월 27일 표트르는 돈강을 따라 22척의 갤리선을 지휘하며 아조프해로 진입했다. 개선장군처럼 병사들의 사기를 진작시키기 위해 갤리선에서 축포를 쏘았다.

6월 7일, 셰인 장군의 대규모 부대가 아조프 요새에 도착했다. 그날 총사령관의 명령에 따라 요새를 포위하고 대포로 공격했다. 요새의 남쪽 중앙은 셰인 장군, 프레오브라젠스키와 세묘놉스키 정예 부대가 배치되었다. 오른쪽은 고든 장군, 왼쪽은 리기만 장군이었으며, 중앙과 오른쪽 사이에 공성 포병이 위치했다. 요새의 북쪽인 아조프해의 돈강 어귀는 르포르 해군 제독이 요새를 포위했다. 드디어 요새의 사면을 완전히 포위했다.

6월 10일, 크림칸국의 기병대가 1차전과 같은 방식으로 러시아의 후방을 공격했지만, 러시아 기병대의 반격으로 뿔뿔이 흩어졌다.

6월 14일, 튀르크 함대가 포위를 풀고자 아조프해로 진입하여 돈강 어귀로 상륙하려고 했으나 르포르의 해군이 차단하여 요새에는 식량과 무기가 점차 고갈되었다. 이러한 상태가 지속되면서 튀르크는 점차 전의를 상실했다.

7월 15일, 코사크 병사 1,500명이 요새의 성벽을 급습하여 성벽 외부의 보루에 정착했고 이틀 후 전군이 대규모로 공격했다.

7월 18일, 튀르크는 성벽이 파괴된 것을 보고 평화 협상을 시작하며 항복했다. 튀르크 군과 주민들은 목숨을 구걸했고 무기를 남겨둔 채 요새를 떠났다. 드디어 한 번도 얻지 못한 땅을 획득했다. 흑해로 진출하기 위한 교두보였다. 승리한 그날, 표트르는 의기양양할 수밖에 없었고 모든 장수와 함께 축하연을 열었다.

표트르는 8월 15일까지 아조프에 머물면서 해군기지 건설을 위해 손수 바다를 탐험했으며 요새 맞은편 타간로그에 군사 기지를 세우기로 했다. 이후 모스크바 인근 툴라에 있는 무기공장을 둘러보고, 9월 28일 왕실 영지인 콜로멘스코예에 들러 장군들과 회합했다.

9월 30일, 흥미로운 개선식이 모스크바에서 있었는데 최초의 로마식 개선식이었다. 승리의 개선문에는 두 개의 문구가 있었다.

"용감한 바다의 전사를 위해, 용감한 야전 전사를 위해"

개선문 양쪽에 그림이 있었다. 한쪽에는 바다의 신 포세이돈이 있었고 글귀가 적혀 있었다. 로마의 황제 카이사르를 보는 듯했다.

"왔노라. 아조프를 이겨서 축하하노라. 복종시켰노라."

반대편에는 아조프 전쟁 상황도가 그려져 있었다. 승리의 월계수를 쓴 표트르는 차르임에도 선두가 아니었다. 황금마차를 탄 셰인 장군과 르포르 제독이 선두였고 표트르는 마차도 타지 않고 뒤에서 걸어갔다. 첫 승리였지만, 그의 계급은 대위로 승리의 영광을 자신이 아닌 사령관들에게 돌렸다. 차르라도 계급에 맞는 행동을 했다.

**아조프 전투 승리 불꽃놀이 개선문** 1699년 모스크바에서 있었던 아조프 승리 기념 불꽃놀이로 쌍두독수리의 왕관 문양이 러시아 제국의 최초 왕관 문양

표트르의 승리 소식에 유럽의 왕실과 귀족들은 놀랐다. 당시 그들은 튀르크를 가장 위협적인 존재로 보았기 때문이다. 그들은 스물네 살의 러시아의 젊은 차르가 함선을 만들고 전쟁을 진두지휘하여 튀르크를 이겼다는 소식에 흥분했다.

2차 아조프 원정에서 표트르는 탁월한 능력을 보여주었다. 패배를 두려워하지 않는 그의 용기가 한몫했다. 그는 1차 전투의 패배 원인을 분석하고 이길 수 있는 전략을 펼쳤다. 네덜란드에서 갤리선을 가져와서 함선을 제작하고, 공성전에서 포병의 중요성을 깨우친 그는 스코틀랜드인 브루스에 위임하여 강력한 포병부대를 편성했다. 당시 스코틀랜드는 포병술이 뛰어났다. 지휘체계도 개선하고 병사도 두 배 가까이 확보했다. 표트르는 온 국력을 한 곳에 집중시키면서 승리할 수 있었다. 하지만 튀르크는 1차 전투와 같은 방식으로 대응했다. 심지어 1차 전투 때 러시아군이 쌓아둔 보루도 파괴하지 않고 그대로 두었다.

이 원정으로 표트르는 불굴의 의지를 갖추었고 패배하더라도 이길 수 있다는 자신감을 가졌다. 실패는 성공을 이끈 스승이었다. 첫 승리 후, 그는 선박 건조에 온 힘을 기울이고 해군 전문가를 양성하기 위해 우수한 귀족을 선발하여 유학을 보냈으며, 흑해를 완전히 장악하기 위해서는 유럽의 도움이 필요하다고 생각했다.

그는 스스로 유럽을 알고자 대사절단을 준비하여 떠났고 각 국가의 외교 노선이 무엇인지 알고 싶었다. 표트르는 튀르크에 대항하는 파트너를 찾기 위해 떠났지만, 오히려 유럽은 튀르크와의 전쟁보다는 영토를 확장하고 있는 스웨덴을 견제하고자 했다. 덴마크, 작센, 브란덴부르크, 프로이센, 폴란드였다. 표트르는 그들과 함께 스웨덴에 대응하기로 합의했다. 그는 현실적으로 가능한 것이 무엇인지 알았고 어떤 전략을 펼쳐야 바다를 확보할 수 있는지 깨우쳤다. 그는 스웨덴과의 전쟁을 대비하면서 폴란드·리투아니아 대공국, 덴마크, 작센과 동맹을 체결했다. '북부 동맹'이었다.

## 북방전쟁 전야(前夜)

표트르는 스웨덴과의 북방전쟁을 선포하기 전에 해야 할 일이 있었다. 아조프 전투에서 패배한 튀르크와 '영원한 평화'를 맺는 것이었다. 전쟁을 동시에 두 곳에서 수행할 수 없었기 때문이다.

유럽 시찰 후인 1698년 10월 표트르는 보야르 두마 회의 서기였던 보즈니친에게 튀르크와의 전쟁 종식을 위한 협상 전권을 맡겼다. 양국 평화 조약을 맺기 위해 아조프해에서 흑해로 나가는 길목에 있던 케르치를 튀르크에게 양도해도 된다는 지시를 했다.

한편, 튀르크 입장에서는 러시아의 군사력이 위협적이었지만, 이것보다 더 두려운 게 있었다. 자국의 영토 내 거주하는 정교회 신자와 러시아 차르와의 긴밀한 관계였다. 그들이 종교적으로 뭉치면 곤혹스러웠기 때문이다. 술탄은 역시 이전에 러시아가 폴란드와 함께 신성동맹을 맺고 자국을 공격한 것도 아주 못마땅했다.

양측의 중재자로 나선 영국과 네덜란드 대사는 러시아로부터 뇌물인 모피 선물을 받았지만, 막상 그들은 튀르크와 러시아가 계속

전쟁하기를 바랐다. 협상은 쉽지 않았고 보즈니친은 표트르에게 편지를 썼다.

"튀르크의 상황이 우리에게까지 영향을 주지 않지만, 우리와 협상하기도 쉽지 않습니다.…… 만일 아조프와 드네프르 일부 도시를 튀르크에게 주고, 우리가 크림칸국에 계속해서 매년 공물을 준다면 이 평화 협상은 가능합니다."

러시아는 튀르크와 평화 조약을 체결할 수 없었다. 보즈니친은 임시방편으로 휴전 협정을 제안했지만, 튀르크는 반대하며 위협했다. 이에 러시아도 전쟁을 불사한다는 강공책으로 전환했다. 결국 양국은 2년 휴전 협정을 체결했다. 휴전 상태에서 표트르는 다시 튀르크와 평화 협상을 고민했다. 휴전이 아닌 영원한 평화를 바랐다.

1699년 8월 28일, 러시아의 2차 협상단은 군함 '요새호'를 타고 아조프해의 타간로그에서 출발했다. 흑해를 거쳐 이스탄불로 갈 예정이었다. 요새호는 46개 포를 장착한 함선이었다. 표트르는 해군 총사령관 골로빈 제독과 동료 귀족과 함께 아조프해에서 협상단을 배웅했다.

그는 베테랑 외교관이었던 우크라인초프(Ukraintsov, 1641~1708)에게 협상 전권을 주면서 1700년 새해까지 조약을 체결하라고 지시했다. 이번에는 상당히 기대했다. 협상단은 빈손으로 간 것이 아니었다. 5,000루블 가치의 모피, 마시는 차 24.5킬로그램, 바다 상아

163.8킬로그램(10푸드) 등 푸짐한 '선물'을 배에 실었다.[80] 당시 차는 고급 기호식품이었다.

요새호가 흑해 입구에 도착하자 튀르크의 집행관은 크림반도를 거쳐 육로로 이동하라고 지시했다. 이에 우크라인초프는 크림칸국을 거쳐 갈 수 없으며 이번 협상은 크림칸국과 아무런 관련이 없다고 말했다.

러시아는 10세기 이고르 원정을 제외하고, 외교 협상에서 처음으로 배를 타고 이동한 것이다. 열흘이 지나 9월 초에 콘스탄티노플에 도착했다. 요새호를 포함하여 10척의 군함과 40척의 소형선박이 동행했다. 말 그대로 '배 요새'였다. 술탄의 궁전 맞은편 해안에 정박했다. 장관이었다. 튀르크인은 군함을 보며 감탄했고 어떻게 흑해의 깊은 곳을 통과했는지 놀라워했다. 표트르는 러시아의 위력을 보여주고 싶었고 전쟁을 계속할 수 있다는 무언의 압박을 튀르크에게 심어주었다.

1699년 11월 4일, 드디어 첫 협상을 시작했다. 그동안 술탄은 협상에 무관심한 듯한 전략을 펼쳤고 고의로 협상을 지연했다. 안건은 조약의 종류였는데, 평화 조약을 맺을지 아니면 영구 휴전을 할지였다. 또한, 협약서 서론에 무슨 내용을 담을지였다.

회의는 2차, 3차로 계속 진행되었다. 양측은 크림칸국과 코사크의 문제, 드네프르강 어귀의 마을과 아조프해와 타간로그항의 영토 분쟁, 자유무역, 정교회 교인의 예루살렘 자유 방문과 튀르크 영토 내 자유 예배, 튀르크 주재 러시아 대사 파견 등을 논의했다.

12월 23일, 6차 회의의 안건은 크림칸국의 문제였다. 양측이 협상에 합의하면 튀르크의 동맹국이자 속국이었던 크림칸국이 그 협상안을 수용한다는 내용이었다.

시간은 계속 흘러 표트르가 기약한 날짜가 지났다. 협상은 해를 넘겨도 쉽게 타결되지 않았다. 핵심은 영토였는데 러시아는 현재의 영토를 유지한 채 평화 조약을 맺고자 했고, 튀르크는 1696년 아조프 전쟁 이전으로 국경을 되돌리기를 원했다. 즉, 드네프르강 유역의 일부 마을과 아조프해를 양도하라는 뜻이었다.

협상을 고의로 지연시키는 세력이 있었다. 우크라인초프는 예루살렘 정교회 총주교에게서 술탄 궁정의 분위기와 유럽의 공작을 들었다. 영국, 네덜란드, 오스트리아, 베네치아 대사들이 튀르크에게 영향을 미쳐 협상을 방해한다는 내용이었다. 그는 표트르에게 이렇게 편지를 썼다.

"튀르크 측은 거짓과 지연작전으로 매우 교활하게 행동합니다. 그들의 끊임없는 교활함에 저는 계속해서 눈물을 흘리고 있습니다.…… 영국과 네덜란드 대사는 튀르크를 강하게 지지하며 위대한 주권자인 당신보다 튀르크가 더 유리하기를 바랍니다. 튀르크에서 영국과 네덜란드는 무역을 오래 했고 무역량 또한 많습니다. 그렇기에 주권자인 당신이 아조프와 아르한겔스크에서 함선을 건조하고 항해하는 것을 그들은 부러워하면서도 동시에 증오하고 있습니다."[81]

협상은 봄에도 계속 진행되었고 내용은 그때그때 달랐다. 술탄은 드네프르 일부 지역에 있던 러시아의 군사시설을 파괴하는 조건으로 30년간 휴전하는 것에 동의했으며, 러시아 차르가 크림 칸에게 계속해서 공물을 바치지 않으면 평화 협상이 힘들다고 말했다.

이후 6월경 협상의 내용이 바뀌었다. 튀르크는 아조프해 근처 러시아 도시들을 파괴하는 안을 제시했고, 러시아는 영토를 일부 반환하되 아조프해와 타간로그 항구를 보존하는 의견을 제시했다. 결국 튀르크가 러시아 측 안을 수용하면서 협상은 최종 타결되었다.

1700년 7월 3일, 난항 끝에 양측은 「콘스탄티노플 조약」을 맺었다. 8개월간 공식 회의만 23회를 개최한 역대 최고의 마라톤협상이었다. 조약은 총 14개 조항이었으며 이 중 주요한 내용은 다음과 같다.

**1조** 양측은 적개심을 거두고 복수의 칼을 뽑지 아니하고 평화와 안정, 친선과 우정, 자비로 조약을 위반하지 않는다.
**2조** 러시아는 드네프르강 하구의 일부 마을을 튀르크에게 주고, 그곳에 설치한 대포, 군사 기지와 곡물 저장고를 없애고 떠난다.
**4조** 러시아가 아조프해 도시를 보유한다.
**6조** 드네프르강과 흑해로 흐르는 일부 강 근처에 상호 번영을 위해 벌목, 양봉, 소금 채취, 수렵과 어업을 자유롭게 허용한다.
**8조** 러시아가 크림칸국에 매년 지급하던 '공물'을 없앤다.
**9조** 포로를 교환한다.
**12조** 러시아인이 예루살렘을 자유롭게 가기 위해 튀르크 지역을 관통하는 것을 허용한다.

**14조** 콘스탄티노플 주재 러시아 대사 파견을 허락한다.[82]

흥미롭게도 이 조약 8조에 '다차(дача)'라는 단어가 있다. 오늘날 이 말은 별장이라는 뜻인데, 원래는 러시아어 '주다(дать)'라는 동사에서 파생된 말로 당시에는 선물을 주거나 공물을 뜻했다. 외교문서에 다차는 공물이었다. 러시아는 크림칸국에 오랫동안 공물을 주고 있었다. 연간 약 30,000루블이었고, 그 금액은 말 2,000마리의 가격으로 엄청난 돈이었다. 처음엔 공물의 개념이었으며 후에는 러시아를 약탈하지 않는 조건의 선물이었다. 이 조약으로 러시아가 드디어 '몽골의 멍에'로부터 완전히 벗어났다.

표트르는 튀르크와 7월 3일 맺은 평화 조약 체결 소식을 8월 8일에서야 들었다. 당시 콘스탄티노플에서 모스크바까지의 우편 소요시간은 약 36일이었기 때문이다. 1700년 8월 18일 러시아와 튀르크는 최종적으로 평화를 선언했고, 표트르는 다음 날 스웨덴에 전쟁을 선포했다. 모스크바는 전쟁 선포와 동시에 자국에 있는 스웨덴의 모든 동산과 부동산을 압수했다. 스웨덴도 자국에 있는 러시아 대사와 고위 관료, 그리고 러시아인을 구금하고 자산을 동결했다.

전쟁의 명분은 표트르가 1697년 스웨덴령 리가를 방문했을 때, 차르에 대한 환대도 없고 리가 총독과 경비병들이 자신에게 모욕을 주었다는 구실이었다. 당시 표트르는 가명으로 이 도시에 갔고 공식적으로는 이 도시에 가지 않았다. 그러니, 자신에 대한 모욕보다는 러시아의 옛 영토에 대한 수복이자 발트해로의 진출이 전쟁의 본질이었다.

전쟁 선포 후 사흘이 지난 8월 22일 드디어 러시아군은 서북쪽 스웨덴령 에스토니아의 나르바로 진군했다. 스물여덟 살의 러시아 차르 표트르와 열여덟 살의 스웨덴 국왕 카를 12세와의 첫 전투가 시작되었다. 이것이 표트르의 북방전쟁(1700~1721)이었다.

독자들의 이해를 돕기 위해 표트르의 군사 개혁과 해군 창설을 설명한 후 북방전쟁을 쓰고자 한다.

## 군사 개혁

표트르가 차르가 되기 전 유럽은 전쟁의 역사였다. 영국은 1480년부터 1700년까지 29회의 전쟁을 치렀고, 같은 기간 프랑스는 35회, 스페인은 36회, 오스트리아는 25회였다. 스웨덴은 1610년부터 1710년까지 3년 중 2년이 전쟁이었고, 스페인은 4년 중 3년꼴로 전쟁을 했다.[83] 표트르도 재임 기간 1년(1724년)을 제외하고 매년 전쟁했다. 유럽은 한 뼘을 더 얻기 위한 각축장이었고, 용병은 돈을 받고 여러 나라를 배회하며 전투했다. 군인은 수익성이 보장된 직업이었다.

표트르 역시 부친이 했던 전쟁을 답습하며 대외 팽창 전략을 펼쳤고, 이에 따른 전쟁 경비도 상당했다. 표트르 임기 전인 1680년 러시아의 국방비는 70만 루블이었고 정부 예산의 62퍼센트였으며, 표트르의 북방전쟁 초기인 1701년 국방비는 184만 루블로 82.9퍼센트에 다다랐다. 더욱이 나르바 전투에서 패배하고 국방개혁을 한창 진행할 때인 1703년 정부 예산은 상당한 적자였고, 1705년에는 국방비가 320만 루블로 정부 예산의 95.9퍼센트였다. 국가의 모든 경비

를 군사비에 투여한 것이다.[84]

　이 시기 유럽도 정부 예산의 상당수를 국방비에 사용했다. 17세기 유럽의 최강국이었던 프랑스는 총지출의 57~65퍼센트를 육군에, 10퍼센트 미만을 해군에 할당했으며, 영국은 40퍼센트를 육군에, 35퍼센트를 해군에 배정했다.[85] 17세기 말에서 18세기 초 유럽의 국제질서는 프랑스와 반(反)프랑스 동맹 간의 세력균형 체제와 이 체제를 유지하기 위한 군사력 증강이었다. 프랑스 진영은 튀르크와 스웨덴, 반프랑스 진영은 영국, 네덜란드와 신성로마 제국이었다.

　이러한 상황에서 러시아는 전쟁 물자 구매와 병력 보충이 국가의 중요한 과제였고, 표트르는 전시체제에서 국가의 모든 자산을 동원할 수밖에 없었다. 각종 세금을 새롭게 창안하고 수도원과 성당의 종을 녹여 대포로 만들었다. 국가의 위기이자 권력의 위기였다. 그 위기를 헤쳐 나가지 못하면 이복누이처럼 권력을 놓아야 했다. 곳곳에 불만 세력이 잠재해 있었고 지방에서는 반란도 일어났다. 그는 전쟁을 위해 늘 사령관과 귀족들에게 200만 루블이 필요하다고 말했다.

　1711년 그는 원로원에 돈은 전쟁의 동맥이기 때문에 어떻게 하든 돈을 모으라고 지시했다. 표트르는 군비를 조달하기 위해 다양한 간접세와 인두세를 도입했다. 농노는 74코페이카, 자유농민과 도시민은 1루블 20코페이카의 인두세를 납부했다. 1루블은 정규 병사의 월급 가량이었으니 세금 부담이 높았다. 지주는 전쟁 물자를 공급하고 거상들은 일정 부분의 토지나 특권을 받는 대신 전쟁 비용을 갹출했다. 표트르는 항상 군비 확보를 위해 쪼들리며 국가경영을 했다.

러시아 역사학자 클류쳅스키는 이렇게 말했다.

"군사 개혁은 표트르 자신과 국민 모두에게 가장 길고, 가장 어려운 최우선 개혁 과제였고, 그것은 우리 역사에서 매우 중요한 의미를 지니며 단지 국방 문제뿐만 아니라 사회 구조와 향후 역사적 사건에서 중대한 영향을 미쳤다."[86]

표트르는 우선 스웨덴과 전쟁을 하기 위해 군 개혁에 온 힘을 기울였다. 그의 상대는 당시 패권국가 중 하나인 스웨덴이었다. 스웨덴의 병사들은 더위와 추위, 굶주림도 이겨내는, 세상 그 어디에도 없는 병사였다. 그들은 연봉과 연금, 집을 받는 등 군인에 대한 복지가 최고 수준이었다. 표트르는 이것을 누구보다 잘 알고 있었고 군 개혁 없이는 한 평의 땅도 얻을 수 없다는 것도 알았다.

당시 러시아군은 전쟁이 있으면 준 정규군인 궁실의 소총수 부대를 중심으로 연대를 조직하고 지방 귀족의 병사를 파견받아 민병대를 구성했다. 포병은 많지 않았고 국경을 지키는 경비병과 외국 군인으로 구성된 신식 부대도 있었다. 장교는 외국에서 초빙했고 이들이 러시아 병사를 지휘했으며 전쟁이 끝나면 흩어졌다. 민병대를 다시 소집하면 초임자들이 많아 전투에 미숙했다.

표트르가 공동 차르가 되기 직전 1681년 러시아 군인 수는 보병이 81,000명, 기병이 84,000명으로 총 165,000명이었다. 이 수치는 모스크바 귀족과 자녀 8,278명, 창병과 특수기병 29,430명이 포함된 것이다. 러시아 남쪽 코사크 병사 106,000명은 별도였다. 군 부대는 크게 9개 지역으로 분산 배치되어 있었는데, 모스크바, 북부, 블라디미르, 노브고로드, 카잔, 스몰렌스크, 랴잔, 벨고로드와 탐보프였다.[87]

귀족들이 군에 복무하는 것은 조국을 위해 싸운다기보다 국가의 봉직을 받고 재산을 늘리기 위해서였다. 이 시기 소총수 부대는 모스크바 정계를 장악하기 위해 혈안이 되었다. 그들은 유일하게 군사훈련을 많이 받은 병사였지만, 16세기 이반 4세 시기 가졌던 영광과 명성에 비하면 보잘것없었고 처우도 좋지 못했다.

1698년 표트르가 유럽 시찰 중에 소총수들이 반란을 일으켰는데 이는 군 개혁의 시발점이 되었다. 그는 군을 획기적으로 개혁했다. 모스크바에 있던 소총수 부대를 전격 해산하고 기존 민병대 중심의 구식 군대를 해체했다. 전쟁에서 싸울 줄 모르는 군대는 더는 필요 없었다. 국가통치에 귀족과 소총수의 영향력은 자연스럽게 줄었다.

1699년 11월 8일, 표트르는 「모든 자유인의 군 복무 채용에 관한 법령」을 공포했다. 서구 유럽식 정규병 제도였다. 군 복무를 원하는 국민이 자연스럽게 입대했다. 그들은 연봉 11루블, 식품과 제복을 받았다. 표트르는 먼저 자신이 만든 프레오브라젠스키와 세묘놉스키 정예 부대를 중심으로 병력을 늘리면서 새로 뽑은 군인을 3개 보병사단으로 편성하여 군사훈련을 시켰다.

또한, 마을 단위로 20개 가구마다 15~20세 사이의 청년 한 명씩을 징집했다. 이것은 1705년에 법령으로 합법화했다.

그는 참모본부를 세우고 군 지휘체계를 구체화했다. 새로운 보병과 기병, 포병과 공병대를 편성하여 훈련했고 징집에서부터 전투까지 군사훈련을 체계화했다. 병참과 공성까지 전 분야를 개선했다.

1700년부터 제복을 바꾸었다. 삼각형의 검은색 모자를 썼고, 보병은 녹색 옷, 기병은 파란색 옷이었다. 내의는 빨간색이었고 스타킹은 처음엔 녹색이었는데 후에 빨간색으로 바꾸었다. 경비를 서거나 행군 등 전투 시에 긴 부츠를 신었다. 이렇게 제복에 명예를 부여하고 품위를 유지하도록 했다.

표트르는 영국과 독일 등 유럽에서 최고의 군인을 초빙했다. 사령관은 물론이고 많은 장교가 왔다. 체르니코프의 연구에 따르면 표트르 시기 군사령관급에서는 러시아인이 37퍼센트였고 외국인이 63퍼센트였으며, 1708년에는 외국인 사령관이 무려 76퍼센트였다. 통치 엘리트 중 군 경력이 있는 러시아인은 49퍼센트였고 외국인은 94퍼센트에 달했다. 이것은 군 인사 개혁이 아닌 인사혁명이었다. 표트르 통치 말기에는 그의 개혁 덕분에 러시아인 사령관이 외국인 사령관보다 더 많아졌다. 외국인 사령관의 경우 표트르 임기 전체 총 128명 중 임기 말기에 38명만이 남았으며, 러시아인은 전체 총 75명 중 45명이 근무했다.[88]

이는 표트르가 추진한 군사교육 덕분이었다. 처음에는 젊은 장교들이 유럽의 사관학교를 마친 후 귀환했으나 이후에는 표트르 지시로 설립된 포병학교, 수학·항해학교, 해군사관학교, 공과대학 등이 설립되어 젊은 인재를 배출했기 때문이다. 군 교재는 유럽의 군사 교본을 번역하거나 참고하여 사용했고 교관도 외국인이었다.

**표트르 대제의 수첩** 포병학 관련 개인 수첩

군 개혁을 효율적으로 추진한 방법은 최강의 외국군대 모델을 도입하여 빠르게 습득한 것이었다. 러시아 포병이 그렇게 빨리 개선된 것도 스코틀랜드의 뛰어난 포병술을 그대로 답습했기 때문이다.

표트르는 지원병을 늘리기 위해 군 연봉제와 승진제를 도입하고 매년 2만 명을 모집했다. 사회의 모든 계층에서 모집했으며 심지어 성직자의 자녀와 사냥꾼까지 지원하게 했다. 농노는 주인의 허락 없이 입대할 수 있도록 자유를 부여했다. 또한, 지역별로 총독 주지사가 책임을 지고 신병을 주기적으로 징집했는데 이런 전통은 오늘날까지 이어져 온다. 병사를 징집할 때 대통령이 각 주지사에게 연간 2회 징집을 요청한다.

표트르 시기 귀족은 모두 군에 갔으며 평생을 군 복무했다. 귀족은 귀족에게 걸맞은 의무를 해야 했다. 표트르 사후 귀족들은 황제에게 간청하여 복무기간을 25년으로 줄였는데 표트르의 의도와는 달라졌다. 표트르는 아들 알렉세이가 야전군이 아닌 후방의 병참 업무를 지원하자 상당히 실망했고 자신이 늘 그러하듯 왕자 역시 최전선에서 싸워야 한다고 생각했다.

귀족의 자녀도 15세가 되면 10년간 프레오브라젠스키와 세묘놉스키 정예 부대에서 의무 복무했고 평민과 똑같이 최하위 14등급으로 입대하여 능력에 따라 즉, 전쟁 참여와 공훈에 근거하여 장교가 되었다. 군사훈련을 받지 않거나 시험에 합격하지 못한 귀족 병사는 장교로 승진할 수 없고 사병으로 근무했다.

표트르 역시 처음부터 사령관이 아닌 병사로 근무했다. 귀족이라는 이유로 기존에는 쉽게 장교가 되었지만, 개혁 후 장교가 되기는 쉽지 않았다. 농노와 농민은 군 복무를 통해 자신의 신분을 상승시킬 수 있었다. 하나의 계층 사다리였다.

군인은 관등표에 따라 관료보다 8급 귀족이 되는 기간이 상대적으로 짧았다. 실질적인 군인 우대정책이었고 전시 상황을 고려하면 이해되는 조치였다. 이렇게 군인에게 자부심을 부여했다.

1716년 3월 30일, 표트르는 적국인 스웨덴의 군사 헌장을 기초로 수년간 준비한 끝에 「군사 법령」을 승인했다. 자신이 조항 하나하나 꼼꼼히 분석했으며 승인 1년 전에는 법령을 원로원으로 보내어 검토하게 했다.

이 「군사 법령」과 다음에 나올 「해군 헌장」은 변방의 러시아가 강대국으로 가는 초석을 놓은 최고의 법령 중 하나이다. 독자를 위해 흥미로운 부분을 발췌했다. 군사 법령은 총 86장이다.

**서문** 이 군사 법령에 따라 '모든 계급이 자신의 의무를 알고 자신의 계급을 준수하며 무지로 변명하지 않을 것'이다.

**1장 자발적 입대자.** 이들은 월급은 받지 않지만, 밥은 먹고 정직하고 냉정하게 행동하며 예의 바르고 용감하게 행동해야만, 후에 병사가 되었을 때 승진할 수 있다. 또한, 러시아에서 태어난 외국인은 자발적으로 군 복무를 하지 않으면 장교가 될 수 없다.

**2장 포병.** 포병은 야전에서 부대 후방에 배치되거나 전선 중앙에 배치되어 보병의 경호를 받고 불이 붙은 심지나 담뱃불을 가까이하면 안 된다.

**10장 총사령관.** 군대에서 모든 병사는 그의 명령을 존중해야 하며 그는 적이 두려워할 정도의 용기를 가져야 하고, 총사령관의 병법(兵法)은 병사들이 그를 굳게 믿고 승리를 쟁취하도록 해야 하며, 선행과 정의로서 장교를 막론하고 병사들의 마음을 사로잡아야 한다. 특히 사령관이 돈을 좋아하면 모든 악의 뿌리가 되며, 병사들의 악행을 놓아두면 그 재난은 국가에 닥치니, 사령관은 엄격하게 군법을 집행하여 병사들이 두려워해야 한다.

**33장 군의관과 병실.** 모든 연대에 최소 야전 의사 두 명을 배치하며, 의사는 병사들의 계급이 높거나 낮거나 상관없이 무보수로 치료할 의무가 있으며, 매주 4회씩 환자를 진찰하고 약을 처방한다.

**40장 징집병.** 신병이 들어오면 적절한 제복을 제공하고, 신체검사와 면담으로 병사로서 자격을 판단하고, 각 부대는 신병을 관리 감독하며 그가 월급을 정기적으로 받는지 말과 총을 가졌는지 등을 자세하게 기록한다.

**49장 형벌.** 병사를 욕설로 비방할 경우, 몇 달 동안 수감하여 용서를 구한다. 손으로 폭행하면 3개월간 투옥하고 6개월 치 월급을 몰수하며, 몽둥이로 때리면 1년 치 월급과 직급을 박탈한다. 외국인이면 제명한다. 군사 법령을 위반할 경우, 그의 재산에 따라 벌금을 부여하는데 그 경중에 따라 재산의 10분의 1, 6분의 1, 3분의 1로 부과한다. 만일 칼을 뽑거나 칼로 결투하면 모두 교수형에 처한다. 이 군 형법은 진영 밖에 있거나 요새 밖에 있더라도 준수하고, 장교와 사병 모두 동등하게 적용한다.

**53장 생계와 음식.** 장군은 지휘하는 부대가 결점 없이 항상 건강한 상태를 유지하도록 노력한다. 특히 빵과 밀가루가 썩지 않고 냄새가 나지 않도록 관리해서 질병이 발생하지 않도록 한다.

**55장 군사 작전.** 행군 시 지형에 따른 이동 수칙이다. 각 대대는 70~80보, 각 포는 서로 3보씩 떨어져서 이동하고, 병사들이 마을의 곡물과 채소밭 등 농산물에 해를 끼치지 않도록 지휘관은 유념한다.

**62장 경비병의 수칙.** 낯선 사람이 접근하면 어디서 왔는지, 그는 누구인지, 가는 곳은 어디인지, 직급과 업무는 무엇인지, 이름은 무엇이고 통행증은 있는지, 도시 또는 진영에서 며칠 머물 것인지, 어디에 머물 건지 등에 관해 묻고, 경비 지휘관은 그들이 머무는 도시의 선술집을 통해 밤새 정보를 얻는다. 특히 누군가 비밀리 통과하거나 자신을 밝히지 않으면 전시나 평상시에도 놓쳐서는 안 된다. 전시나 역병 중에 마을을 지나가면 가장 위험하다. 그들은 스파이로 체포될 것이며, 거짓된 이름을 말하면 처벌받는다.

**68장 계급에 따른 배급.** 포병장교와 일반 병사는 기병과 같은데 다음과 같다. 하루 빵 0.82킬로그램(1푼트=0.41킬로그램), 고기 0.41킬로그램, 와인 두 잔, 맥주 3.27리터(1가르네츠=3.27)를 제공한다. 한 달 소금 0.82킬로그램, 곡물 4.9킬로그램, 식초, 장작, 양초, 이불을 제공하고 필요시 귀리죽 6.54리터, 건초 6.56킬로그램, 짚 등을 준다.

**결론** 이 군사 법령은 고위직이거나 낮은 직위에 있거나 관계없이 모든 병사에게 집행되어야 한다."[89]

이 법령은 표트르 군사 개혁의 백미로서 군의 모든 권리와 의무를 명확하게 정의하는 문서였다. 이것은 정규군 제도를 보장하고 장군을 포함하여 사병까지 모든 계급의 지위와 직무, 행동에 관한 군사 헌장이었다. 표트르가 추진했던 군사 조직, 징집, 훈련, 교육, 전쟁 방법 등을 담고 있었다. 군 형법까지 포함하여 이 헌장은 후에 형사법 발전에 영향을 미쳤으며 군 범죄를 엄격하게 처벌하고 사형을 집행하여 군 규율을 바르게 세웠다.

법령은 유럽의 군사 헌장을 훨씬 능가한 것으로 19세기 말까지 바뀌지 않았다. 약소국이 제국이 되는 법이었다. 표트르의 군사 법령은 춘추전국 시절 진나라 효공을 도와 천하통일의 대업을 실천한 상앙의 정책과 여러모로 비슷하다. 그는 법가사상의 대가로 법을 바르게 세우고 국가를 강건하게 했다.

"지혜로운 자는 법을 만들고, 어리석은 자는 그 법에 제약받습니다. 현명한 사람은 예제를 고치고, 현명하지 않은 사람은 그 예제에 구속됩니다. 예제에 구속되는 사람은 정사를 함께 이야기하기에 적합지 않으며, 법에 제약받는 사람은 법을 고치는 일을 함께 논의하기에 적절하지 않습니다.……"

"법으로 통치하는 나라는 강해지고, 정치로 다스리는 나라는 약해집니다. 관리가 법에 따라 일을 잘 처리하면 관직이 승진합니다. 유가의 정치적 조치가 많으면 나라가 약소해지고, 그것이 적으면 나라가 강대해집니다.……형벌을 엄중하게 하고 상을 가볍게 하는 것은 곧 군주가 백성을 사랑하는 것이고, 이에 백성도 군주를 위해 목숨을 바칩니다. 상을 후하게 하고 형벌을 가벼이 하는 것은 곧 군주가 백성을 사랑하지 않는 것입니다.……겁 많은 백성을 형벌로써 다스리면 반드시 용감해지며…. 가난한 자를 형벌로써 다스리면 부유해지며, 부유한 자를 상으로써 다스리면 가난해집니다."[90]

1719년 표트르는 스웨덴 모델로 새로운 군사행정 시스템을 도입했다. 여러 개 기관으로 나누어져 있던 군사부를 하나로 통합했다. 초대 장관에는 표트르의 오른팔 멘시코프 장군을 임명했고, 차관 1명, 장군급 참모 4명과 영관급 4명이 있었으며 이들이 주요 군사정책을 결정했다. 군사부는 군부, 방어부와 포병·공병부로 나누고 관료와 병사도 함께 근무했다. 회계관, 재정관과 감찰관이 있고 검찰총장 직속의 검사가 군사부의 주요 업무를 감찰했다. 부서의 부정행위를 줄이고 업무를 효율화하려는 조치였다.

표트르는 최고 훈장인 성 앤드루 훈장을 제정하여 최고 사령관에게 명예를 부여했다. 전투가 끝나면 병사들의 업적을 평가하여 각종 메달을 주고 계급을 승진시켜 부와 명예를 주었다. 오합지졸의 군을 신상필벌로 바르게 세웠다.

## 멘시코프

표트르의 군사 개혁을 이끌며 전투에 참여한 야전 사령관은 수없이 많다. 이 중 멘시코프는 으뜸이다. 표트르 둥지의 오른팔 멘시코프(Menshikov, 1673~1729)는 어떤 인물이었을까. 그는 차르만큼 명성을 얻었지만, 하루아침에 빈털터리가 된 시대의 영웅이었다. 그는 리투아니아인으로 저잣거리에서 파이를 팔았다. 푸시킨은 그가 파이를 판 것이 아니라 벨라루스의 귀족 가문이라고 했지만, 사실 그는 최하위층으로 읽고 쓸 줄도 몰랐다. 그는 르포르의 소개로 프레오브라젠스키 연병대에 입대하였는데 행동이 기민했다. 표트르의 당번병으로 충성을 다했다. 그의 키는 196센티미터로 날씬한 체형이었으며, 표트르와 함께 다니기에 어울리는 동료였다. 술도 잘 마시니 둘은 천생연분이었다. 그는 표트르가 죽을 때까지 모든 전쟁을 함께 수행했고 그의 곁을 지킨 최고의 장군이었다. 지상군 총사령관과 해군 총사령관도 역임했고 초대 상트페테르부르크 시장과 군사부 장관도 역임했다.

특히 가장 중요한 폴타바 전투에서 그가 지휘했던 기병은 용맹했고 승리에 결정적인 역할을 했다. 표트르의 명령을 신속하게 실행한 정예 부대를 이끌었다. 승리로 그에게 주어진 농노만 43,000명이었고 표트르 다음으로 농노가 많았다. 그의 궁전은 표트르보다 호화로였다. 표트르가 총애한 르포르가 사용한 궁전도 그가 물려받았다.

그는 영국과 덴마크와 함께 스웨덴을 물리치고 폴란드와 홀슈타인을 해방하는 데 기여했으며 리가를 포위했다. 이 공로로 덴마크에서 코끼리 훈장을, 프로이센에서 검은 독수리 훈장을 받았다. 러시아인 최초로 런던 왕립학회 회원으로 선출되었다. 뉴턴이 그에게 회원으로 선출되었다는 편지를 보냈다. 배운 것은 없어도 외국에서 인정한 최초의 러시아 학자가 되었는데, 아마도 런던 왕립학회는 러시아에서 학술지원금을 받기 위해 그에게 회원증을 주었을 것이다.

표트르는 멘시코프의 폭력과 횡령을 여러 번 눈감아주었다. 사람들은 차르의 너그러움을 비난했다. 하지만 전쟁터에서 오늘내일 죽을지도 모르는 사령관의 마음을 표트르는 누구보다 잘 알았고, 전쟁 수행에 큰 문제가 없는 한 그를 용서했다. 심지어 표트르는 이런 말을 했다.

"목숨과 명예의 문제라면, 공평은 그의 죄와 그가 조국과 군주에게 헌신한 공로를 평가하여 저울질해야 해. 난 아직 그가 필요해."

차르가 그를 애지중지한 것은 맞지만, 때론 엄청 화를 내기도 했다. 멘시코프를 어떻게 통제했는지 알 수 있는 일화가 있다. 그날도 표트르는 멘시코프에게 매우 화가 났는데 그가 어떤 출신인지 기억이 떠올라 고함을 내질렀다.

"예전 너의 모습으로 되돌려 놓겠어. 지금 당장 바구니에 파이를 넣고서 군부대와 거리 곳곳에 돌아다니며 외쳐. 예전처럼 난로에 구운 파이라고! 밖으로 꺼져! 너는 자비를 받을 자격이 없어."

이런 경우에 멘시코프는 자신을 지지하고 있는 황후에게 곧바로 달려가 차르를 달래 달라고 눈물을 흘리며 요청했다. 황후가 가보면 표트르는 침울하게 있었다. 그녀는 남편의 성격을 잘 알기에 가능한 모든 방법을 동원하여 안정시켰다. 머리를 쓰다듬고 무릎에 뉘었다. 표트르는 흥분을 가라앉히고 품에 안겨 평온히 잠을 잤으며 어느새 화가 사라지고 얼굴에 화색이 돌았다.

한편 멘시코프는 차르에 대한 복종을 증명하기 위해 거리로 가서 파이를 구매하고 들어왔다. 파이 장사꾼으로 변장하여 표트르 앞에 나타났다. 차르는 웃으며 그에게 말했다.

"이봐, 알렉산드르(멘시코프)! 그만둬, 그렇지 않으면 장사꾼보다 더 나빠질 거야!"

그를 용서하고 이전과 같이 그를 받아들였다. 멘시코프는 황후에게 가서 외쳤다.

"난로에 구운 파이!"

표트르는 그를 따라 웃으며 말했다.

"기억해, 알렉산드르!"

멘시코프는 말했다.

"기억합니다. 폐하! 저는 잊지 않을 것입니다. 난로에 구운 파이!"[91]

표트르가 죽고 황후 예카테리나가 여제가 되었을 때 그를 통제할 수 있는 사람은 사라졌다. 그에게도 불운이었고 제국에게도 불운이었다. 그는 국가의 실질적인 통치자가 되었지만, 정권이 바뀌면서 반역죄와 횡령 혐의로 체포되었고 모든 재산은 몰수되었다. 귀족 직위는 박탈되었고 시베리아로 추방되어 여생을 마감했다. 죽기 전에 그는 이런 말을 했다.

"단순한 삶으로 시작했고 이제 단순한 삶으로 마감한다."

### 셰레메테프

'표트르 둥지'의 유능한 장수 중 셰레메테프(Sheremetev, 1652~1719)는 사령관의 표본이었다. 그는 귀족 가문으로 어려서부터 궁중 관리로 있었다. 그의 아버지는 키예프 주지사였는데 동시대인들과 달리 수염을 깎고 폴란드식 옷을 입었다. 어린 셰레메테프는 개혁을 체감하고 있었고 그의 나이 스물아홉에 러시아 중부 탐보프 총독이 되어 튀르크와 크림칸국에 대항했다.

이후 표트르와 함께 아조프 전투에 참전하고 아스트라한의 반란군을 진압했다. 폴타바 전투에서 총사령관을 역임했는데 표트르는 병사들의 신망이 두터운 그에게 전권을 위임한 것이었다. 폴타바 전투 승리로 러시아 최초의 백작이 되었다. 그는 표트르에게 편지를 썼다.

"이제, 저는 수도사가 되어 여생을 보내고 싶습니다."

하지만 표트르는 화를 내며 그가 마음을 고쳐먹도록 젊은 여성을 찾아서 보냈다. 그는 다시 남부 총사령관으로 복직하였지만, 질병으로 사망했다. 유언을 남겼다.

"키예프의 수도원에 묻어 주십시오."

하지만 표트르는 국가를 위해 평생 헌신한 그를 제국의 수도에서 영예롭게 장례식을 거행했다. 표트르는 야전사령관을 기억하며 슬픈 목소리로 말했다.

"셰레메테프는 이제 없습니다. 우리도 곧 사라질 것입니다. 그의 용기와 조국에 대한 충성은 사라지지 않고, 영원히 러시아에 기억될 것입니다."[92]

표트르는 그를 신하로 대하지 않고 존경했으며 영웅으로 대하고 사령관으로 모셨다. 제국의 판테온인 상트페테르부르크 넵스키 수도원에 안장했다.

## 해군 창설

표트르는 러시아 해군을 창설했다. 그의 꿈이었다. 그는 16세 때 모스크바 이즈마일 호숫가 창고에 버려진 배를 보았다. 그 배는 할아버지의 사촌 니키타의 유품이었다. 호기심 많은 표트르는 자신에게 기하학과 요새 축성을 가르치던 네덜란드인 팀머만(Timmerman, 1644~1702)에게 물었다.

"이것은 어떤 종류의 배입니까."
"영국 배입니다."
"어디에 사용되는지요."
"수송과 여행용입니다."
"우리 배보다 무엇이 더 탁월합니까."
"바람을 타고 항해할 뿐만 아니라 바람을 거슬러 항해합니다."
이 말은 표트르를 매우 놀라게 했고 시범 운항을 해보지 않을 수 없었다.

"배를 수리하여 항해하는 것을 보여줄 사람이 있습니까."
"네. 있습니다."[93]

표트르는 기쁨을 감추지 못했고 수리공을 빨리 찾으라고 명령했다. 이 배를 수리한 사람이 브란츠였는데 표트르 아버지의 초청으로 네덜란드에서 카스피해로 와서 함선 건조 작업을 한 적이 있었다.

드디어 배가 수리되고 모스크바 야우자강에서 운항해 보았다. 표트르는 매우 놀라웠고 운항하는 일이 즐거웠다. 표트르는 북방전쟁이 끝나고 자신의 생일날, 이 배를 직접 조정하여 넵스키 수도원에서 네바강을 따라 승리의 행진을 하기도 했다. 이 배를 '표트르의 작은 배(Ботик Петра I)'라 부른다. 이 배는 제2차 세계 대전 당시 상트페테르부르크가 포위되었을 때 다른 도시로 옮겨졌고 뉴욕에 전시되기도 했다. 오늘날 해군 중앙 박물관에 전시되어 있다.

이후 표트르는 여러 척의 작은 배를 건조하여 페레슬라블 호수에서 운항해 보고는 어머니의 허락을 겨우 받아 선단을 꾸려 볼가강을 따라 북쪽 아르한겔스크로 탐사하러 갔다. 그곳에서 이등항해사로서 영국과 네덜란드 상선과 함께 북극해를 항해했다. 1693년 그는 아르한겔스크에 조선소를 세우고 러시아 최초의 배를 건조했다. 그 배의 삼색 깃발이 바로 오늘날 러시아 국기이다. 바다를 향한 그의 꿈은 얼지 않는 항구를 획득하고자 한 러시아의 거대한 꿈이었다.

원래 러시아는 배를 이용하여 정복 전쟁을 하기도 했다. 키예프 공국 시기 이고르 공이 비잔틴을 원정할 때 1,500여 척의 배를 끌고 드네프르강을 따라 흑해를 항해하여 콘스탄티노플을 포위했던 적도 있다. 러시아 역사에 처음으로 기록된 해양 원정이었다.[94] 이후 965년 이고르의 아들 스뱌토슬라프가 드네프르강과 돈강 등 수로를 이용하여 러시아 남부에 있던 하자르를 원정했다. 이 시기 배는 함선이라기보다 나무통통배이거나 큰 통나무를 잘라 가운데 홈을 파서 항해하는 배로 장정 몇 명이 들 수 있는 배였다.

13세기 노브고로드 공국은 한자 동맹국들과 대외교역이 활발했는데 수로와 해로를 이용하여 물건을 배로 운송했다. 몽골 침입 후 해양과 자연스럽게 단절되었고 모스크바 공국이 팽창하면서 이반 4세는 해상무역을 중요시하여 오늘날 에스토니아의 나르바를 정복했다. 하지만 얼마 못 가서 1617년 스웨덴이 발트해를 완전히 장악하면서 바다와 단절되었다.

1668년 표트르의 아버지 차르 알렉세이는 해양으로 진출하기 위해 네덜란드 조선공을 초빙하여 최초의 전함 독수리호를 건조했다. 독수리호의 선장인 네덜란드인 볼테르는 카스피해에서 시범 운항하기도 했다. 당시 유럽은 해양의 시대였고 러시아도 서서히 해양에 관심을 가지기 시작했다.

1696년 표트르가 튀르크와 아조프해 전투에서 승리한 후 귀족회의는 표트르의 꿈을 지지하기 위해 해군 창설을 결정했다. 이날이 10월 30일(新曆)이며 오늘날 러시아 해군 창설일이다.

표트르는 해군 창설 후 보르네시에서 첫 번째 전함을 만들고 깃발을 그렸는데 흰색 바탕에 파란색 X자였다. 사도 성 앤드루가 비스

듬히 누운 십자가에서 순교한 모양을 형상화한 것이다. 러시아가 앤드루 성인(聖人)에게서 거룩하게 세례를 받았다는 뜻이다. 오늘날 러시아 해군의 깃발이다.

1696년 표트르는 아조프 함대를 구성하여 함선과 갤리선을 제조하고 타간로그 항구를 건설했다. 러시아 최초의 함대였다. 초대 함대 사령관은 스위스인 르포르 제독이었고 부사령관은 스위스인 리마와 프랑스인 로지예르였다. 아조프 함대는 1711년까지 러시아 남부 흑해에 존속했는데 1711년 프루트 전투에서 튀르크에게 패배하면서 양국 조약에 따라 함대는 역사 속으로 사라졌다. 아조프해 요새는 튀르크로 귀속되고 함선은 팔리거나 파괴되었다. 군함이 정박했던 타간로그 항구는 폐쇄되었다.

하지만 아조프 함대의 눈부신 발전은 육군 중심의 군사 체제에 변화를 주었으며 발트 함대에 지대한 영향을 미쳤다. 해양 강국이 되는 첫걸음이었다.

표트르는 유럽 시찰 후, 1701년 런던 왕립수학 학교를 모델로 수학·항해학교를 설립했는데 이는 종교와 분리된 최초의 세속학교였다. 이후 수학·항해학교에서 항해학을 분리하여 해군사관학교를 세워 인재를 양성했으며 교관은 영국, 독일, 네덜란드 해군 장교였다.

해군 교본은 영국, 네덜란드, 독일, 프랑스 교본을 번역하여 사용했으며 학생들은 유럽의 우수한 해양학을 습득하고 우등생은 졸업 후 유럽으로 국비 유학을 하였다. 그곳에서 해군과 조선 해양학을 배웠고 시간이 지나면서 훌륭한 인재로 성장하여 그들이 외국인 장교가 떠난 자리를 채웠다.

1703년 5월 표트르는 상트페테르부르크 네바강 어귀에서 스웨덴 함선 두 척과 전투를 하여 승리했다. 이 승리를 계기로 도시를 세우고 함대를 설립했다. 발트 함대였다. 함선은 상트페테르부르크 해군성과 북쪽 아르한겔스크에서 건조했다. 해외에서 전함을 구매하여 발트 함대에 배치하는 등 상당히 빠르게 전투력을 높였다.

특히 표트르는 발트 함대를 두 개의 함대로 훈련했는데, 하나는 아조프해 전투와 같이 해안의 지상군과 해상의 해군이 공동작전을 수행하는 갤리선 함대였고, 다른 하나는 해상에서 독자적으로 수행하는 전함 함대였다. 전자는 해병개념의 해군이었다. 항코 전투 당시 표트르는 작은 갤리선을 타고 얕은 해안을 따라 빠르게 스톡홀름에 진입하여 스웨덴 해군을 무너뜨리기도 했다.

1704년 영국과 네덜란드의 조선 기술자를 초빙하고 네덜란드 해군성을 본떠서 해양산업 인프라 구축을 위한 조선소 '해군성'을 세웠다. 그곳은 단순히 함선만 건조하는 곳이 아니라 수도를 방어하는 요새로서 해군 지휘부도 있고 해군 상점, 병사들의 막사, 성당, 노동자 숙소 등을 보유한 하나의 산업복합단지였다. 그곳에서 고품질의 함선과 무기가 제조되면서 군수 산업을 이끌었다. 유럽의 열강들이 부러워하는 전투함을 만들기 시작하자, 유럽은 더 이상 러시아 함대를 무시할 수 없었다. 오늘날까지 해군 사령부가 이 해군성에 있다.

1717년 12월 11일, 스웨덴 모델로 해군부를 만들었다. 기존의 해군 업무를 담당한 '해군 프리카스'와 해군 재정을 담당하던 모스크바 해군성, 인사를 담당하던 해군 병역부, 급여와 군수 물품을 담당하던 해군위원회 등을 통폐합했다. 12월 15일 표트르는 해군부 장관에 아프락신 제독을 임명하고 차관으로는 발트 함장이었던 노르웨이인 크루이 제독을 임명했다. 수석 비서, 재정관, 회계관, 감사관 등을 해군부에 두면서 보다 체계적이고 효율적인 해군 행정조직으로 탈바꿈했다.

1720년 1월 13일, 표트르는 그 유명한 「해군 헌장」을 선포했다. 헌장은 영국, 스웨덴, 네덜란드, 프랑스, 덴마크 등 유럽 5개국의 해군 헌장을 기초로 하여 무려 5년간 공을 들였다. 표트르는 헌장의 초안을 썼으며 TF를 만들어 헌장의 토씨 하나하나를 꼼꼼히 수정했다. 이후 원로원에서 헌장을 독회하고 헌장의 서론은 사제이면서 사상가였던 프로코포비치 주교가 작성했다.

이 헌장을 읽어보면 누구나 감탄한다. 러시아 해군이 어떻게 강군이 되었는지 읽기만 해도 알 수 있다. 헌장에는 러시아 함대의 역사, 함대 운영, 군사훈련, 군 의료, 군 종교, 식량 배급 등에 관한 내용을 상세하게 기술했다. 제독에서부터 선원까지 배에 탄 모든 사람의 권리와 의무를 명확히 하고, 총 146개의 범죄에 대한 처벌을 세밀하게 적었다. 표트르는 '몰라서 그랬습니다'라는 말이 나오지 않게 했다. 이 헌장을 선포한 그해 4월 13일 다섯 권의 책으로 출간했다. 독자를 위해 흥미로운 부분을 기술한다.

"**1권 선서문**. 왼손을 복음서에 올리고, 오른손을 든 다음 검지와 중지를 위쪽으로 한 채 선서문을 낭독한다.

(해군으로 입대하면 제일 먼저 차르에 대해 맹세했다.)

**1권 1장 함대.** 함대는 세 편대로 나누고, 1편대는 파란 깃발의 선봉대, 2편대는 흰색 깃발의 주력부대, 3편대는 빨간 깃발의 후방부대이다. 각 편대에는 파란 깃발 중장, 흰 깃발 중장, 빨간 깃발 중장이 있고, 2편대 주력부대의 두 번째 함선이 전체 함대를 지휘하는 대장선이다. 총사령관이 지휘하는 대장선의 깃발은 러시아를 상징하는 쌍두독수리 깃발이다. 1등급 함선은 90개의 대포를 장착하고 병사 206명, 선원 410명, 포병 60명, 초병 26명, 요리사 3명, 나팔수 2명, 자물쇠공 2명 등 총 800명이 탑승하며, 3등급에는 32개의 대포를 장착하고 200명이 승선한다.

**1권 1장 총사령관.** 제독은 전체 함대를 지휘하며 관등표 상 1등급이다. 모든 함대에 대한 전권을 가지고 있고, 이 권한에 따라 병사를 처벌하고 임무를 수행한다. 총사령관의 서면 동의 없이는 중요한 업무를 수행하지 못하고 사령관들을 소집하여 그들의 의견을 듣고 모두가 동의하는 결정을 내린다. 총사령관은 업무가 정의로운지 귀 기울이고 돈과 부에 대한 탐욕을 억제한다. 함선에 여성이 타지 않게 하고 병사들이 게으르거나 규율에 어긋나는 걸 묵인해서는 안 되며 모든 보급품이 제대로 공급되는지도 관리한다.

**1권 3장 병참 대장.** 5등급으로 함선에 들어가는 모든 재산과 물품을 관리하고 물품구매 가격을 결정하며 의료서비스까지 감독한다.

**1권 4장 포병 대장.** 4등급으로 제독과 함께 근무하고 포병 전술 관련 군사 고문이다. 포병 대장은 제독이 지휘하는 주력부대의 대장선에 탑승하여 전체 포병을 지휘한다.

**1권 8장 재무관.** 8등급으로 모든 계급을 감시할 의무가 있고 직무를 수행하지 않거나 부적절하게 직무를 수행했을 때 수석 재무관에게 보고하며, 수석재무관은 함대 사령관에게 보고한다.

**3권 1장 선장의 서열.** 함선의 계급에 따라 결정되며 계급이 같으면 먼저 그 직책에 선임된 순서에 따른다.

**3권 9장 사제.** 전함에는 모든 종교행사를 책임지는 사제를 배치하고 부상자와 환자의 정신적 고통을 덜어 주는 역할을 한다. 사제가 수도원 사제면 장군과 같은 대우를 한다.

**3권 10장 의사.** 군의관은 환자에 대해 매일 기록하고 아픈 사람을 식별하고 감독하며 환자용 음식도 살펴야 한다. 환자의 상태에 대해 선장에게 매일 보고하고 위험한 환자는 사제에게도 알려야 한다. 의사는 전투 중에 갑판으로 올라가서는 안 되며 부상자들의 거처를 마련하고 환자를 경멸하거나 태만하게 치료하면 안 된다. 의사의 과실로 환자가 사망한 게 명백하면 살인자로 간주하여 처형한다.

**4권 2장 월급.** 해군 총사령관과 1등 제독은 월 15루블이며 그 외 제독은 11루블이다. 대장선의 선장은 5루블이며 1등급 함선의 선장은 4루블, 2~3등급은 3루블이다.

(표트르 시기 최고의 연봉자는 외국인 건축가였는데 연 5,000루블을 받았고 외국인 전문가들은 연 500~1,000루블 정도 받았다. 이들과 비교해 보면, 러시아인 제독과 해군 장교의 월급은 그렇게 많다고 할 수 없다. 이 시기 외국인 장교는 그의 역량에 따라 연봉계약으로 초빙했다.)

**4권 3장 식량 분배.** 한 달 28일 기준으로 1인당 지급량은 다음과 같다. 소고기 2.05킬로그램(5푼트), 돼지고기 2.05킬로그램, 비스킷 건빵 18.45킬로그램, 완두콩 4.1킬로그램, 곡물 6.15킬로그램, 생선 1.64킬로그램, 버터 2.46킬로그램, 맥주 86.1리터(7베드로), 보드카 1.96리터(16차르카) 등이다.

주별 식단과 식사량은 다음과 같다. 병사 1인에게 일주일에 고기 1.024킬로그램, 생선 410그램, 비스킷 건빵 4.612킬로그램, 완두콩 1.024킬로그램, 메밀 512그램, 오트밀 1.025킬로그램, 버터 615그램 제공한다. 맥주는 매일 3.075리터를 주고 보드카는 네 번 주는데 수요일과 금요일, 주말에 한잔(0.123리터)씩 준다. 약간의 식초와 소금도 매일 제공한다. 아침과 저녁에는 따뜻한 음식을 제공하되 아침은 메밀 죽 또는 오트밀 죽을, 저녁은 고기, 생선, 완두콩 등을 준다. 장교들에게는 식량을 돈으로 지급한다. 제독은 6인분의 비용, 대장함대 선장은 4인분, 선장 2인분, 비서 2인분, 군의관 2인분 등이다. 음식을 훔치는 경우 엄격하게 처벌하여 위장을 끄집어내는 형벌에 처한다.

(헌장에는 포도주라는 뜻의 '비노'라고 적혀 있는데 표트르 시기 이것은 보드카였다. 많은 양의 맥주를 병사들에게 제공했다. 아마 배에서는 맥주에 알코올이

있어 물보다 안전했을 수 있다. 맥주의 열량을 제외하고서도 제공되는 열량은 적지 않았다. 과일과 채소는 없었다. 보관상의 문제였을 것이다. 남은 음식과 상한 음식은 바다에 버렸다.)

**4권 4장 보상.** 적의 대장선 깃발을 탈취하면 10,000루블, 두 번째 제독의 깃발은 9,000루블, 세 번째는 8,000루블 등으로 차별하여 보상하고, 12킬로그램(30푼트)의 적의 대포를 수거하면 30루블, 4.9킬로그램(12푼트)은 17루블, 2.4킬로그램(6푼트)은 9루블 등으로 세분화하여 보상한다. 적의 배를 불로 태우거나 포획하면 3,000루블을 보상하고, 아군의 함선이 적의 진영에 24시간 있을 때는 이를 납치된 것으로 간주하여 그 배를 찾을 경우 적선을 포획한 만큼 보상한다.

전쟁에서 사망한 자의 미망인과 자녀는 그가 받았던 똑같은 연봉을 받고 상이 병사는 해군 상점과 지방 수비대, 또는 군무원으로 전환할 수 있으며 일할 수 없을 정도의 심각한 병사들은 사망할 때까지 병원에서 돌본다. 만일 그가 병원에 있기를 거부하면 연봉을 받고 원하는 곳으로 이사할 수 있다.

오래전에 사망했거나 복무하다 죽은 사망자의 미망인이 40세 이상이거나 장애가 있으면 재혼할 때까지 사망자 연봉의 8분의 1을 지급하고 사망자의 자녀가 남자아이의 경우 10세, 여자아이는 15세까지 각각 12분의 1을 지급한다.

(이는 재산이 없는 군 가정을 돕는 사회보장제도였다.)

**5권 군 형법.**

(총 146개 항목의 범죄와 그에 따른 처벌에 대해 적혀 있다. 형벌의 경우, 가장 큰 벌이 사형 후 몸을 네 등분으로 자르는 것이었고, 다음 형벌은 유럽군에서 보편적이었던 위장을 끄집어내 처형시키는 것이었다. 대부분의 체벌은 바다에서 근무한다는 특성상 돛대에 묶어 채찍으로 훈계했다. 갤리선에 가두어 유배시키거나 코를 자르는 형벌도 있었다.)

**1항** 차르에 대한 반역을 도모한 경우, 반역자를 도와주거나 반역을 인지했음에도 신고하지 않으면 처형하여 육신을 네 등분으로 자르고 그의 전 재산을 몰수한다.

**2항** 차르에 대해 모욕적인 말을 하거나 그 위엄을 거스르는 자는 위장을 끄집어낸다.

**5항** 최고사령관을 명예 훼손할 경우, 육체적 고통을 주거나 위장을 끄집어내는 형벌에 처한다.

**8항** 사병이 장교를 협박 또는 때리거나 해치면 위장을 끄집어 내는 형벌에 처하거나 돛대에 묶어 끝에 매듭이 네 개가 있는 채찍으로 때린다.

**15항** 부하에게 과한 형벌을 가한 것이 아니라면 체벌자를 함부로 처벌하지 않는다. 군사 법원에 따라 처벌한다.

**19항** 밤에 총을 쏘거나 고함을 지르는 행위는 월급을 삭감하고 몇 달간 지위를 박탈한다. 전쟁 시 적에게 신호를 준 반역 행위로 간주한다.

**30항** 전쟁 중에 술에 취해 소란 행위를 피우면 위장을 끄집어내어 처형한다.

**32항** 술에 취해 횡포를 부리거나 자기 일을 게을리하는 자는 잔인하게 처벌한다.

**48항** 과실로 다른 선박을 파손한 자는 한 달 월급을 삭감하고 재발하면 더 엄하게 벌주며 세 번째 같은 죄를 지으면 지휘권을 박탈하고 강등한다.

**56항** 아픈 척하거나 일부러 팔다리를 부러뜨리는 사람은 채찍으로 때리고 코를 자른 후 갤리선에 유배시킨다.

**60항** 급여는 계급에 따라 차등을 주되 항상 제날짜에 준다. 급여나 음식에 대해 공개적으로 불만을 거론하는 사람은 벌을 받는다.

**64항** 탈영하여 잡히면 처형한다.

**65항** 탈영 후 자발적으로 귀대하면 처벌은 면하지만 벌금을 낸다.

**67항** 전쟁 중에 숨는 자는 처형한다.

**70항** 전쟁 중에 배를 떠난 사람은 처형한다.

**74항** 받은 전리품을 빼앗으면 잔인하게 처벌한다.

**77항** 포로는 석방될 때까지 생명을 보장한다.

**79항** 적과 내통하거나 그 사실을 인지하고도 보고하지 않은 사람은 배신자로 간주하여 살을 찢고 능지처참한다.

**84항** 함대에서 군사 내부에 관한 편지를 쓰면 계급과 지위를 박탈한다.

**95항** 총이나 칼로 결투하면 사형에 처한다.

**100항** 하급자가 하급자를 때리는 경우, 감옥으로 보내거나 돛대에 묶어 채찍질한다.

**107항** 살인자와 살인하려는 자는 사형에 처한다.

**112항** 고의가 아닌 살인은 계급을 박탈한다.

**118항** 사람이 소나 가축과 음행하면 신체를 처벌한다.

**119항** 누구든지 아이와 남성을 더럽히거나 폭력으로 음행하면 사형에 처하거나 갤리선에 영원히 격리한다.

**120항** 여성을 강간하면 위를 끄집어내어 사형시키거나 사건에 따라 영원히 유배한다.

**121항** 여성을 간음하면 처벌한다.

**122항** 미혼 군인에게 아기가 생기면 개인별 수준에 따라 상대 여성에게 양육비를 주어야 하고 감옥과 교회로 보내어 회개하게 한다. 해당 여성과 결혼하거나 함께 살면 벌금을 부과하지 않는다.

**124항** 교회나 성스러운 장소의 물건을 훔치면 위장을 끄집어낸다.

**127항** 누구든지 무엇을 훔치면 코를 자르거나 갤리선에 영원히 추방한다.

**128항** 경비를 서는 중에 도둑질하면 교수형에 처한다.

**130항** 공금이나 식량을 훔치면 위장을 끄집어내어 처형한다.

**132항** 거짓 맹세하면 코를 자르고 갤리선에 영원히 추방한다.

**136항** 가짜 인장과 편지를 작성하면 위장을 끄집어내고 재산을 박탈한다.

**137항** 자신의 이름을 거짓으로 말하면 처벌한다.

**140항** 적이나 간첩 혹은 배신자를 숨기면 사형에 처한다.

**146항** 지위와 위엄에 불문하고 모든 사람은 명령과 법령에 반하면 처형한다. 법령을 무시하거나 명령을 위반하면 사건에 따라 처벌한다."95

러시아 해군은 한 번 입대하면 평생 근무했다. 표트르는 해군 헌장에 기반하여 병사들을 훈련하고 규율을 바르게 세웠으며 군사력을 키웠다. 이 헌장은 1797년까지 사용하였으며 해상 강국을 만드는 초석이 되었고 이후에 만든 헌장의 표본이 되었다.

1722년 표트르는 카스피해에 소함대를 창설하여 아스트라한을 군항으로 만든 후 페르시아 원정을 단행했다. 아시아와 유럽의 무역로를 부활시키기 위해서였다. 알렉산드로스 대왕이 원정했던 카스피해의 데르벤트, 바쿠, 이란 북부 마잔다란 등을 정복하여 카스피해 서남부를 장악했다.

표트르는 유럽의 국가들처럼 식민지를 꿈꾸며 통치 말기 아프리카 마다가스카르로 원정단을 보냈다. 당시 영국, 프랑스, 네덜란드도 마다가스카르로 원정을 시도했지만, 해적의 장악으로 실패했다. 이런 사실을 알려준 사람이 덴마크 해군 장교 윌스트(Wilster, 1669~1732)였다. 그는 스웨덴 함대를 지휘하다 다친 후 러시아군으로 복무했다. 아프락신 제독과 함께 비밀리에 마다가스카르 원정을 준비했으며 1723년 표트르의 명령에 따라 호위함 두 척을 이끌고 출발했다. 마다가스카르뿐만 아니라 인도 무굴 제국과도 무역 관계를 맺으려고 했다. 각 함선에는 200여 명이 탑승했으며 원정 도중 함선이 좌

초되어 덴마크 해협에 도달하지 못하고 귀향했다. 표트르는 다시 원정을 준비하라고 지시했지만, 그가 죽으면서 아프리카와 인도 원정은 중단되었다.[96]

그렇다면, 표트르의 원정은 제국주의 팽창이었을까. 이 질문에 대한 답은 표트르의 지시로 알 수 있다.

"죽음을 각오하고 지역주민에게 어떠한 손해를 입히거나 탄압을 가하지 말아야 하고, 오히려 주민들이 집에 머물면서 어떠한 두려움도 느끼지 않도록 안심시키는 일에 목숨을 걸어야 한다.
첫째, 이런 조치가 없으면 주민들이 달아나 버려 우리에게는 아무것도 남지 않을 것이다.
둘째, 우리가 주민들을 억압하면 오히려 우리가 필요로 하는 모든 걸 잃을 것이다.
따라서 일시적이고 소소한 이익보다는 영구적이고 확고한 이익을 위해 일하는 것이 바람직하다."[97]

표트르의 해군은 천하무적으로 성장했다. 그의 조그마한 배에 대한 호기심은 약 30년 만에 러시아 해군을 세계 최강 중 하나로 만들었다. 그의 의지도 중요했지만, 방법론적으로 옳았다. 우선 외국의 최고 전문가를 초빙하고 당시 최강이었던 영국과 스웨덴 해군의 발전 과정을 빠르게 답습했다. 네덜란드에서 만든 최신식 배를 구매하여 그대로 생산했으며 한 걸음 더 나아가 새로운 기술을 도입하여 무적함대를 만들고 군수 산업을 일으켰다.

표트르 재임 기간 무려 1,260척의 배를 만들었고 그가 죽었을 때 발트 함대는 대량의 함포를 장착한 1~2등급의 전투함을 무려 29척, 갤리선 800여 척을 보유하고 있었다. 대부분 영국인 설계사가 만든 전투함이었다. 이 수치는 스웨덴과 덴마크보다 높았다. 정예화된 해군 정규 병사는 28,000명이었다. 이처럼 단기간에 러시아 해군이 강해지자, 영국은 자국의 기술자와 군사전문가를 러시아에서 귀환시키고 국교를 단절했다. 러시아는 발트해를 완전히 장악했으며 유럽과 대등한 국가가 되었다.

## 아프락신

해군 개혁을 진두지휘한 표트르의 왼팔 아프락신(Apraksin, 1661~1728) 제독은 어떤 인물일까. 그의 여동생은 표트르의 이복형 차르 표도르의 둘째 아내였다. 그는 초기 크렘린궁의 시종으로 표트르의 침실 수행원이었다. 식사와 침실 생활 등 그를 밀접 경호했으며 이후 표트르가 만든 세묘놉스키 연대에 근무했다.

보로네시에서 함선 건조를 책임진 그는 튀르크와 아조프 전투에서 이룬 표트르의 첫 승리에 큰 공을 세웠다. 표트르와 함께 아르한겔스크로 가서 해당 지역 총독을 역임하고 백해를 항해했다. 그곳에서 상선을 건조하고 대외무역을 관장했다. 해군 제독이 되어 해군부 장관으로 스웨덴의 침입을 막고 수도 상트페테르부르크를 방어했으며 해군의 첫 승리 전투인 항코 전투에서 해군 총사령관을 역임했다. 발트 함대를 이끌고 스톡홀름을 초토화해 스웨덴이 평화 협상에 나오게 하는 데 큰 공을 세웠다.

평화 협상 후 그의 함대에 깃발이 바뀌었다. 최고를 뜻하는 시저 깃발이 올라갔다. 페르시아 원정을 승리로 이끌었으며 그의 노력으로 카스피해 서남쪽이 러시아 땅이 되었다. 성 앤드루 훈장과 넵스키 대공 훈장을 받았다. 러시아 해군 창설과 함선 건조에 지대한 공을 세운 그의 무덤에는 이런 글귀가 적혀 있다.

"1728년 11월 10일, 하느님의 종, 제독, 추밀원 위원, 고문, 해군부 장관, 에스토니아 공국 총독, 두 개의 훈장 소유자인 아프락신 백작이 죽었다. 그는 67세까지 살았다."[98]

이제 표트르의 21년 전쟁이었던 스웨덴과의 북방전쟁을 살펴보자. 그는 어떻게 최종 승자가 되었을까.

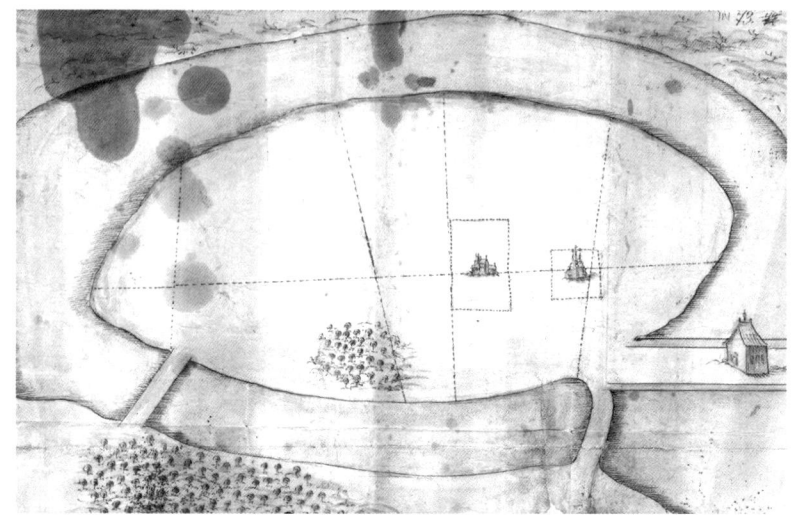

**모스크바 이즈마일 호숫가 왕실 영지**

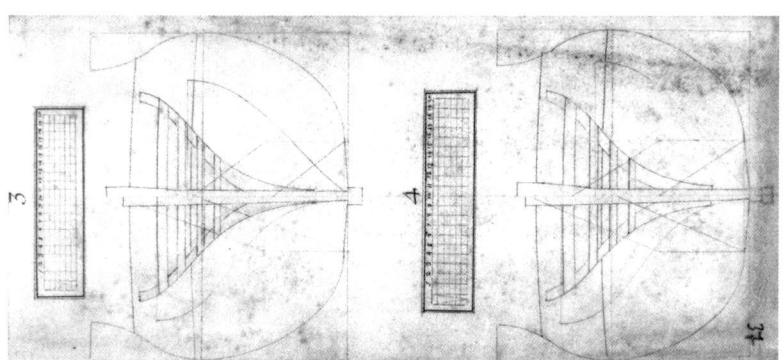

**표트르 대제의 수첩** 함선 모형도

**표트르 대제의 수첩** 함선 등급표

## 나르바 전투

러시아는 스웨덴과 역사적으로 총 12번의 전쟁을 했으며 전쟁 기간만 무려 65년이었다. 가장 중요한 전쟁이 13세기 넵스키 대공이 지휘한 전쟁이고 다음은 표트르의 북방전쟁이다. 북방전쟁은 21년간의 긴 전쟁으로 변방의 국가가 강국이 되는 결정적인 전쟁이었다.

북방전쟁의 첫 전투지인 나르바시는 오늘날 에스토니아에서 세 번째로 큰 도시이며 러시아와 국경을 접하고 있다. 상트페테르부르크에서 130킬로미터 떨어져 있는 이곳은 나르바강을 기준으로 동쪽에는 러시아, 서쪽에는 에스토니아가 있다. 도시 인구의 87퍼센트가 러시아인이며 1954년에 러시아에서 에스토니아로 편입되었다.

나르바 도심에서 강을 따라 북쪽으로 10킬로미터 거리에 핀란드만이 있고 남쪽으로 3킬로미터 거리에 호수가 있다. 강의 동서로는 각각 이반고로드 성과 헤르만 성이 있다. 1492년 러시아 차르 이반 3세가 헤르만 성에 대항하여 이반고로드 성을 쌓았다. 1558년 이반 4세는 나르바를 점령하여 상업과 군사도시로 만들려고 했지만 실패했다. 이곳은 상업적·전략적 요충지였다.

표트르 시기 나르바는 스웨덴의 영토였다. 헤르만 성과 이반고로드 성을 연결하는 다리가 놓여 있는 상황에서 두 성을 모두 포위해야 하니 쉽지 않았다. 그는 이곳을 점령하여 발트해로 진출하고 싶었다.

전투 이전의 상황은 표트르에게 불리했다. 스웨덴군이 덴마크의 코펜하겐에 상륙하면서 덴마크는 북부 동맹(덴마크, 폴란드, 작센, 러시아)을 자동 탈퇴했다. 폴란드와 작센은 스웨덴령 리가를 포위했지만, 스웨덴 왕 카를 12세가 리가에서 100킬로미터 거리의 페르누에 상륙하자 후퇴했다. 무늬만 북부 동맹이었지 실상은 러시아 혼자서 스웨덴과 싸웠다.

1700년 9월 9일, 노브고로드에서 출발한 러시아군이 나르바에 도착했다. 전체 병사는 4만 명이었고 인근 노브고로드와 프시코프에 각각 1만여 명의 예비 병사가 있었다. 러시아는 헤르만 성과 이반고로드 성을 포위하고 포병을 배치했다. 포위된 스웨덴 병사는 2,300명이었다. 헤르만 성에서 2킬로미터 떨어진 서쪽에 흙으로 성벽을 쌓았다. 스웨덴의 구원병을 차단하기 위한 성벽이었다. 이 성벽은 길이 7킬로미터의 부채꼴 모양으로 헤르만 성을 포위했다.

9월 20일, 드디어 러시아는 대포로 공격했다. 무려 2주간 공격했지만, 두 개의 성은 끄떡도 없었다. 포의 구경이 좁고 화약이 좋지 않아 별 효과가 없었다.

반면 스웨덴의 카를 12세는 전투가 일어나기 한 달 전에 나르바에서 200킬로미터 떨어진 지역에 상륙하여 병사들에게 충분한 휴식을 주었다. 이후 그는 서서히 나르바로 이동하면서 러시아의 기병대와 간헐적인 전투를 했으며 11월 19일 오전에 나르바에 도착했다. 스웨덴군은 전체 9,000명밖에 되지 않았다.

하지만 러시아는 스웨덴의 군사 수를 전체 5만 명으로 오판하는 실수를 범했다. 이에 표트르는 스웨덴군이 도착하기 하루 전날 병력과 물자를 보충받기 위해 부대는 그대로 놓아두고 멘시코프 장군과 함께 노브고로드로 떠났다. 그는 전투 경험이 많은 프랑스인 크루아 장군에게 지휘권을 넘겼다. 장군은 예기치 않게 전군을 지휘했다. 결정적인 패착이었다.

전투는 눈보라가 심하게 부는 19일 오후 두 시에 시작되었다. 러시아로서는 예기치 못한 상황이었다. 스웨덴은 도착하자마자 전열을 갖추지 않고 바로 공격한 것이다. 더욱이 눈보라는 러시아 방향으로 불어서 러시아군은 스웨덴군을 잘 볼 수 없었다. 카를 12세의 스웨덴군은 러시아군의 약점을 알고 있었다. 바로 러시아 군은 7킬로미터로 길게 늘어진 일렬로 방어하고 있었다.

스웨덴군이 중무장한 가운데 임시 성벽을 우회하여 상대적으로 약한 중앙과 오른쪽 사이, 중앙과 왼쪽 사이를 동시에 급습하자 러시아군 전체가 동요되기 시작했다. 양쪽 성벽에서 전투가 진행되었지만, 스웨덴 척탄병의 용맹한 기세에 눌려 얼마 못 가서 러시아가 쌓아 놓은 임시 성벽이 뚫렸고, 왼쪽에 포진해 있던 셰레메테프 장군의 기병대가 갑자기 공황 상태에 빠졌다.

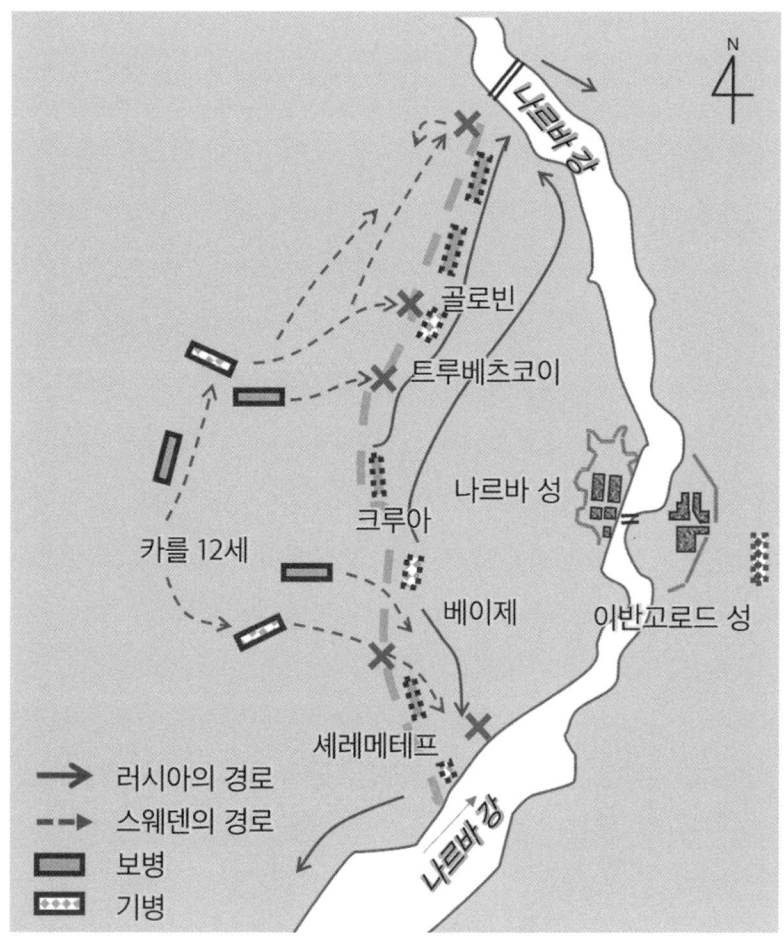

나르바 1차 전투 (1700년 11월 19일)

 러시아의 병사들이 도망가면서 독일군은 반역자라고 외쳤다. 순식간에 러시아 진영 전체에 퍼졌다. 당시 이 말은 러시아군 내 외국 장교를 뜻했다. 러시아 병사들은 오히려 러시아의 외국 장교를 공격

4. 군사 개혁과 군사·외교 전략 | 259

했다. 전체가 우왕좌왕했고 서로 도망가기 위해 임시로 만들어 놓은 가교로 몰려들면서 다리가 무너졌고 익사했다. 셰레메테프 장군의 기병대는 프시코프까지 도망갔다.

맹렬하게 싸운 부대는 표트르의 정예 부대였다. 전쟁은 밤이 되어서야 멈추었지만, 다음날 러시아는 항복했다. 스웨덴은 2,000명의 사상자가 발생했고 러시아는 6,000명이었다. 러시아는 포, 군수품과 깃발을 모두 놓아두고 빈손으로 퇴각했다. 러시아의 모든 장군은 스웨덴의 포로가 되었다.[99] 완패였다.

이 전투로 카를 12세는 유럽에서 가장 훌륭한 사령관으로 명성을 떨쳤고 표트르는 전투에서 도망간 비겁한 차르로 인식되었다. 당시 스웨덴은 최정예 상비군을 보유한 국가로 전투 경험이 풍부했다. 러시아는 오합지졸이었다. 18세의 카를 12세는 전투에서 진두지휘하며 말했다.

"나를 따르라."

그는 첩보전과 이중간첩을 활용하는 지략가였으며 어려서부터 최고의 군사교육을 받았다. 그의 참모들은 선조 때부터 스웨덴을 강국으로 일으켜 세운 장수들이었다.

러시아군은 최악의 상태였다. 나르바로 이동하는 내내 거센 비가 와서 병사들이 진흙탕 속에서 행군했고 포와 마차는 이동조차 힘들었다. 식량 배급이 부실하여 병사들의 사기는 저하되고 심지어 말은 굶어 죽었다. 4만 명의 병사 중에 전투에 경험이 있는 병사는 표트르의 정예 부대뿐이었다. 병사들 대부분은 자신의 의지와 상관없이 끌려오거나 농노에서 자유농민이 될 목적으로 참전한 이들이었다. 훈련도 잘되지 않은 병사들이었다. 외국 장교와 병사들 간의 신뢰도 없었다. 지휘체계도 엉망이었다. 전쟁 하루 전에 표트르가 지원병을 데리러 간 것도 일부러 포로로 잡힌 스웨덴 병사가 병사 수를 부풀려 말했기 때문이었다. 표트르의 첩보병이 신통치 않았다. 패자가 된 28세의 표트르는 이렇게 말했다.

"우리 군대는 어린아이 병정놀이 같았다."

카를 12세는 이 승리로 러시아군을 우습게 보았다. 언제든 쉽게 이길 수 있다고 자신했다. 만일 이 시기 스웨덴이 모스크바를 침공했으면 러시아는 스웨덴의 속령이 되었을 것이다. 하지만 그는 모스크바 방향이 아닌 서쪽 폴란드로 이동하여 폴란드의 크라쿠프까지 점령하고 드레스덴과 라이프치히를 함락시켰다.

카를 12세가 서쪽으로 떠난 것은 표트르에게는 행운이었다. 새로운 기회와 회복할 수 있는 시간을 얻었다. 표트르는 패배 후 국가 대개혁을 단행했다. 유럽의 제도와 문물을 급속히 받아들여 러시아가 유럽에서 고립되는 것을 탈피했다.

이 시기 러시아의 외교 전략은 국가개혁에 최우선 순위를 두어 외국의 훌륭한 용병과 전문기술자를 초빙하는 것이었다. 외국에 대한 정보력과 외교력을 높이기 위해 각국에 대사를 파견하고 국제관행과 법을 익혔다. 표트르는 스웨덴에 대항하는 동맹을 다시 찾았다. 이번에는 영국, 네덜란드, 프랑스였다. 스웨덴의 기존 우방국들이었다. 유럽은 스웨덴이 강해지자 힘의 균형을 맞추기 위해 표트르와 협력했다. 러시아는 유럽에서 신무기를 수입하여 국방력을 높이고 방위산업을 전수받았다. 정규군을 확대하여 정예 훈련에 집중하고 공성전을 위해 포병력을 높이는 동시에 해군을 강화했다.

이 시기 표트르는 전쟁이 아닌 외교로 국가를 보호하고 국력 신장을 위해 새로운 대외환경을 적극 활용했다. 표트르가 가장 역점을 둔 것은 군수 산업 발전과 공장 건설이었다. 볼테르는 이렇게 썼다.

> "표트르는 국가 간 외교협상, 군주의 철칙, 동맹과 친선, 국가 간 적대감이 거의 매일 바뀌고 가장 강력한 정치적 노력도 흔적 없이 사라진다는 것을 알았다. 잘 설비된 한 개의 공장이 스무 개의 조약보다 국가에 더 이익을 가져온다는 것을 알았다."[100]

표트르는 스웨덴과 전면전을 피하면서 핀란드만으로 향하는 네바강 어귀의 마을을 하나씩 점령했다. 1703년 5월 1일 네바강의 하류에 있는 스웨덴의 뉘엔스칸스(Nyenskans) 요새를 점령했다. 요새는 오각형이었으며 400여 가구의 스웨덴 정착민이 살았고 루터교회와 정교회도 있었다. 무역정착촌이었다.

표트르는 이곳에서 네바강을 따라 6킬로미터 떨어진 삼각주에 조그마한 섬을 발견하고 육각형의 러시아 요새를 세웠다. 요새 이름을 자신의 네덜란드식 이름인 피에테르를 모방하여 '상크트-피에테르-부르흐'로 불렀다. 그날이 5월 16일로 신력(新曆)으로는 5월 27일이었다. 이 요새가 바로 페트로파블롭스크 요새이며 토끼섬이다. 오늘날 5월 27일은 상트페테르부르크의 날이다.

### 2차 나르바 전투

스웨덴이 동유럽을 장악하는 사이 표트르는 승리의 여세를 몰아 다시 나르바로 접근했다. 2차 나르바 전투이다. 1704년 4월 러시아 아프락신 제독은 포병을 나르바강 입구와 헤르만 성 반대편에 배치하여 스웨덴 함대의 진입을 막았다. 러시아는 나르바를 다시 포위했으며 성에 주둔하고 있는 5,000명의 스웨덴군은 보급품과 지원병을 받을 수 없었다. 최초에는 23,000명의 병사로 포위한 러시아는 43,000명의 병사로 점차 확대했다.

표트르는 곳곳에 자신의 정예 부대를 배치하여 스웨덴의 원군을 차단했다. 러시아군은 스웨덴 군복으로 위장하여 러시아군을 공격하는 연출을 하였다. 나르바 성에 있던 스웨덴군이 지원군으로 오인하여 성문을 열자 그 틈을 타 적을 물리치는 전술을 펼쳤다. 최초의 위장 전술이었다. 이후 러시아는 적 또는 아군으로 위장하여 전쟁에 참전하였는데 한국 전쟁 당시에도 북한 군복을 입고 전투기를 몰았다.

7월 12일, 스웨덴을 향한 대대적인 포격전을 감행했다. 공성전이었다. 스웨덴은 우물에 갇힌 개구리 신세였다. 당시 카를 12세는 동유럽 전투에 참전 중이었다. 표트르는 새로운 공성 무기를 도입하고 포병 전문가인 브루스 사령관에게 포병을 위임했다. 두 달간 포위된 성은 8월 9일 무너졌다. 스웨덴의 생존자는 1,848명이었다.[101]

성문이 부서지자, 러시아군이 물밀듯이 들어갔고 순간 대량의 약탈과 유혈사태가 발생했다. 표트르가 약탈하고 있는 한 명의 러시아 병사를 칼로 찔러 죽이면서 약탈은 멈추었다. 2차 나르바 전투는 러시아 포병의 승리였다. 브루스 사령관의 피나는 노력으로 단기간에 포병을 개혁했기 때문이었다. 표트르 재임 말에 러시아 포병은 유럽 최강이 되었다.

드디어 표트르는 발트해 항로를 확보했다. 그는 전투에 완전히 패배하더라도 누구보다 빠르게 원인을 분석하고 복귀하는 능력이 뛰어났다. 그는 전방위적으로 개혁을 추진하면서 모든 역량을 한 곳에 집중하는 능력이 탁월했다. 이 능력은 천하의 인재라도 쉽게 따라 하기 힘들 정도였다. 꺾이지 않는 그의 의지와 용기 덕분에 승리의 여신이 늘 따라다녔다.

표트르는 승리를 기념하여 자신의 초상이 든 주화를 만들었다. 주화의 반대편에는 나르바 공성전 장면을 넣었다. 이듬해 그는 모스크바에서 로마 황제를 모방한 개선식을 했다. 그는 승리의 월계관도 쓰지 않고 예전처럼 평범한 장교로 개선식에 참여했다.

그러나 스웨덴은 여전히 강했고 전쟁은 아직 끝나지 않았다.

## 폴타바 전투

1708년 초 동유럽에 있던 스웨덴의 카를 12세는 러시아와 전면전을 준비했다. 모스크바를 함락하여 왕위를 찬탈하고 모스크바 공국을 스웨덴의 속주로 만들어 위임 통치하려고 했다.

표트르는 영국인 말버러에게 중재를 요청했고 영국 주재 러시아 대사 마트베예프에게 그동안 얻은 모든 영토 중 상트페테르부르크를 제외하고 양도해도 된다는 지시를 했다. 이 노력은 실패했다. 카를 12세의 전투 의지는 매우 강했고 모든 영토뿐만 아니라 전쟁 배상금도 요청했다. 오히려 표트르가 왜 상트페테르부르크 도시 하나에 집착하는지 당혹스러워했다.

표트르가 평화 협상을 전개한 진정한 이유는 무엇일까. 러시아가 전쟁을 준비하지 않고 있다는 것을 보여주기 위한 전술이었다. 당연히 표트르는 스웨덴이 공격할 것이고 강력한 힘으로만 평화가 유지된다는 것을 잘 알고 있었다.

카를 12세는 35,000명의 병사를 이끌고 폴란드의 비스툴라 강을 건넜다. 이 전투가 세계적으로 유명한 폴타바 전투이다. 표트르는 전투의 승패를 가늠할 수 없었다. 절체절명의 위기였다. 당시 모스크바 주재 영국 공사 비트보르트는 보고서에서 여러 번 썼다.

"가엾은 러시아 차르."

표트르는 정규군과 정예 부대가 있음에도 카를 12세의 군대와 비교하면 약하다고 판단했다. 두 개의 큰 전술을 펼쳤는데 첫 번째 전술은 지연과 게릴라전이었다. 맞싸움을 피하고 기습공격 위주로 전투를 펼치면서 승리의 가능성이 높을 때까지 기다리는 것이었다.
둘째는 청야전술이었다. 스웨덴군이 침입하는 방향의 도시와 마을을 미리 불태우고 가옥과 다리를 파괴했다. 가축과 주민을 피신시키고 곡식을 모두 불태우고 돌로 우물을 메우고 물을 오염시켰다. 마을을 텅텅 비웠다.
스웨덴군은 벨라루스의 민스크를 지나 스몰렌스크 방향으로 이동했다. 모스크바로 진격하는 관문이었다. 나폴레옹과 히틀러도 공격한 곳이다. 표트르는 스몰렌스크로 들어오는 길목도 불태웠다. 그의 전술에 스웨덴군은 점차 식량과 물자가 부족했다. 이 전술은 고대 유목민의 방어 전술로 크림칸국이 주로 사용했고 표트르는 이 전술의 유용성을 잘 알고 있었다. 해양 세력이었던 스웨덴군은 겪어보지 못한 전술이었다.
한편, 카를 12세의 부대 중 스웨덴과 핀란드 연합군으로 편성된

12,000명은 상트페테르부르크로 향했다. 차르가 없는 빈틈을 이용하여 네바강 어귀의 옛 스웨덴 요새를 탈환하고 새롭게 건설하고 있는 도시를 점령하고자 했다. 당시 상트페테르부르크는 아프락신 제독이 지키고 있었다. 표트르는 해전을 염두에 두고 제독에게 만반의 준비를 지시했다. 1708년 8월 네바강 전투에서 러시아는 스웨덴군을 격퇴하고 도시를 지켰으며 스웨덴군은 보급품 부족으로 퇴각했다. 적의 전함이 들어오는 길목에 인공 요새를 세우고 포를 배치하여 적을 물리친 것은 표트르의 선견지명이었다.

또한, 리가의 스웨덴 총독인 레벤하우프트는 카를 12세의 명령으로 3개월가량의 식량, 대포, 무기, 탄약 등을 싣고 스웨덴 본진을 향해 출격했다. 병사는 16,000명이었다. 1708년 9월 28일, 스웨덴 지원군과 표트르의 정예 부대는 레스나야 마을에서 전투를 펼쳤다. 벨라루스의 민스크에서 남동쪽으로 약 230킬로미터 부근이었다. 만일 스웨덴의 지원부대가 본진과 합류하면 러시아의 승리가 희박하기에 반드시 차단해야 했고, 이것은 승리를 위한 숙명이었다.

당시 러시아군은 18,000명으로 수적으로 우세한 상황이었다. 오후 1시부터 시작한 전투는 오후 내내 이어졌고 스웨덴군은 식량을 싣고 온 마차와 마을을 이용하여 요새를 만들고 방어했다. 저녁 무렵 양측의 총공격은 멈추었지만, 러시아 포병은 밤새워 공격했다. 스웨덴군은 러시아군을 속이기 위해 마을에 불을 지펴둔 채 모든 걸 놓아두고 레스나야를 빠져나갔다. 다음날 러시아군은 스웨덴군이 도망간 걸 알고 계속 추격한 탓에 스웨덴의 지원군이 본진과 합류한 건 보름이 지나서였다.

　이 전투로 스웨덴은 8,000여 명의 사상자가 발생했고 1,000여 명이 포로가 되었다. 러시아 역시 사망자 1,111명과 부상자 2,856명으로 4,000여 명의 피해를 보았다.[102] 무엇보다 스웨덴군은 식량, 탄약과 무기를 버려두고 탈출했기에 그 피해는 상당했다.

　카를 12세의 스웨덴 본진은 지원부대와 합류하기도 전에 성급히 이동하는 실수를 범해 표트르의 정예 부대에 패했다. 표트르는 이 전투를 '폴타바 승리의 어머니'로 불렀다. 러시아는 강국 스웨덴에 이길 수 있다는 자신감을 얻었고 표트르는 병사들에게 용기를 심어 주었다.

　흥미롭게도 레스나야 전투(1708년 9월 28일)와 폴타바 전투(1709년 6월 27일) 사이의 기간을 계산하면 딱 9개월이다. 사람의 잉태 기간이다. 오늘날, 이 전투 장소에 가면 성당과 기념석이 있다. 여기에는 표트르가 말한 '폴타바 승리의 어머니(Матерь Полтавской победы)'라는 문구가 새겨져 있다.

　카를 12세의 본진은 모스크바 방향이 아닌 우크라이나의 남쪽으로 이동했다. 우크라이나의 코사크 지원을 받기 위해서였다. 물론 전통적 우방국이었던 튀르크와 크림칸국의 지원도 원했다. 이 판단은 결정적인 패착이었다. 카를 12세는 코사크의 수장이었던 마제파를 전적으로 믿었지만, 막상 스웨덴을 도울 수 있는 코사크 병사는 예상과 달리 1만 명도 채 되지 않았다. 설상가상으로 크림칸국과 튀르크의 지원도 없었다. 이들은 러시아와 평화 조약을 맺고 있었다. 믿는 도끼에 발등이 찍힌 꼴이었다.

마제파(Mazepa, 1639~1709)는 우크라이나의 영웅이지만, 러시아에서는 배신자로 통한다. 그는 우크라이나를 독립 국가로 만들려고 했다. 처음엔 표트르와 협력했지만, 자신의 코사크 병사들의 피해가 심해지고 독립이 요원해지자 1708년 가을 스웨덴과 독립을 조건으로 협상을 맺었다.

마제파는 키예프 귀족 출신으로 폴란드 궁정에서 생활했으며 네덜란드, 프랑스, 이탈리아 등에서 공부했고 외국어에 능통했다. 그는 마키아벨리의 군주론을 애독했다. 그의 아버지는 우크라이나 수장이었던 흐멜니츠키의 동료로서 러시아와 합병 조약에 강하게 반대했다. 집안 대대로 독립심이 강한 마제파였다. 오늘날 키예프에 있는 성소피아 성당의 종탑과 니콜라스 성당 등이 그의 지시로 건축된 것이다.

1708년 10월 28일, 마제파와 그의 장수들이 스웨덴 진영으로 간 사이 러시아군 멘시코프 장군은 마제파의 본진을 기습 공격했다. 지금의 키예프에서 동쪽으로 약 180킬로미터 지점에 있는 바투린이다. 우크라이나 코사크 좌안의 중심도시였다. 러시아군의 예상치 못한 선제공격으로 마제파의 병사 수천 명과 코사크인이 죽었다. 1만여 명이 훨씬 넘었다. 멘시코프는 바투린 요새를 불태웠다. 오늘날 우크라이나인은 이곳에 비석을 세워 추모하고 있다.

이 기습으로 스웨덴군은 식량을 확보할 수 없었으며 겨울을 편안하게 날 수 없었다. 마지막으로 믿었던 식량 원조마저 막히면서 스웨덴은 상당한 충격을 받았다. 마제파를 따르던 병사는 예상보다 훨씬 적었는데 표트르의 선전술 탓이었다. 마제파가 정교회를 모독했다는 비방을 우크라이나 전역에 펼쳐 자신들의 수장을 의심하게 만들었다.

표트르는 새로운 우크라이나의 수장을 선출하여 우크라이나를 두 세력으로 분리했다. 이 시기 표트르는 우크라이나의 좌안 지역, 즉 드네프르강 동쪽에 자리 잡은 요새들에 수비대를 보충하고 각 요새의 사령관에게 특별 지시를 했다. 어떤 상황에서도 적에게 항복해서는 안 된다는 것이었다.

스웨덴군은 무려 1년을 넘게 내륙을 이동하면서 풍찬노숙으로 동사하고 굶주렸다. 겨우내 행군과 소규모 전투가 이어지고 수류탄, 탄약, 대포, 무기 등이 줄어들고 병력은 26,000명으로 감소했다. 이 시기 드네프르강 하류 자포르지예 코사크 부대 6,000여 명이 스웨덴군에 합류했다. 전통적으로 자포르지예 코사크는 러시아와 등거리를 두면서 협력하거나 저항하는 코사크인이었고, 돈 코사크는 러시아와 협력하여 공생하는 코사크인이었다.

마제파는 카를 12세에게 남쪽의 폴타바 요새에 군수품이 대량으로 있다고 언급하며 폴타바 요새로 이동하도록 권유했다. 1709년 4월 스웨덴은 우크라이나의 남부 폴타바 요새를 포위했다. 드네프르강 동쪽에 있는 폴타바는 키예프에서 남동쪽으로 약 300킬로미터 떨어져 있었다. 스웨덴은 도시를 점령하여 식량과 전쟁 물자를 획득하고 러시아의 중요 도시 보르네시까지 진격하길 원했다.

4월부터 시작된 스웨덴의 폴타바 요새 탈환전은 쉽지 않았다. 난공불락의 요새였다. 지형적으로 위로 우뚝 솟아있었고, 깊은 해자와 흙으로 쌓은 성벽 위로 나무 성벽이 올려져 있었다. 북서쪽을 제외하고 가파른 언덕이었다. 1,100여 명의 병사와 주민들이 혼연일체가 되어 무려 두 달간 방어했다. 돌, 통나무, 병과 점토 수류탄으로 스웨덴군을 격퇴했다.

6월 4일, 표트르는 폴타바에 도착했으며 전군 전투준비를 명령함과 동시에 칼미크와 돈 코사크에 지원병을 요청했다. 폴타바 요새의 북쪽에 1군 주력군을 배치하고 그 아래에 2군을 배치했다. 적의 침입을 막기 위해 보루를 쌓고 군영을 하나의 거대한 요새처럼 만들었다. 양측 사령부의 거리는 불과 5킬로미터였다.

드디어 결정적인 전투가 준비되었다. 세계 전쟁사에 기록된 역사적 전투였다. 표트르의 병사는 42,000명이었고 72개의 포를 보유하고 있었다. 이는 정규 병사의 수치로 칼미크와 돈 코사크의 지원병은 포함되지 않은 것이다. 늘 그렇듯이 지원병의 수를 파악하는 건 무리였다. 표트르는 1군을 지휘했고 기병은 멘시코프 장군이 통솔했으며 포병은 브루스 사령관이 맡았다.

표트르는 전투 전날 모든 연대를 사열하면서 병사들에게 이렇게 말했다. 명문장이었다.

"병사들이여! 이제 조국의 운명을 결정할 시간이 왔다.

그대들은 표트르를 위해서 싸운다고 생각하지 말라.

표트르에게 맡긴 국가를 위해, 가족을 위해, 조국을 위해,

우리가 믿는 정교와 교회를 위해 싸운다고 생각하라!

적의 영광에 당황하지 말라. 적에게 수차례 이기면서 증명하지 않았는가.

눈앞의 전투에서 너희를 위해 맞서는 정의와 하느님이 계신다는 것을 기억하라.

인지하라! 표트르는 자기 삶에 어떤 가치도 두지 않는다는 것을,

오로지 러시아의 무한한 행복과 영광 속에서만 살고,

그대들의 안녕을 위해서만 산다는 것을."[103]

6월 27일, 운명의 전투가 시작되었다. 하루 전날 밤 11시, 스웨덴은 전쟁 준비를 명령하고 새벽 1시부터 이동하여 러시아 2군을 기습 공격했다. 러시아군은 혼란에 빠져 후퇴하기 시작했다. 스웨덴은 러시아 보루를 두 개 점령했다. 러시아는 일제히 포로 반격했다. 애초에 스웨덴은 러시아군이 기병전을 전개할 것으로 예측하여 포병을 배치하지도 않았고 실제로 할 수도 없었다. 스웨덴은 겨우 4개의 포만 있었는데 28개의 포는 탄약이 없어 사용할 수 없었기 때문이다. 스웨덴 보병은 러시아의 포 공격에 속수무책이면서도 계속 행군하여 오전 5시경 러시아의 보루를 넘어 러시아군과 마주하였다. 스웨덴 우익은 러시아군의 좌익을 격렬하게 공격하여 러시아는 계속 밀렸다.

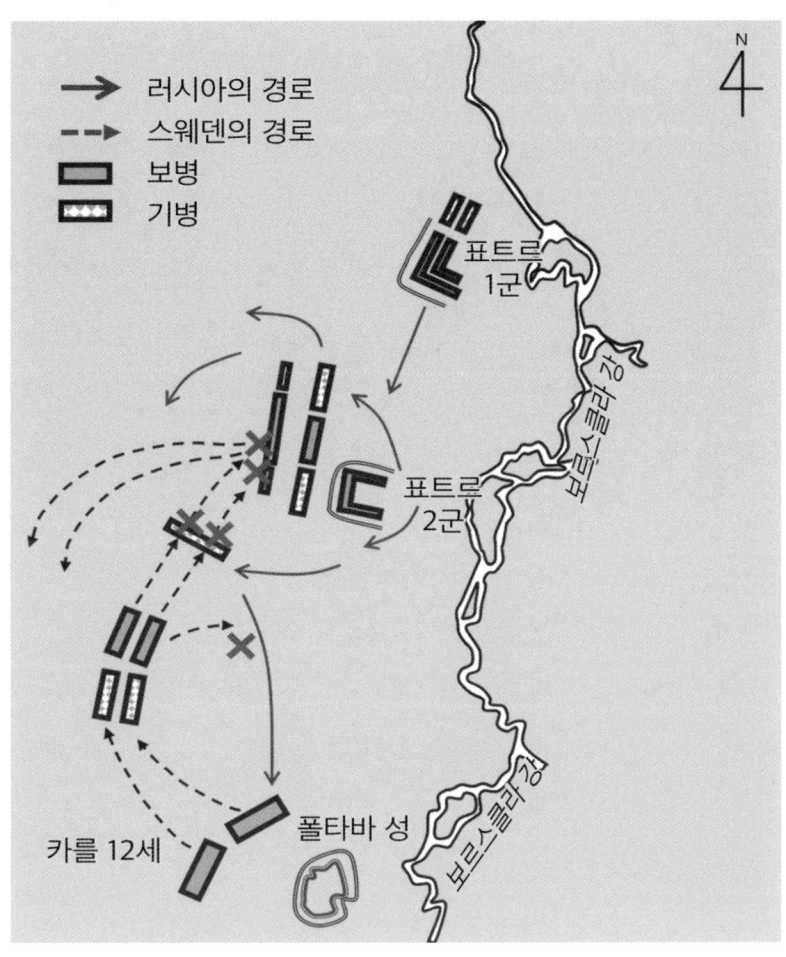

폴타바 전투(1709년 6월 27일)

날이 밝아 왔다. 러시아는 드디어 방어전에서 전군 공격선으로 바꾸어 오전 8시경 22,000명의 보병과 1만 명의 기병을 앞세워 진군했다. 멘시코프의 기병이 선봉대였다. 스웨덴의 우익이 러시아군

측으로 너무 깊숙이 들어오면서 좌익과 동조를 맞추지 못해 150미터 간격이 생겼고, 그 위치를 러시아군이 측면 공격하여 스웨덴의 우익은 무너졌다. 카를 12세는 가장 결정적인 순간에 총알을 맞아 발꿈치를 심하게 다쳐 진두지휘할 수 없었고, 스웨덴 우익에게 전략도 사전에 알리지 못하고 단순히 명령만 내리다 보니 위기 시 임기응변은 불가능했다. 엇박자였다.

막상막하의 전투 상황이 오전 11시를 넘으면서 전세가 바뀌었고 스웨덴은 무질서하게 후퇴했다. 반면 러시아군은 기세를 올리며 밀어붙였다. 카를 12세는 전쟁의 승기를 빼앗기자, 지휘봉을 부하에게 넘기고 전장을 떠났다. 첫날 저녁에 표트르는 이미 승리를 확신했다. 이후 전투는 추격전이었다.

카를 12세는 마제파와 함께 2,000여 명의 병사를 이끌고 드네프르강을 건너 튀르크 영역으로 도망갔다. 사흘간 여섯 차례가 넘는 전투가 있었고 멘시코프의 기병은 적을 끝까지 공격하면서 6월 29일 스웨덴은 결국 항복했다.

전투 후 표트르는 승리를 축하할 때쯤에서야 총알이 자기 모자를 꿰뚫고 간 걸 알고 놀라워했다. 자기 신체에 아무런 피해를 입지 않아 신에게 감사했다.

"국가의 안녕을 위해,
나와 당신과 군인들은 목숨을 아끼지 않았습니다.
불명예보다는 죽음이 낫습니다! (모자를 가리키며)

이 총알은 내 죽음의 제비뽑기가 아니었고,
러시아를 구하고 카를의 자존심을 꺾기 위해,
지극히 높으신 분(하느님)의 오른손이 나를 구해준 것입니다.
이 전투는 우리의 행복이며,
두 국가의 운명을 결정했습니다.
내 조국을 영광으로 드높이려는 것이 오니,
오늘 우리는 영원토록 하느님께 감사드립시다."[104]

폴타바 전투에서 스웨덴군은 9,234명이 사망하고 무려 18,746명이 포로로 잡혔다. 러시아군은 1,346명을 잃었고 3,289명이 상처를 입었다.[105] 표트르의 완승이었다. 그는 전투 첫날 아내에게 승리의 기쁨을 담은 편지를 썼다. 얼마나 기쁘고 흥분했는지 평소의 필체보다 더 흘리게 썼다.

"여왕이시여, 안녕하신지요.
당신에게 전합니다. 자비로우신 하느님께서 오늘 우리에게 형언할 수 없는 승리를 주셨습니다.
한마디로 말해 적군 전체가 완전히 패배했다고,
우리에게서 생생한 소식을 들을 수 있습니다.
직접 이곳으로 오셔서 축하해 주십시오."
- 1709년 6월 27일 피터(Piter)

**표트르 대제의 편지** 1709년 6월 27일 표트르 대제가 아내 예카테리나 1세에게 쓴 폴타바 승리를 알리는 편지 러시아 학자 아르타모노프는 표트르의 폴타바 전투 승리를 이렇게 평가했다.

"폴타바 전투는 세계사에 기억될 전투입니다. 그것은 돈스코이(몽골과의 전쟁), 보르디노(나폴레옹과의 전쟁), 스탈린그라드(제2차 세계대전)와 함께 러시아의 전투력을 높이 평가받은 사례입니다. 폴타바 전투와 북방전쟁 승리는 스웨덴을 무너뜨렸고 로마노프(러시아) 제국의 위상을 높였으며 혁명 전까지 우리의 미래를 결정했습니다. 폴타바의 영광은 우리 국가의 영원한 발판이 되었습니다."[106]

카를 12세는 전쟁 패배 후 더는 회복할 수 없었고 스웨덴은 패권국의 위용을 잃고 점차 역사 속으로 사라졌다. 이제 유럽은 러시아를 무시할 수 없었다. 유럽의 열강들은 러시아를 견제하기 시작했다.

러시아 외교 전략은 폴타바 전투 이전과 이후로 구별된다. 이전에는 전쟁 승리를 위한 외교 전략이었다면, 후에는 외교정책을 수행하기 위한 전쟁이었다. 외교 전략과 군사전략이 한 몸이 되어 움직였다. 기존의 방어 외교에서 공격 외교로 바뀌었다.

공격 외교의 핵심은 적의 지도층과 엘리트를 포섭하여 적의 내부를 분열시키고 적의 언론을 교란해 국민 여론을 분산시키며 국제질서를 유리하게 조성하는 것이었다. 참전하지 않은 국가는 최소한 중립을 유지하도록 발을 묶어두었다. 선물과 돈으로 얻은 정보를 적극 활용하여 러시아에 반감을 갖지 않도록 했다.

표트르가 중시한 또 하나의 외교는 유럽의 왕가와 러시아 왕실과의 혼인이었다. 프로이센 왕의 조카 빌헬름과 표트르 이복형의 딸 안나가 혼인했고, 표트르의 아들 알렉세이는 신성로마 제국 황제의 처제 브라운슈바이크 공주 소피아와 결혼했다. 표트르 사후 이러한 혼인은 황실의 전통으로 남아 마지막 황제 니콜라이 2세도 헤센 대공의 딸과 결혼했다.

폴타바 전투 결과, 유럽은 합종연횡이 시작되었다. 덴마크, 폴란드, 프로이센이 러시아와 다시 동맹을 맺으면서 북부 동맹이 재건되었고 발트해에서 스웨덴의 흔적을 지워 나갔다. 영국은 러시아를 견제했고 프랑스는 스페인의 왕위 계승 문제에 몰두한 나머지 북유럽 문제에 관여할 수 없었다.

1710년 표트르는 리가를 오랫동안 포위 끝에 점령했으며 에스토니아와 리보니아를 완전히 장악하였고 발트해의 항구를 하나씩 차지하면서 발트해로의 꿈을 실현해 나갔다. 북방전쟁 시작 10년 만에 발트해로 진출했으며 승리의 기세는 대단했다.

문제는 남쪽의 튀르크였다.

## 프루트 전투

 튀르크 영토로 도망간 스웨덴 국왕 카를 12세는 자신의 고국으로 돌아가지 않고 술탄 아흐메트 3세가 러시아와 전쟁하도록 부추겼다. 그는 자신의 고국에서 인기가 떨어져 가고 싶지 않았다.

 1710년 11월, 폴타바 전투 1년이 지난 시점에 튀르크는 러시아와의 평화 조약을 철회하고 전쟁을 선포했다. 전쟁의 이유는 표트르가 획득한 아조프 반환이었다. 표트르 역시 폴타바 전투 승리 후 군사력이 강해졌기에 바로 응대했다. 러시아를 지원하겠다는 국가들도 있었으니, 그의 의기양양함은 하늘을 찔렀다.

 표트르에게 협조를 약속한 연합군의 병사 수만 해도 폴란드 3만 명, 몰도바 공국의 칸테미르군 1만 명, 세르비아 포함 왈라키아(루마니아) 5만 명이었다. 러시아의 전통적 아군인 돈 코사크 8만 명과 칼미크 2만 명도 있었다. 러시아 정규군이 9만 명이었으니 약 30만의 대군[107]이었다. 이 정도면 튀르크와 육지에서 싸울만했다. 튀르크의 동원력도 크림칸국의 지원병을 포함하면 이와 비슷했다.

러시아군은 리가와 상트페테르부르크에서 우크라이나와 몰도바의 국경 지역인 드네스트르로 이동했다. 1차 집결지였다. 전투 계획에 따르면, 이곳에서 군사를 1차 점검하고 더욱 남진하여 다뉴브강을 건너 튀르크에게 종속되어 있던 왈라키아, 세르비아, 몬테네그로 등을 도와 그들이 튀르크에 반란을 일으키는 것이었다. 상트페테르부르크에서 몰도바까지 직선거리로 무려 1,500킬로미터였다. 엄청난 긴 행군이었다. 폴타바 전투에서 스웨덴군이 행군했던 거리만큼이었다.

1711년 3월 6일, 표트르는 아내와 함께 모스크바에서 몰도바로 출전했다. 5월 말에 러시아군은 1차 목적지 드네스트르에 도착한 후 계속 남하했다. 셰레메테프 장군의 부대는 제일 먼저 몰도바의 프루트강까지 왔지만, 막상 칸테미르의 몰도바군은 7,000명도 되지 않았으며 러시아에 약속한 보급품도 없어 병사들은 굶주렸다. 설상가상으로 러시아군은 행군 도중에 타타르의 공격으로 식량을 빼앗겼다. 식량보다 더 심각한 문제는 물이었다. 무더위 속에 초원을 행군하면서 병사들은 탈진했다.

6월 20일, 표트르는 몰도바의 아이시 지역에서 군사 회의를 개최했다. 보급이 부족한 상태였기에 드네스트르로 회군하거나 잠시 남하를 멈추는 의견도 있었지만, 계속 진군하기로 최종결정했다. 러시아군은 지시에 따라 남하를 강행했지만, 폴란드군은 몰도바 국경선에서 행군을 멈추고 관망하기 시작했으며, 세르비아와 왈라키아는 러시아군이 자신의 영토로 들어오지 않는 이상, 여전히 튀르크 세력

아래에 놓여 있는 상황이었기에 군사를 일으킬 수 없었다.

이 시기 술탄은 표트르의 군사력을 과대평가했다. 그는 기독교인들의 공동 대응에 위협을 느껴 예루살렘의 총주교를 통해 표트르에게 평화 협상을 제안했다. 협상 내용은 튀르크의 지배를 받고 있던 왈라키아와 몰도바 등을 포함하여 다뉴브강까지 모든 영토를 러시아에 양도한다는 것이었다. 그런데 막상 표트르는 이 제안을 거절했다. 세상을 다 얻은 듯한 자아도취에 빠진 표트르에게는 승리가 필요했다. 표트르 통치 기간 중 두고두고 후회한 가장 큰 실수였다.

러시아군은 프루트강을 따라 다뉴브강 방향으로 85킬로미터를 이동했다. 프루트강은 루마니아와 몰도바를 가르는 경계선으로 다뉴브강과 합류하여 흑해로 흘러간다. 전투지인 프루트는 흑해까지 약 165킬로미터 떨어진 곳이다. 즉, 튀르크군의 행군 거리가 러시아군보다 훨씬 짧았다. 더욱이 튀르크를 지원한 크림칸국 역시 전투지까지 멀지 않은 곳에 있었다. 러시아 병사들은 더위와 굶주림으로 행군 중에 쓰러졌고 자기 몸도 가누기 힘들어 쓰러진 병사를 일으켜 세울 수도 없는 상태였다.

한편, 튀르크는 다뉴브강을 건너서 프루트강을 따라 북진하고 있었다. 병사는 20만 명이었고 러시아군보다 무려 3배 정도 많았다.

7월 8일, 양측 군이 프루트강에서 처음으로 맞닥뜨렸다. 러시아의 선봉대가 싸웠지만 역부족이었다. 후퇴하여 본진과 합류했고 저지대에 주둔하고 있던 러시아군은 좀 더 유리한 지형을 찾기 위해 전체 군을 후퇴시켰다.

7월 9일, 러시아는 스테니리시치 마을과 프루트강 사이에 진을 치고 적을 기다렸다. 배치도를 보면 배수진이다. 강을 뒤로하고 강변에 본진을 배치했다. 몰도바의 수도 키시노프에서 남서쪽 약 60킬로미터 지점이었다.

오후에 전투가 시작되었고 튀르크군은 명령을 기다리지도 않고 계속 러시아 진영으로 진군하며 끊임없이 큰 소리를 외쳤다. "알라, 알라, 알라" 신에게 호소하며 돌진했다. 러시아는 방어전을 펼쳤고 포 공격으로 적을 격퇴했다. 죽은 병사들은 튀르크가 더 많았다.

전투는 사흘간 이어졌다. 튀르크군은 높은 지형을 하나씩 점령하고 러시아군을 포위하였고 러시아의 패색은 짙어졌다. 표트르 역시 며칠간 잠도 못 자고 엄청난 스트레스를 받았다. 그가 이렇게 절망적이었던 건 흔치 않았다. 당시 표트르 진영에 있었던 덴마크 특사는 이런 글을 썼다.

"차르는 튀르크 군대에 포위되어 미친 사람처럼 절망에 빠져 병영을 이리저리 뛰어다니며 가슴을 치고 말 한마디도 하지 못했다. 대다수 사람은 그가 충격에 빠졌다고 생각했다."[108]

표트르는 엄청난 절망으로 정신을 놓았다. 러시아에는 여전히 대포가 있었지만, 식량 공급이 끊기고 포위는 풀리지 않아 얼마 못 가 굶어 죽을 상황이었다.

의외로 침착했던 사람은 왕후 예카테리나였다. 왕후는 임신 7개월째였다. 당시 장교들은 아내와 함께 참전하기도 했기에 왕후가 전쟁터에 동참한 것이 이례적인 건 아니었지만, 러시아 왕실 전통과 비교하면 특이한 행동이었다. 표트르를 심리적으로 안정시킨 건 왕후였고 그는 아내에 대한 고마움을 평생 간직했다.

"우리의 가장 은혜로운 아내 예카테리나 왕후는 훌륭한 협조자였습니다. 왕후는 수많은 전투에서 여성의 연약함을 뒤로 미룬 채 자신의 의지에 따라 우리와 함께 있었고, 가능한 한 많은 일을 도와주었습니다. 특히 프루트 전투에서 우리 군대 전체가 무능했던 그 절망적인 시간에 그녀는 여성이 아닌 남성처럼 행동했습니다."[109]

7월 10일, 오전 군사 회의에 표트르는 참석하지 않았고 왕후와 샤피로프 외무차관은 휴전 협상을 지지했다. 오후 한때 비가 쏟아졌고 튀르크는 계속 포격을 가했다. 오후 5시경 샤피로프 차관은 전례 없는 협상안을 들고 튀르크 진영으로 갔다. 그는 국제문제 전문가로 경험 많은 심리학자이자 외교관이었고 언어에도 해박하여 표트르가 신뢰한 동료였다. 표트르는 샤피로프에게 증서를 전달했다.

"우리의 차관이 (협상안을) 만들고 결정하는 것은 그것이 무엇이든 논쟁의 여지가 없는 강력한 것입니다."

표트르는 아조프를 튀르크에게 돌려주고 지난 10여 년간 획득한 발트해의 리보니아를 스웨덴에 양도하며 프스코프와 상트페테르부르크를 보유하는 대신 돈을 지급할 것이며 다른 영토까지 튀르크에게 줄 수 있다고 했다.[110] 그야말로 대탈출을 위한 굴욕적인 협상이었다. 전쟁터에서 자신이 죽으면 그동안 개혁했던 국가의 모든 걸 잃는다고 생각했다.

이틀간의 협상을 거쳐 7월 12일 평화 조약을 체결했다. 상당히 빠른 평화 협상이었다. 튀르크의 완승이었지만, 러시아도 양호한 조건으로 협상을 맺었다. 튀르크는 잃어버렸던 아조프를 다시 찾고 러시아의 타간로그 요새와 일부 요새들을 파괴했다. 이와 동시에 표트르의 아조프 함대도 사라졌으며 전함들은 팔려나갔다. 협상에 따라 러시아는 폴란드 문제에 간섭하지 않기로 했으며 카를 12세가 스웨덴으로 가는 길을 열어 주기로 했다. 우크라이나의 우익 지역(드네프르 강 서쪽)에 대해 내정간섭도 하지 않기로 했으며 콘스탄티노플에 러시아 대사를 파견할 권리도 잃었다. 협상에 참여한 샤피로프 차관과 지상군 총사령관 셰레메테프의 아들은 인질이 되어 튀르크로 끌려갔다.

표트르는 협상금을 주고 겨우 튀르크의 포위에서 풀려났다. 샤피로프가 튀르크에게 제시한 평화 협상 금액은 무려 15만 루블을 넘었다.[111] 이 완패한 전투에서 러시아가 자신의 군사력을 보존하고 리보니아와 상트페테르부르크 등 북쪽의 영토를 지킨 건, 말 그대로 행운이었다.

표트르는 폴타바 전투 승리에 취해 의기양양했지만, 튀르크에게는 무릎을 꿇었다. 그는 전투 후 질책성 인사를 단행했다. 무려 14명의 장군과 200여 명의 장교를 해고했다. 표트르 시기 튀르크는 러시아에 여전히 강한 국가였다.

한편, 폴타바 전투에서 카를 12세와 함께 튀르크 영토로 탈출한 코사크 수장 마제파는 자신의 고국으로 돌아가지 못하고 죽었다. 그의 부하였던 오를릭(Orlik, 1672~1742)이 우크라이나의 수장이 되었다. 1710년 4월 5일, 오를릭은 「자포르지예 군대의 권리와 자유에 관한 조약과 법령」[112]을 공포했다. 이 문서가 우크라이나 최초의 헌법이다.

## [우크라이나 최초의 헌법]

헌법 서문에는 자신들의 기원에 관한 내용을 담았는데 동로마 제국을 공포에 떨게 한 고대 하자르의 후예라고 적었다. 서문에 '코자르스키(Козарский)'와 코자르공(公)(Князя Козарского)'이라는 단어가 있다. 이 단어가 하자르(Хазар)라는 뜻이다. 17~18세기 우크라이나가 독립운동을 전개할 때, 우크라이나의 정체성을 하자르에 두었고, 러시아와 민족적, 정치적, 문화적, 종교적 유사성이 없는 독립된 국가로 보았다. 헌법 13조에는 수도를 키예프라고 적었다.

헌법을 살펴보니, 당시 우크라이나를 뜻하는 '소 러시아'라는 단어가 7회, '우크라이나'가 8회 나왔다. 이 시기 두 단어는 혼용되어 사용되었다. 슬라브를 뜻하는 단어는 한 글자도 없었다.

헌법은 고대 러시아어와 라틴어로 기술했으며 고대 러시아어 원본은 현재 러시아 고문서보관소에, 라틴어 원본은 스웨덴 국립 기록보관소에 있다. 문서 명칭에 러시아어 '포스타노블레니예(Постановление)'라는 단어가 있는데 법령이라는 뜻이다. 이 단어가 라틴어 제목에서는 'Constitutiones'라고 적혀 있다.

이 헌법에는 우크라이나가 폴란드와 러시아로부터 독립하고 튀르크와 크림 칸국과 동맹을 맺으며 스웨덴의 영원한 보호국이 된다는 내용이 있다. 북방전쟁 승리 후에 카를 12세의 서명을 받고 발효될 예정이었다. 현재 라틴어 사본은 우크라이나 대통령 집무실, 의회, 헌법재판소에 각 1부씩 있고, 우크라이나의 모든 학교에 우크라이나어로 번역본이 비치되어 있다.

## 뉘스타드 평화 조약

러시아는 프루트 전투에서 튀르크에게 패배했지만, 스웨덴에 대한 공세를 계속 이어갔다. 강온전략이었다. 폴타바 전투 승리부터 스웨덴과 평화 협상도 계속해서 진행했다. 하지만 스웨덴은 협상을 거부했다. 스웨덴은 여전히 발트해에서 러시아와 비교되지 않을 만큼 그 위용이 건재했고 노르웨이와 핀란드 등을 차지하고 있었다.

폴타바 승리를 대하는 당시 유럽의 반응을 보면 스웨덴의 그런 태도를 이해할 수 있다. 신성로마 제국은 자국 주재 러시아 대사가 승리 축하연도 열지 못하게 했고, 네덜란드는 러시아의 승리에 대해 언급하는 것을 꺼렸다. 영국은 스웨덴이 패배하여 비통하다고 했고, 프랑스는 스웨덴의 동맹국으로서 기뻐하지 않았다. 프로이센은 카를 12세의 승리를 예견하고 있었기에 겁에 질려있었다.[113]

유럽은 러시아의 폴타바 승리를 인정하고 싶지 않았지만, 러시아를 재평가할 수밖에 없었고 동등한 열강으로 받아들일 수는 없었지만, 표트르의 위력을 무시할 수 없었다. 표트르는 유럽의 냉담한 반응을 극복하기 위해 국력을 더 키웠다. 그는 유럽의 선진기술·행정·군사·법률을 도입하고 그들보다 더 강한 무기를 개발했다.

표트르의 국가 대개혁은 실질적으로 폴타바 승리 후였다. 그만큼 러시아에 있어서 중요한 승리였다. 당시 러시아는 유럽에서 많은 무기를 구매하여 '유럽의 무기창'이라는 별명이 있었다. 표트르는 무기 수입을 전면 중단시키고 오히려 군함을 수출하기 시작했다. 그는 자국의 군사력과 산업력을 강화하고 발트해에서 스웨덴에 대항하는 해상전투를 준비했다. 이제 승리가 아닌 평화를 위한 전투였다.

1714년 러시아는 핀란드의 대부분 영토를 점령했다. 이제 남은 것은 스웨덴이 통제하는 발트 항로였다. 표트르는 스웨덴으로 향하는 전략적 요충지인 핀란드의 항코만에서 전투를 준비했다. 러시아는 아프락신 제독이 이끄는 작은 갤리선 99척과 상륙군 15,000명이 있었고, 스웨덴은 전함 15척, 호위함 3척, 포격선 2척 등이 있었다. 표트르는 해군 장교로서 참전했다. 러시아는 전략적으로 스웨덴 함대를 분리하기 위해 갤리선 일부를 항코만 북쪽으로 옮겼는데 스웨덴은 러시아 예측대로 전함을 분리하여 러시아 해군에 대응했다.

전투 전날 바람이 불지 않은 틈을 타, 러시아 선봉대는 스웨덴 함대를 우회하여 해안을 따라 스웨덴군을 돌파했다. 스웨덴의 전함은 큰 배여서 바람이 없으면 기동성이 떨어졌고, 방향을 쉽게 조정할 수 없을 정도로 해안에 작은 섬이 많았다. 반면 러시아는 조그마한 갤리선을 전투에 투입했기에 얕은 해안을 따라 이동이 쉬웠고 속도가 빨랐으며 수륙양용전이 가능했다. 즉, 해병 중심의 작전이었다.

**표트르 대제의 칙서** 1711년 4월 29일 영국 앤 여왕에게 스웨덴을 상대로 영국 군사를 파견해달라는 칙서로 '모스크바 바로크'로 장식된 황실 문서

7월 27일, 드디어 전투가 시작되었다. 러시아 함선들은 스웨덴 전함 '코끼리 호'를 포위하여 무려 세 시간 동안 집중적으로 공격했고 마침내 표트르는 코끼리 호에 승선했다. 처음으로 스웨덴 해군 제독을 생포했으며 코끼리 호에 소속된 다른 함선들도 모두 포획했다. 러시아의 전술에 걸려든 스웨덴이었다. 해양에서의 첫 승리였다. 러시아 해전사에 길이 남을 전투이자 발트해를 장악하게 되는 결정적인 전투였다. 표트르는 매년 이날을 기념하여 해군 승리 퍼레이드를 했고, 오늘날 이날이 러시아 해군의 날이다.

육·해군에서 승리한 표트르는 이제 거칠 것이 없었다. 영국은 유언비어를 계속 퍼트렸다. 러시아가 유럽을 장악하려는 야욕이 있다는 것이었다. 표트르는 영국의 외교전에 맞서 새로운 돌파구를 찾아야 했다. 바로 프랑스였다. 그는 프랑스가 스웨덴과의 평화 협상을 중재해 주기를 원했다.

1716년 표트르는 프로이센 왕실과 조카의 결혼식에 참여하기 위해 그단스크에 잠시 머문 후, 네덜란드의 제지공장과 제조소 등을 둘러보고 이듬해 4월 파리로 갔다. 이것이 두 번째 유럽 시찰이었다. 표트르는 루이 15세를 만나 정부 간 상호협력을 제안했지만, 프랑스는 영국과 네덜란드의 불만을 고려하여 소극적으로 대응했다. 조약은 체결하지 못했다. 이후 그는 해부학연구소, 미술관, 도서관, 궁정과 정원, 조폐국, 프랑스과학 아카데미 등을 탐방하며 기다렸다.

드디어 1717년 8월 4일, 그는 프랑스, 프로이센과 함께 「암스테르담 조약」을 맺었다.[114] 러시아 측 조약 체결 전권대사는 골롭킨, 샤피로프, 쿠라킨이었다. 이들은 협상 전문가로 표트르가 신뢰하는 외교관이었다.

조약의 핵심은 당사국 중 어느 한 국가가 외부의 공격을 받으면 상호 원조한다는 내용이었다. 프랑스는 스페인의 왕위 계승 전쟁을 종식한「라슈타트 조약」에 대해 러시아와 프로이센의 인정을 받고, 스웨덴과 동맹을 갱신하지 않으며 스웨덴에 대한 헌금 보조금을 중단하기로 약속했다. 프랑스는 협상중재자였지만, 실제로 러시아를 위해 그 이상의 역할을 했다. 이 조약으로 스웨덴의 입지가 약화하였다. 러시아 외교의 승리였다.

반(反)스웨덴 연합국들은 북방전쟁을 종료하기 위한 논의를 시작했다. 러시아, 덴마크, 영국, 하노버, 프로이센이었다. 러시아는 전쟁을 빨리 종결짓고 싶었지만, 영국은 이 상태로 평화 협정이 체결되면 러시아의 이득이 너무 크기에 견제할 수밖에 없었고 러시아의 팽창주의를 비판했다. 당시 영국은 국제여론을 주도하는 국가로 러시아를 '야만의 러시아'로 둔갑시켰다. 러시아를 혐오하는 '루소포비아(Russophobia)'를 퍼뜨렸다. 이 시기부터 유럽에서 생성된 루소포비아는 오늘날까지 이어진다. 영국은 겉과 속이 다르게 계속 방해했다.

표트르는 이를 타개하기 위해 반스웨덴 동맹에서 탈퇴하여 스웨덴과 1대1 직접 회담을 추진했다. 표트르는 러시아 협상 대표 중 한 명인 독일인 오스터만에게 특별히 서신을 보냈다. 편지를 읽어보면, 표트르는 세력균형을 통한 평화를 원했고 스웨덴이 만족할 만큼의 영구 평화를 협상팀에 주문했다.

"우리는 스웨덴과 평화뿐만 아니라 친선을 맺고 싶다고 말하시오. 양국 간에 팽배했던 적대감이 사라지고 항구적인 돈독한 관계가 맺어질 때, 우리는 다른 모든 국가로부터 자신을 보호할 수 있고, 동시에 유럽의 균형 또한 유지할 수 있소.……
우리가 그간 정복한 모든 걸 스웨덴 왕에게 할양하더라도, 스웨덴은 언제든지 잃어버린 걸 회수할 기회만을 노릴 것이고 전쟁은 끝나지 않을 것이오.……만일 스웨덴 왕이 우리에게 우리가 정복한 땅을 할양한다면, 우리는 그가 원하는 다른 지역에서 그의 손실이 보상되도록 지원할 것이라고 약속하시오."[115]

1718년 5월 핀란드의 올란드에서 러시아 협상팀은 스웨덴팀을 만났다. 올란드 회의의 시작이었다. 양측은 각각의 수도에서 음식을 지원받으며 오로지 협상에 몰두했지만, 러시아는 스웨덴의 꼼수를 발견했다. 스웨덴은 상트페테르부르크 근처에 있는 레벨을 양도하는 걸 강하게 거부했다. 러시아는 레벨을 자신의 영토로 합병하지 못하면 상트페테르부르크가 위협을 받을 수 있기에 협정을 체결할 수 없었다. 표트르는 스웨덴이 협상을 원치 않음을 간파하고 전쟁 준비에 착수했다. 당시 오스터만은 표트르에게 이렇게 썼다.

"카를 12세는 지성적이지 않습니다. 누군가와 싸우고 싶어 합니다. 스웨덴은 완전히 망했고 국민은 평화를 원합니다. 카를 12세는 다른 국가의 재정지원을 받아 전쟁을 치를 겁니다. 그는 노르웨이로 갈 겁니다. 러시아군이 스톡홀름 근처의 도시를 폐허로 만드는 것만이 스웨덴을 평화 협상장으로 나오게 하는 유일한 길입니다. 카를 12세는 자만 때문에 곧 죽을 겁니다."[116]

외교관의 정확한 분석이었다. 얼마 지나지 않아 카를 12세는 노르웨이 전투 중에 죽었다. 하지만 이후 정권을 잡은 스웨덴 여왕 또한 영국과의 긴밀한 관계를 우선시하여 표트르와의 평화 협상에 소극적이었다.

1719년 1월 영국의 지원을 받은 오스트리아, 작센, 하노버는 「반(反)러시아 빈 연합」을 창설했다. 이 시기 러시아와 오스트리아의 관계는 악화일로였다. 원래 북방전쟁 당시 오스트리아는 러시아 편이었지만, 자국에 거주하던 표트르의 아들 알렉세이 왕자의 송환을 거부하면서 관계가 틀어졌다. 오스트리아는 러시아 영사와 외교관을 자국에서 추방하고 외교 관계를 단절했다.

러시아는 군함을 이끌고 스톡홀름을 공격했다. 결국 스웨덴의 본토 공격이 없고서는 북방전쟁을 종결지을 수 없었다. 표트르는 전투를 진행함과 동시에 협상단을 다시 파견하여 스웨덴을 협상테이블에 앉게 했다. 영국의 지시를 받은 스웨덴은 이번에는 리가를 고수했다. 러시아는 리가를 확보하지 못하면 자국의 함대와 상선이 마음대로 발트해를 드나들 수 없기에 받아들일 수 없었다. 표트르는 최후통첩을 협상단에 지시했다. 2주 내로 협상에 서명하지 않으면 전면전이 다시 일어날 것이라고 경고했다. 이렇게 올란드 회의는 종료되었고 성과는 없었다.

1720년 영국은 덴마크와 프로이센을 압박하여 스웨덴과 평화 협상을 맺게 했다. 영국은 스웨덴과 동맹을 맺고 전함을 발트해에 진입시켰다. 러시아와 영국의 관계는 급속히 악화하였으며 외교관 맞추방이 일어나면서 결국 그해 외교 관계를 단절했다.

영국 언론은 스웨덴을 지지하는 정부를 비판하기 시작했다. 특히 영국 상인들의 반대가 심했다. 당시 러시아와 영국의 무역량은 매년 증가했고 러시아 수출의 주요 상대국은 바로 영국이었다. 수출품 중 곡물의 비중이 높았다. 러시아는 '영국의 빵'이었다.

1721년 영국은 다시 전함을 발트해로 보냈다. 이제 표트르는 더 이상 기다릴 수 없었다. 러시아군은 스톡홀름의 해안을 초토화했고 스웨덴은 다시 협상테이블에 앉았다. 표트르는 계속해서 전쟁과 평화 전략을 펼쳤다. 한 손에는 무기, 한 손에는 협상의 펜을 들고 있었다.

드디어 표트르는 그가 원했던 협상안대로 조약을 체결할 수 있었다. 그날은 1721년 8월 30일로 이때 맺은 조약이 「뉘스타드(Nystad) 평화 조약」이다. 21년간의 북방전쟁은 비로소 승리로 끝났다. 전쟁 시 무력은 평화를 얻기 위한 시도였다.

표트르는 비록 승자였지만 영원한 평화를 위해 러시아가 차지하고 있던 핀란드를 스웨덴에 반환하고, 리보니아, 에스토니아, 발트해, 카렐리야 등의 땅을 합병했다. 스웨덴에 매년 500만 루블 어치의 곡물 면세를 허가했다. 스웨덴이 양도한 지역에 종교적 자유, 무역특권 유지와 스웨덴 귀족의 재산권을 인정했다.

조약의 내용 중에는 특이한 조항이 있다. 승리 국가인 러시아가 스웨덴에 200만 은화 탈러를 배상한다는 내용이 5조에 있었다. 당시 탈러는 유럽표준 화폐로 러시아 화폐 가치로는 약 300만 루블과 같았다. 이는 러시아 정부 예산의 40퍼센트가량으로 총 은화의 무게는 56톤이었으며 네 번에 나눠 스웨덴에 주었다. 또한, 조약 2조에는 스웨덴을 지원한 우크라이나 코사크 병사들을 제외하고 모든 포로를 석방한다는 내용이 있었다.[117] 표트르는 우크라이나 코사크의 반역에 대해서는 끝까지 응징했다.

표트르는 왜 패자에게 돈을 주었을까. 그는 승자라고 모든 걸 얻는 것이 아니라 패자와의 영원한 평화를 원했기 때문이다. 만일 러시아가 약해지면 언제든 스웨덴은 러시아를 공격할 것이고 그러면 양국은 또다시 적대국이 되는 것이었다. 바로 이것을 우려했다.

협상안은 처음부터 실질적으로 스웨덴이 만족하는 조건이었지만, 폴타바 승리 후 러시아는 무려 12년이 지나서야 겨우 스웨덴과 평화 조약을 맺게 되었다. 전쟁은 쉽게 일어나도 협상은 쉽지 않다. 전쟁 당사자가 아닌 다양한 국가들이 자국의 이익을 고수하기 때문이다.

1721년 평화 조약이 맺어지자, 표트르는 환호하며 급히 수도로 돌아왔고 축하 행사를 지시했다. 삼위일체 광장에는 보드카와 맥주 통이 준비되어 있었다. 조약이 인준되고 일주일 내내 축하 행사를 했으며 1,000여 개의 다양한 가면이 참여하는 가면무도회도 열리고 불꽃놀이도 했다. 표트르는 당시의 기쁨을 이렇게 표현했다.

"전능하신 하느님께서 21년 동안 지속된 장기간의 전쟁을 중단하시고, 우리와 스웨덴에 행복과 영원한 평화를 주셨으니, 정교회여, 이제 평안하십니까. 하느님께 감사드립니다."

그는 어린아이처럼 너무 기뻐 탁자 위에 올라가서 춤을 추고 큰 소리로 노래를 부르고 선박에서 잠을 자며 모든 참석자가 귀가하지 않고 연회를 계속 즐기도록 했다.

10월 20일, 표트르는 원로원에 들러 하느님의 자비에 대한 감사의 표시로 유죄 판결을 받은 모든 범죄자를 용서하고 정부에 대한 채무와 전쟁 시작부터 1718년까지 누적된 체납금을 없앤다고 발표했다.

**1721년 10월 22일은 러시아 제국 탄생일이다.** 상트페테르부르크의 삼위일체 성당에서 평화 조약이 낭독되었고 프로코포비치 신부의 설교가 있었다. 원로원 의원들을 대신하여 골롭킨 수상이 표트르에게 임페라토르(황제)라는 칭호를 수락해 달라고 요청했다.

"폐하의 영광스럽고 용감한 군사적, 정치적 업적은 오직 폐하의 지칠 줄 모르는 노력과 지도력으로 이루어졌습니다.…… 우리와 우리 조국 모두에게 보여준 아버지의 축복에 대한 마음의 징표로 '조국의 아버지, 표트르 대제, 모든 러시아의 황제'라는 칭호를 받아주시기를 기원합니다. VIVAT(만세)! VIVAT! VIVAT! 조국의 아버지, 표트르 대제, 모든 러시아의 황제."

원로원 의원은 로마 황제의 대관식 때처럼 큰 소리로 VIVAT를 세 번 외쳤다. 표트르는 고개를 끄덕였다. 그의 수락 연설은 러시아 제국 법령집에 기록되어 있는데 러시아 제국의 탄생이기에 원어 그대로 적는다.

||||||||||||||||||

"**하나.** 나는 과거의 전쟁과 이 평화의 종결을 보면서 주 하느님께서 우리를 위해 행하신 일을 모든 국민이 직접 알기를 기원합니다.
1. ≪Зело желаю, чтоб наш весь народ прямо узнал, что Господь Бог прошедшею войною и заключением сего мира нам сделал≫.

||||||||||||||||||

**둘.** 우리는 온 마음을 기울여 하느님께 감사하며, 동시에 평화를 위해 군사적으로 약해져서는 안 됩니다. 그렇게 해야만 그리스

군주국과 같은 사태가 우리에게 일어나지 않을 것입니다.

2. ≪Надлежит Бога всею крепостию благодарить, однако ж, надеясь на мир, не надлежит ослабевать в воинском деле, дабы с нами не так сталось, как с Монархиею Греческою≫.

||||||||||||||||||
**셋**. 우리는 하느님께서 우리 앞에 안팎으로 놓아두신 공익과 효용을 위해 일해야 합니다. 이를 통해 국민은 구원받게 될 것입니다.

3. ≪Надлежит трудиться о пользе и прибытке общем, который Бог нам пред очьми кладет, как внутрь, так и вне, от чего облегчен будет народ≫."[118]

이 순간 주위의 모든 사람이 만세를 불렀다. 상트페테르부르크의 페트로파블롭스크 요새와 네바강의 함선에서는 21발의 대포를 동시에 발사했으며 도시의 모든 성당의 종이 일제히 장엄하게 울렸다.

뉴스타드 조약을 계기로 러시아의 명칭이 바뀌었다. '루시 국가'에서 '러시아 제국'이 되었다. 차르 국이 제국이 되었고 표트르는 이렇게 '황제(임페라토르)'가 되었다. 당시 유럽에서 황제라고 칭한 국가는 신성로마 제국밖에 없었던 만큼 중요한 칭호였다.

프로이센과 네덜란드는 이 새로운 칭호를 즉각 인정했지만, 유럽의 대다수 국가는 꺼렸다. 스웨덴은 1723년, 영국과 오스트리아는 1742년, 폴란드·리투아니아는 1764년이 되어서야 러시아의 황제 칭호를 공식적으로 인정했다. 표트르는 '임페라토르' 외에 '위대한 조국의 아버지'라는 호칭으로 불린 유일한 통치자이다.

표트르는 외교 목표를 달성하기 위해 전쟁을 했다. 그는 전쟁에서 승리하기 위해 전문 외교관을 파견하여 정보를 수집했고 과학기술과 산업을 중시했으며 법령을 바르게 세웠다. 그는 외국인을 초빙하여 러시아에 헌신하도록 제도를 바꾸고 인재를 충원했다. 후에 이들이 제국의 중추적인 역할을 했다. 표트르는 국가의 역량을 한 곳으로 집중시켰고 그것은 전쟁에서 이기기 위한 수단이었다. 승리의 영광은 러시아라는 제국을 만들어 놓았다.

그는 국제질서에서 '체제 유지'가 아닌 '체제 변경'을 시도했다. 약소국이 강국이 되는 유일한 방법은 힘이었고 선진국 모델로 국가를 개혁한 후 그들을 능가했다. 표트르는 국력이 커지면 당연히 새로운 세력균형 체제가 형성되는 것을 알았다. 오늘의 친구가 내일의 적이 되는 것에 개의치 않았다. 늘 돌파구를 찾아야만 했다. 국가의 생존을 위해서였다. 그가 죽어가는 그 순간까지 걱정했던 것이 국력을 약화하는 '과거로의 회귀'였다. 이제 유럽은 드네프르강에서 우랄산맥까지 확장되었다.

1814년 3월 31일, 프랑스 파리의 혁명광장에는 8만여 명의 연합군 병사들이 이른 아침부터 사열을 준비하고 있었다. 너무도 장엄했다. 나폴레옹을 물리친 후 첫 개선식이었다.

오전 10시 한 명의 장군이 하얀 말을 타고 들어왔다. 찬송가가 울려 퍼지고 그는 제단에 올라가 기도를 드렸다. 유럽은 그의 병사들이 떠나면 전쟁이 다시 시작될까봐 우려했다. 유럽의 평화와 안정은 그의 노력 덕분이었다. 이를 누구도 부인하지 않았다. 그는 러시아 임페라토르 알렉산드르 1세(재위: 1801~1825)였다.

표트르가 세운 변방의 러시아 제국은 사후 1세기가 되기도 전에 세계 최강이 되었다. 러시아에 대응할 수 있는 국가는 프랑스와 영국뿐이었다. 표트르가 얻은 영토는 아버지가 합병한 것보다 적었다. 남쪽의 흑해와 크림칸국은 여전히 가까이할 수 없는 존재였고, 서쪽의 영토는 예전의 드네프르강 동쪽과 키예프였다. 그가 얻은 땅은 발트해와 카렐리야, 동쪽의 캄차카반도, 카스피해의 남서쪽 도시였다.

표트르는 영원한 평화를 원했고 심지어 정복한 땅도 평화를 위해 돌려주었다. 그는 폴란드와 프로이센 등 동유럽을 장악할 수도 있었지만 그대로 두었다. 이 모두 평화를 위해서였다. 자신의 분명한 목표는 발트해로의 진출이었기 때문이다. 그는 자신의 이름에 걸맞게 제국의 주춧돌을 놓았고 죽기 전에 외교적 목표를 완수했다. 표트르의 군사력과 외교력은 제국이 되는 디딤돌이었다. 국력의 상징이었다.

**러시아 제국 최초 지도** 러시아 역사와 문화에서 중요한 기념물 중 하나로 표트르 대제가 1720년 「일반규정」에 의거하여 지도 제작을 지시하였고 수작업으로 1734년에 편찬한 지도

4. 군사 개혁과 군사·외교 전략 | 301

### 5

# 정치·행정 개혁

"만일 어떤 철학자가 표트르의 행동에 대해 기록보관소를 샅샅이 뒤져
읽어본다면, 이 군주에게 행해진 일을 보고 놀랄 것입니다.
이 위대한 군주의 일꾼이었던 우리는, 그가 하지도 않았던 잔인한 일을
듣게 되면 한숨을 쉬고 눈물을 흘립니다.
많은 이들이 그가 인내한 일과 슬픔으로 얼마나 괴로움을 느꼈는지 듣게 된다면,
얼마나 자주 그가 인간의 나약함을 받아들이고
무자비한 죄를 용서했는지에 대해 놀랄 것입니다.……"

- 나르토프, 과학예술 아카데미 회원[119]

## 보야르 두마·젬스키 소보르

### 보야르 두마

표트르는 고질적인 병폐였던 중앙정치에 칼을 댔다. 차르의 권력보다 때로는 강력했던 귀족 회의체 '보야르 두마'가 문제였다. 러시아어 보야르(Бояре)는 귀족을 의미하며, '전투'라는 뜻의 보이(Бой)에서 파생된 단어로 대(大)귀족을 가리킨다. 두마는 생각을 뜻하는 말로 두마티(Думать)에서 유래되었다. 오늘날 러시아 하원을 국가두마라고 일컫는데 이는 '국가의 일을 생각하는 기관'이라는 의미이다.

보야르 두마 의원들은 모스크바에 거주하면서 정치적 영향력을 키우고 재산을 증식하며 차르의 친위대(Дружина)로서 두마 회의에 참석했다. 국가의 중요한 문제를 차르와 함께 결정하는 국무위원이었다. 그들은 차르의 수행원으로도 활동하고 궁중 업무를 담당하거나 정부 부서의 수장이기도 했으며, 지방의 총독으로 파견되는 등 관료가 되어 높은 임금과 영지를 받았다. 전쟁이 발발하면 차르와 함께 병사를 이끌고 지휘관으로서 참전하기도 했다. 이들은 대대로 기득권을 물려받은 최상위 귀족 집단으로 지방에 거주하는 하급 귀족과는 신분이 달랐다.

보야르 두마는 키예프 공국 시기에도 존재했으며 국익보다는 사익을 중시하는 거대한 가신 그룹이었다. 몽골 침입 전, 보야르들은 분열된 러시아 공국들의 공(公)을 자유롭게 선택하여 자신의 지위와 역할을 높이고자 했으며 재산을 늘렸다. 보야르의 영향을 받은 공들은 서로 전쟁을 벌여 몽골에 단일대오로 대항할 수 없었다. 모스크바 공국이 팽창함에 따라 몽골 지배에서 벗어나게 되었고, 보야르들 또한 더 이상 이곳저곳을 배회하지 않고 권력층에 편입하여 영향력을 행사했다.

보야르 두마 내에서도 서열이 있었는데 왕실 회의나 리셉션과 같은 공식 행사에서 엄격하게 지켜졌다. 표트르 대제의 탄생 축하연에도 초청받은 순번이 있었고 그 순번이 권력의 서열이었다. 만일 그들 간의 갈등이나 분쟁이 발생하면 차르는 두마 의원으로 임명된 시기, 그리고 어떤 이유로 의원이 되었는지 등을 살펴보고 문제를 해결했다.

직위가 강등되는 경우도 종종 있었다. 탐욕으로 부패하거나 차르가 교체될 경우였다. 때때로 그들은 차르에게 반역하여 처형되기도 했다. 왕후의 가문이 권력 서열에 새롭게 등장하면 순번이 상승하기도 하고 전쟁 승리의 공로자가 되면 직위가 높아지기도 했다.

정치적 위기나 경제 상황이 좋지 않으면 국민은 보야르에게 비난을 퍼부었고, 차르는 좋은데 보야르는 나쁘다는 말이 퍼졌다. 국민 밉상의 대상이 보야르였다. 차르 역시 자신의 권력을 유지하기 위해 보야르의 실책을 숨겨주거나 공개적으로 비판하고 처형했다.

1610년 국가 혼돈의 시기 7명의 보야르는 폴란드 왕자 블디슬라프를 차르로 추대하고 그들이 국가를 통치했지만, 국민은 이 결정에 반대했다. 1612년 폴란드가 모스크바를 침입하자 국민의 지지를 받은 포자르스키와 미닌이 폴란드를 물리쳤으며, 이로써 7인 통치 시대는 자연스럽게 종결되었다. 러시아 국민은 늘 자신들을 통치해 줄 1인의 통치자를 원했지, 귀족들의 통치는 극도로 싫어했다. 오늘날에도 러시아인들은 1인 통치가 국가 안전에 중요한 역할을 한다고 생각한다. 민주정을 혼돈의 정치체제로 인식하는 이들이 다수이다.

보야르 두마 의원 수는 시기별로 변화했다. 15세기에는 15~18명이었고, 16세기에는 60여 명으로 증가했다. 하지만 이반 4세 시기에는 급격히 줄어들어 절반으로 감소했다. 이반 4세는 자신에게 반대하는 보야르 두마 의원들의 재산을 빼앗고 과감하게 처형했기 때문이다. 17세기에는 다시 증가하여 1696년 표트르의 임기 초반에는 무려 138명으로 늘어났다. 표트르는 두마 의원을 줄이기 위해 노력했는데 그 결과 1713년에는 43명으로 감소했다.[120]

표트르는 자신의 개혁에 도움이 되지 않는 보야르 두마를 비효율적인 기구로 간주했다. 하지만, 이반 4세와는 다른 방식으로 그들을 통제했다. 표트르는 반역하지 않는 이상, 그들의 재산을 빼앗거나 처형하는 일은 하지 않았다. 다만, 그는 두마 회의를 더 이상 개최하지 않으면서 이 기구를 점차 유명무실화했다.

그는 자기 생각을 실행할 수 있는 새로운 효율적인 제도를 만들었다. 1699년에는 비서실(Near Office, Ближняя канцелярия)을 설립하여 정부 부서의 행정과 재정을 통제했다. 표트르의 스승인 조토프가 지휘했으며 보야르 두마 사무실을 사용했다. 차르의 참여 없이도 정부의 현안을 논의하고 결정하고 중구난방이었던 명령을 통일했다. 정부 부서의 수장들이 회의에 참여하는 등 기존의 체계를 개선했다.

표트르 임기 중 실질적인 차르의 비서실장은 시골에서 우연히 만난 사람이었다. 1693년 표트르는 어느 지방에서 글씨를 잘 쓰고 문법을 잘 아는 필경사를 만났다. 그는 지방 서기의 아들로 **마카로프**(Makarov, 1675~1740)였다. 그는 표트르를 보필하는 내각 비서실장이 되어 차르의 일지, 서신과 문서를 관리하고 국내외 정책을 조율하며 정부 정책을 모니터링했다. 차르에게 국정 상황, 정보와 국가재정 상태를 보고하고 국민 청원과 공무원의 월급도 집행했다. 가장 중요한 궁중 건설, 박물관 설립, 외국인 전문가와 기술자 초빙도 그가 수행했다. 오늘날 대통령실 실장 겸 총무비서관이었다. 표트르는 자신의 법령 작성에 대해 그에게 말했다.

"법령은 오해가 없도록 명확하게 작성하시오. 진실한 사람은 적고 교활한 사람은 많소. 법령이 명확해야 요새 아래의 조그마한 빈틈까지 수리된다오."[121]

그는 표트르의 다른 동료와 달리 차르와 편하게 지내지 못했다. 하지만 미천한 자신의 신분을 잘 알고 직위를 남용하지 않았으며 정직했고 맡은 임무에 충실했다. 비록 연봉은 외국인 전문가와 영관급 군 장교보다 훨씬 적었지만, 제국의 최고 행정관이었다. 표트르는 신분과 지위에 상관없이 이런 사람을 그의 옆에 두었다. 그는 표트르의 그림자였다.

1701년 차르의 비서실은 정부 부서의 수장이 참여하는 '각료회의(Консилия министров)'라는 제도로 전환되었다. 이로써 수백 년간 이어 온 보야르 두마가 자연스럽게 해체되고 전문 관료 기구가 등장했다. 각료들은 크렘린궁과 왕실 영지 등에서 회의를 개최했으며 약 15명의 핵심 측근이 참여했다. 물론 이들 중에는 보야르도 있었다. 각료회의에서는 군수품 조달, 무기 수급, 재정 확보, 세수 결정, 도시 건설 등 국가의 핵심 사안을 논의했다. 처음에는 비정기적으로 회의를 개최했으나 점차 일주일에 서너 번 회의를 개최하여 정기회의체가 되었다.

구두로 결정하던 관행을 근절하고자 모든 참석자는 반드시 서명으로 의사 표명을 했다. 담당 책임제를 도입하여 업무를 명확히 구분하였고 잘못하면 엄격하게 처벌했다. 이 각료회의는 1711년 원로원이 설립되기 전까지 국가에서 가장 권위 있는 회의체였다.

표트르는 보야르 두마 의원과 귀족들에게 새로운 의무를 부여했다. 바로 노블레스 오블리주였다. 표트르 시기 보야르와 귀족은 전체 인구의 2.5퍼센트로 약 28만 명 정도였다. 표트르는 이들의 정확한 수치를 알고자 그들의 자녀와 친척 등까지 엄격하게 조사하라고 지시했다. 그런 후, 귀족에게 의무교육과 병역의무를 부여했다. 기하학과 산술을 수료하지 못하면 결혼도 할 수 없었다. 당시 귀족 중에는 문맹인이 많았다. 그러니 표트르의 중요한 일 중 하나는 국가의 인재로 쓸 재목을 키우는 것이었다. 귀족은 평생 병역의무를 하거나 공직에 종사했다. 표트르처럼 군에 입대하여 제일 낮은 계급부터 복무하고 보초를 섰다. 국가에 봉사하지 않는 귀족은 사회에서 그 어떤 직위에도 올라갈 수 없었다.

표트르는 어떤 특정한 사람을 위해 직위를 만든 것이 아니라 철저하게 해당 직위를 수행할 수 있는 사람을 찾았다. 이런 생각으로 국가를 운영했으니, 귀족은 어쩔 수 없이 교육도 받아야 했고 군대도 가야 했다. 중요한 직책에는 능력 있는 외국 전문가를 임명하여 보야르 두마의 영향력을 줄여 나갔다.

표트르는 민주정도, 과두정도 원하지 않았다. 절대 군주정을 원했다. 하지만 그가 생각한 군주는 군주를 위한 국가가 아닌 '국가를 위한 군주'였다. 스스로 한 명의 공무원으로 생각했고 종교적, 신화적 군주도 원치 않았으며 법률에 기반한 군주를 원했다. 마치 가정을 위해 열심히 일하는 부모와 같은 군주였다. 국민에게 행복을 주는 군주가 되는 것이 꿈이었다.

여기서 행복은 오늘날 우리가 생각하는 개인적 행복과는 차이가 있다. 수많은 외부 침략과 침탈로부터 국가를 방어하며 안전을 유지하고 국가를 번영하게 하는 것이 궁극적으로 국민의 생명을 보존하고 행복하게 하는 것이었다. 이런 통치자가 표트르였으니 보야르와 귀족은 행동의 제한을 받을 수 밖에 없었다.

### 젬스키 소보르

표트르는 자신의 로마노프 왕조를 선출한 국민 대표자 회의인 '젬스키 소보르'와도 선을 그었다. 러시아어 젬스트보(Земство)는 자치회 또는 공공(公共)을 뜻하며, 소보르(Собор)는 모임을 의미한다. 공공의 이익을 위해 논의하는 곳이다.

1549년 이반 4세는 단순한 차르의 자문회의였던 이 기구를 최초로 제도화했으며 자신의 개혁을 국민 대표자로부터 지지받고 보야르 두마의 영향력을 줄이고자 했다. 16~17세기 정부의 주요 정책에 대한 동의를 구하는 국민 회의체였다.

16세기에 회원은 일반적으로 사회에 가장 영향력이 있었던 성직자, 보야르 두마 의원, 귀족, 관료, 지방행정관, 군인, 상인 등이었다. 농민 대표도 참여했다. 약 100~400여 명으로 구성된 회의는 비정기적으로 소집되었고 점차 소집 횟수는 감소했다. 한때, 이 회의에서는 차르를 선출했으며 리보니아와의 전쟁을 결정하고 러시아와 우크라이나의 합병 문제를 논의했다. 1684년 폴란드와의 「영원한 평화 조약」에 관한 논의가 마지막 회의였다.

17세기 후반 젬스키 소보르는 차르의 결정에 반대할 수 없었고 그저 소소한 불만을 제기하거나 정부 안건을 수정하는 역할에 그쳤다. 표트르는 젬스키 소보르를 신뢰하지 않았다. 자신이 추진하는 개혁에 불만을 제기하는 회의를 소집할 이유가 없었다. 그는 젬스키 소보르를 한 번도 개최하지 않았다. 오히려 그는 개인과 개인으로 만나 대화하고 자신의 개혁 방향에 관한 의견을 나누는 것을 선호했다.

표트르는 이렇게 기존의 정부 회의체들을 개최하지 않음으로써 자동으로 무용지물로 만들었다. 보야르 두마와 같은 차르의 자문기구는 표트르 사후 추밀원, 제국 평의회, 국가 회의 등을 거쳐 볼셰비키 혁명까지 있었다. 2000년 대통령 자문기구로 국가 회의를 부활시켜 국가 발전 전략에 관한 회의를 개최했다.

## 원로원

1711년 2월 22일, 표트르는 원로원을 설립했다. 처음엔 임시 기구였지만 시간이 지나면서 최고 통치 기구가 되었다. 입법, 사법, 행정, 재정, 감사, 후계자 선출 등 국가의 중요한 정책을 결정했다. 차르를 대신하는 기구였다. 표트르는 전쟁과 유럽 시찰 등으로 자신이 모스크바에 부재할 경우, 신뢰하는 신하 서너 명에게 통치를 위임했는데, 이것을 사람이 아닌 기구에 위임하기를 원했다. 원로원이 설립될 당시 표트르는 튀르크와 전투를 준비하고 있었기에 전쟁 시 정부의 중요 문제를 결정할 원로원이라는 기구가 필요했다.

원로원 설립 법령을 보면, 차르 부재 시 국가통치를 위해 원로원 설립을 결정했다고 적혀 있다. 의원 9명과 1명의 비서를 임명했다.[122] 원로원 의원은 선출이 아닌 차르의 명령으로 임명되었고, 최초의 의원 9명은 백작 1명, 보야르 두마 1명, 왕자 4명, 장군 1명, 병참 장교 2명이었다. 골로친 외무장관, 모스크바 총독, 해군, 보병, 병참 군인, 재정에 능통한 관료 등이었다. 의원들은 대다수 표트르 측근이었지만, 실질적인 권력을 가진 통치 엘리트는 두세 명밖에 없었다. 당시 권력자들은 표트르와 함께 전쟁에 참전했다.

표트르 시기 러시아 제국 통치 구조

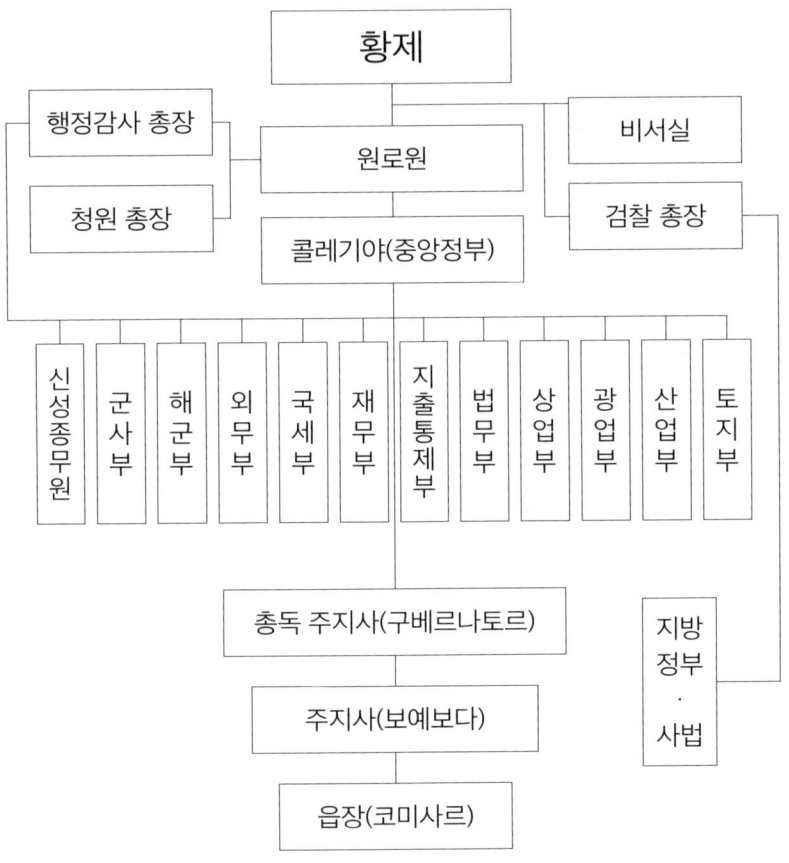

1711년 3월 2일 차르는 「원로원 위임에 관한 법령」, 「국가 수입과 무역 및 경제 외 분야에 관한 법령」을 공포했다.

"**1항** 원로원의 재판은 위선적이면 안 되며, 부당한 재판관은 명예와 모든 재산을 빼앗기고 처벌받는다. 무고자 역시 처벌받는다.
**2항** 국가의 모든 지출을 살펴보고 불필요하거나 특히 낭비되는 부분을 절약한다.
**3항** 돈은 전쟁의 동맥이기에 돈을 모은다.
**4항** 귀족은 장교를 충원하기 위해 젊은이를 소집하고 은둔자를 색출하며 교육받은 귀족 1,000명을 모은다.
**5항** 어음은 바르게 수정하고 한곳에 보관한다.
**6항** 독점판매품과 정부 사무실, 지방 물품을 검사하고 증거자료를 남긴다.
**7항** 소금은 독점권을 주고 그것에서 이익을 얻으려고 노력한다.
**8항** 중국과 무역을 추진하고, (국가가) 더 좋은 회사를 만들어 (러시아 민간 상인에게) 넘긴다.
**9항** 페르시아와의 무역을 증진하고, 아르메니아와의 무역은 더욱 촉진한다. 모든 사항을 감독하고 진행 상황을 보고한다."[123]

이렇듯 원로원은 차르의 명령을 수행하는 곳이었다. 기존의 최고 통치권자들의 회합이나 권력을 행사하던 보야르 두마와는 확연히 차별되었고 최고 관료들이 헌신하는 곳이었다.

초기부터 원로원은 2항에서 보듯이 정부 예산에 대한 감시와 감독, 부패와 뇌물, 횡령 등을 조사하는 감찰 기능도 갖추고 있었다. 당연히 계속되는 전쟁으로 세수 확보가 정부의 시급한 문제였고, 그 역할을 원로원이 맡았다. 아울러 능력 있는 병사를 모집하는 것도 원로원의 주요한 임무였다.

8항에 언급된 무역 관련 내용은 당시 시대 상황을 알아야 이해할 수 있다. 표트르는 중국과의 무역 시 국가는 회사를 설립하되 직접 운영하지 않고 상인들에게 운영권을 넘겨 대외무역이 이뤄지기를 원했다. 이것은 상인들에게 경제적 이익을 줄 뿐 아니라 궁극적으로 중국과의 수출 확대에 기여하여 국익을 증대하는 정책이었다. 동시에 러시아에서 부족한 귀금속과 생필품의 수입을 장려하려는 조치였다.

1711년 3월 5일 원로원 법령[124]을 보면, 의원들은 서열에 따른 좌석이 있었으나, 법령 제정의 투표권은 동등했으며 모든 법령에 직접 서명하고, 만일 단 한 사람이라도 서명하지 않거나 잘못되었다고 증언하면 그것은 효력이 없었다. 이의를 제기할 때도 서면으로 이뤄졌다. 표트르는 원로원에 만장일치제도를 도입하여 어떤 권력자의 의견에 따라 중요 정책이 결정되는 일이 없도록 했다. 자체 법령을 제정할 수 있는 막강한 기구였다.

1718년 12월 원로원 법령[125]은 원로원 구성과 직무에 관한 내용이었다. 의원은 정부 중앙부서(콜레기야)의 수장으로 구성했다. 사전에 초대받지 않은 사람은 회의 중에 들어올 수 없으며 만약 상위 직위자가 참석하면 원로원 의원들과 서열을 비교하여 자리가 배치되었다.

이 법령의 대다수 조항은 안건을 신속하게 처리하라는 독려에 해당한다. 표트르는 원로원이 일을 늦게 처리하거나 수수방관하면 국익에 저해가 된다고 생각했다.

"**8항** 의원은 왕실과 국익에 주의를 기울이고 좋은 정책을 추진하고 이롭지 못한 정책을 가능한 모든 방법을 동원하여 거부한다.
**9항** 의원 누구도 업무 외에 외부 문제를 논의하지 말고 쓸데없는 말을 하지 않는다.
**10항** 의원이 질병이 있거나 부득이한 사유로 참석이 어려운 경우를 제외하고는, 전체 의원의 동의 없이 어떤 것도 논의를 시작하지 않아야 한다.
**11항** 원로원에서 발생하는 일은 어떠한 경우라도 구두로 처리해서는 안 되며 모두 서면으로 추진한다.
**12항** 무엇보다 중요한 것은 자신의 직무와 규정을 인지하고 다음 날까지 일을 미루지 않는다. 법령이 효력이 없으면 국가를 어떻게 통치할 수 있겠는가. 법령을 모독하는 것은 반역하는 짓이므로 국가는 그 문제를 같은 선상에서 처리할 것이다. 보통 반역이라고 하면 모두가 긴장하는데 법령위반은 대수롭지 않게 생각한다. 그렇게 되면 모든 질서가 서서히 무너지고 사람들은 법을 준수하지 않게 되어 우리 모두 멸망 외에는 남는 것이 없다. 그리스 군주국이 이러한 사례를 분명하게 알려준다."

부지런한 천재였던 표트르의 눈에는 원로원 의원들의 일하는 모습이 너무 한심했고, 일을 미루지 말라는 강력한 경고성 조항이 12항이었다. 원로원의 업무는 그만큼 고된 일이었다.

1722년 4월 27일 「원로원 직무에 관한 법령」은 이전 법령보다 더 확대 개편되고 회의를 더 세밀하게 논의했다. 이 시기쯤 표트르의 개혁은 본궤도에 올라 전제군주정의 완성 단계에 있었다.

"**1항** 원로원 회의에 비밀고문인 추밀원 의원과 검찰 총장 등 검사들도 참여한다. 각 정부 부서에서 자체적으로 결정하지 못한 사안을 상정하여 의원들과 논의한다.

**8항** 원로원에서 결정해야 할 일을 기간 내에 하지 않으면 매달 벌금을 부과한다. 첫 달은 100루블, 둘째 달은 200루블,⋯⋯ 다섯째 달은 모든 재산과 직위를 박탈하고 정당한 사유가 없으면 갤리선으로 유배를 보낸다.

**9항** 원로원에서 집행하는 모든 행위에 대해서는 매일 상세히 기록하고 완료하지 못한 사안은 얼마나 지체되었는지, 회의하여 결정해야 하는지 등을 점검한다. 일을 자신의 의지대로 선택할 것이 아니라 어떤 행위가 필요한지 법령에 따라 처리한다.

특히 의원들이 일어서서 각자의 의견을 말할 때는 원로원 의장이자 검찰 총장이 탁자 위에 **모래시계**를 두고 개인에게 부여된 시간만큼 발언하고 끝나면 투표한다. 발언 시간은 사안의 중요도에 따라 달리한다."[126]

의원은 다른 의원이 발언하는 도중에 함부로 말할 수 없었다. 표트르는 회의의 효율성을 위해 이런 내용까지도 세세하게 명령을 내렸다. 의원은 선출된 게 아니라 차르가 직접 임명했기에 그에게 대항하는 세력은 더 이상 없었다. 표트르는 법령을 공포하기 전에 원로원에서 충분히 논의하도록 했으며 실질적으로 법령의 상당수는 원로원에서 최종 논의한 것이었다. 표트르는 많은 시간을 전쟁터에서 보냈는데 그곳에서 서한으로 원로원에 지시를 내렸다.

원로원은 최고 법원의 기능을 수행하고 국가의 예산집행을 감독했으며 수입과 지출을 통제하고 징집, 군수 물품 조달과 외교정책을 결정했다. 모두 시스템에 따른 결정이 이뤄지도록 설계했으며 그 시스템이 제대로 작동되지 않을 때면 표트르는 명령으로 개선점을 보완했고, 의원들의 권력을 견제하기 위해 자신에게 직접 보고할 수 있는 원로원 의장 겸 검찰 총장을 두었다.

특히 원로원의 수석 회계사와 지방 회계관은 모든 관료의 횡령, 뇌물과 법령 남용 사례를 조사하여 차르에게 보고했다. 잘못이 있으면 원로원 의원이라도 무사하지 못했다. 한 번은 어떤 의원이 가명으로 물품 공급가를 높게 책정한 일이 있었는데 표트르는 그 결정이 국민에게 경제적 부담을 주었다고 판단하여 그의 혀를 지지는 형벌을 가한 적이 있다. 원로원에서 잘못된 판결을 하거나 뇌물을 받으면 처벌을 받았다.

# 중앙정부 콜레기야·공무원 일반규정

### 중앙정부 콜레기야

1718년 표트르는 방만하게 운영되던 40여 개의 정부 부서 '프리카스'를 체계적으로 분류하여 중앙정부 '콜레기야'를 설계했다. 러시아어 프리카스(Приказ)는 '명령하다'라는 뜻으로 정부 부서 이름이었다. 외무부를 '포솔스키 프리카스(대사령)'라고 부르는 식이었다. '콜레기야'는 총회라는 뜻으로 원로원의 지시를 받는 중앙 행정부서였다.

표트르는 낡은 행정 시스템과 공무원의 무능력이 국가의 번영을 저해한다고 생각했다. 선진국의 시스템을 오랫동안 연구하여 새로운 기구를 만들었다. 최초의 전문 행정 시스템이었다. 원로원 창립 후 1712년부터 고민에 고민을 거듭했고 당시 최고의 행정기관으로 평가를 받았던 스웨덴의 콜레기야를 최종 선택했다. 독일의 철학자 라이프니츠가 행정조직 개편에 도움을 주었다.

1717년 12월 11일, 표트르는 「콜레기야 법령」[127]을 공포했다. 이 문서에는 각 부서에 필요한 핵심 인원을 구체적으로 적어 놓았다. 장관은 러시아인, 차관은 외국인, 고문관 4명, 평가위원 4명, 비서, 공증인, 문서관, 등록관, 통역관 각 1명씩이고, 고문관 또는 평가위원, 그리고 비서로 각 외국인 1명씩을 두었다. 차관은 해당 부서에서 가장 능통한 외국인 전문가였다. 표트르는 자신이 의지할 수 있는 신뢰가 높은 사람을 장관으로 임명하고, 차관은 외국인 전문가를 배치하여 행정의 신뢰와 효율을 추구했다.

이 법령을 공포한 다음 날, 표트르는 9개 정부 부서와 각 부서의 담당업무를 적은 법령을 추가로 공포했다. 군사부, 해군부, 외무부, 국세부(수입), 재무부, 지출·통제부, 사법부, 상업부, 산업·광업부였다.

장관 9명은 표트르의 동료이자 최고 통치 엘리트였다. 산업·광업부 장관에는 스코틀랜드인 브루스를 임명했는데 당시 그는 러시아 국적자였다. 차관들은 모두 외국인으로 러시아 국적을 가지지 않고 임명될 수 있는 최고의 자리였다. 이후 항소재판부, 리보니아·에스토니아 사법부, 지방부를 설립하고 산업·광업부를 분리하여 총 13개 부서가 되었다. 중요 핵심부서를 중심으로 기존의 프리카스를 통폐합하고 부서 상호 간 중첩되는 업무를 보다 명확히 분리 조정했다. 정부의 지출과 수입에 대한 관리 감독을 강화했다.

표트르는 행정의 효율성을 높이고자 모든 부서를 한 건물에 모았다. 한 줄로 배치했고 모든 건물이 붙어있었다. 각 부서의 접견실과 방 구조, 심지어 비서와 공증인의 책상 위치, 회의 탁상, 사용하는 잉크도 똑같았다. 경비도 같은 위치에 섰다. 오늘날 상트페테르부르크 대학의 본관 건물이 '12콜레기야'이다.

각 부서의 장관은 단독으로 결정하지 못하고, 장·차관과 위원들의 과반수 찬성으로 안건을 결정했다. 만일 표결이 동수가 되면 장관이 투표한 안건으로 선택했다. 구두로 표결하는 것을 금지하고 모두 서면으로 했다. 전제군주정 하의 민주주의 원칙인 다수결을 적용하여, 한 명의 의견에 따라 안건을 처리할 수 없었다. 당연히 표트르도 차르라는 이유로 마음대로 일을 처리하지 않았고 시스템에 따랐다. 바로 이것이 표트르 통치의 묘미였다.

정부 부서는 일요일과 공휴일을 제외하고 근무했다. 여름에는 오전 6시, 해가 짧은 겨울에는 오전 8시부터 업무를 시작했다. 일반적으로 목요일 아침 장관은 일찍부터 원로원 회의에 참석했으며 회의를 준비하는 서기는 한 시간 전에 왔다. 장·차관과 위원들은 하루 다섯 시간씩 안건을 논의하고 결정했다. 장관이라도 회의에 1시간 늦으면 일주일 치 월급을 삭감했다.

표트르는 이런 구체적인 업무 매뉴얼을 만들어 각 부서에 배포하여 업무 과정에 한 치의 오류도 발생하지 않게 했다. 나태한 공직자에게 벌금과 처벌을 강화하여 게으른 사람을 도태시켰다. 각 부서에서 결정하기 힘든 안건은 원로원으로 이첩하고 원로원은 그 안건을 기록한 후 지정된 날에 논의했다. 안건에 대한 의견을 붙여서 차르의 비서실을 통해 전쟁터에 있는 표트르에게 전달했으며 차르는 신속하게 의결을 추인하거나 자신의 의견을 보냈다.

공무원의 휴가는 한 달이었다. 6월부터 8월까지 3개월간 직원들은 3분의 1씩 휴가를 사용하여 업무 공백을 최소화했다. 12월 25일부터 1월 7일까지 긴급한 상황이 없으면 새해 휴가를 갈 수 있었다. 연차도 사전에 신고하여 사용했다.

## 공무원 일반규정

1720년 2월 27일, 신력(新曆) 3월 10일 표트르는 스웨덴의 공무 헌장을 기초로 하여 공무원이 지켜야 할 「일반규정」[128]을 공포했다. 이 문서는 국가와 공직자에게 가장 중요했기에 「차르 폐하의 일반규정 또는 헌장」이라는 명칭을 붙였다. 총 56장으로 표트르의 최종 서명 후 인쇄하여 각 부서에 비치했다. 공무원의 업무 매뉴얼이었다. 정부 부서 간 관계 설정과 정책 결정 과정까지 명확하게 했다. 심지어 인장을 누가 관리하고 어디에 보관하는지까지 정했으며 인장을 위조하거나 문서를 위조하면 어떤 처벌을 받는지까지 상세하게 적었다. 모든 회의문서를 어떻게 분류하고 보관하며 문서책임자가 누구인지까지 알 수 있었다. 규정 1장은 공직자의 선서이다. 내용은 이렇다.

"알파벳 A자도 모르는 이름 없는 나는 전능하신 하느님과 복음서 앞에 약속하고 맹세합니다. 나는, 순수하고 진정한 군주이자 가장 빛나고 가장 강력한 표트르 대제에게, 차르이면서 모든 러시아의 절대군주에게 행할 의무가 있습니다.……

폐하의 이익, 손해와 피해를 곧바로 보고하겠습니다. 적시에 보고할 뿐만 아니라 업무 중에 손해와 피해가 발생하지 않도록 모든 가능한 조치를 하겠습니다.

공무 수행 중에 취득한 비밀 또는 비밀로 간직하라고 명령받은 것이 무엇이든 그것을 철저하게 지킬 것이며, 아무에게도 발설하지 않을 것입니다. 그것은 어느 누구도 몰라야 하며, 비밀을 누군가에게 전달하라는 지시를 받아도 그 명령을 따르지 않을 것입니다.……

이처럼 차르 폐하의 바르고 충실한 신하로서 합당하게 행동할 것입니다. 하느님과 하느님의 무서운 심판 앞에서 항상 올바르게 대답할 수 있는 것은 주 하느님이 나를 위해 존재하시기 때문입니다. 이는 정신적으로나 육체적으로 나를 지켜줄 것입니다. 구세주의 말씀과 십자가에 입을 맞추며 명세를 마칩니다. 아멘."

첫 장에 공직자의 도덕적 의무를 부여했다. 게으르지 않고 맡은 업무를 충실히 수행하는 것은 차르에 대한 충성이고 더 나아가 하느님 은혜에 대한 보답이었다. 게으르거나 불법을 저지르면 최후에 하느님께서 심판한다는 것을 선서에 넣었다. 물론 도덕적 의무를 저버리는 사람에게는 단순히 하느님의 심판이 아니라 죄의 경중에 따른 벌금과 처벌이 있었다. 거의 모든 장의 끝에는 처벌 내용을 담았다.

"**2장** 원로원과 콜레기야에서 안건을 이첩할 때는 반드시 구두 명령이 아닌 서면으로 한다.

**4장** 모든 장관은 차르와 원로원의 법령을 준수하며 구두가 아닌 서면으로 인증받고 업무를 신속히 실행한다. 두 개의 기록지를 관리한다. 하나는 완료한 사안으로 책상 속에 넣어두고, 아직 하지 않았거나 했더라도 마무리되지 않은 것은 일정표에 기록하며 끊임없이 기억하도록 한다.…… 정당한 사유 없이 업무를 지연하면 매일 30루블의 벌금을 내고 그로 인해 누군가가 손실을 보면 벌금은 두 배로 늘어난다. 3차까지도 처리하지 않으면 불복종으로 처벌받는다.

**6장** 회의 참석자는 모두 자세히 논의하고 투표하며 각 구성원은 자유롭고 명확하게 자신의 의견을 진술할 의무가 있다.

**8장** 장·차관은 공무원들의 근로 상태를 파악하여 업무 성과가 떨어지면 능력 있는 자로 교체하는 의견을 원로원에 전달한다.

**11장** 차관이 사망하여 공석이 발생하면 장관은 이 사실을 원로원에 알리고 원로원은 여러 후보 중 한 명을 투표로 선출하여 차르에게 보고한다. 고문관과 평가위원이 공석이면 원로원에서 선출하고 그 외 비서, 등록관, 공증인 등은 장관이 선출한다. 직원 선출 시 인맥으로 또는 뇌물을 받아 자격도 없는 무능한 사람을 뽑으면 비리의 경중에 따라 명예를 박탈하고 선 재산을 환수하며 갤리선에 유배시킨다.

**12장** 외국이나 통치자에게 보내는 국가 인장은 외무부에 두고 국내 문서와 법령 등은 원로원이 지명한 사람이 관리한다.……
누구든지 인장을 위조하면 명예롭지 않은 공무원으로 간주하여
명예와 재산을 박탈하고 경중을 가려 위중하면 그의 위장을 끄
집어내 사형시킨다.

**18장** 정해진 장소와 지정된 시간에 업무를 보아야 하며, 근무지
에 오지 않아 누군가가 결재를 받기 위해 집으로 방문하여 시간
을 낭비하였다면 반 달 치 급여를 삭감한다.

**23장** 접견실은 좋은 카펫과 의자를 두며 깨끗이 청소한다. 탁상
은 품질이 좋은 천으로 덮고 잉크병과 함께 모든 필기도구를 회
원 좌석 앞에 놓아둔다. 좋은 벽시계가 있으며 회의용 탁상은 접
견실 중앙에 둔다. 비서 책상은 오른쪽, 공증인 책상은 왼쪽에 놓
고, 정부 부서 그 어디에도 차르를 위한 왕좌는 제공하지 않는다.

**24장** 장관이 도착하거나 퇴실할 때 공무원은 자리에서 일어나
경의를 표하고 떠날 때도 마찬가지이지만, 마중하거나 배웅하지
는 않는다.

**25장** 장·차관은 부서 공무원이 미덕을 함양하고 건전한 취미를
갖도록 격려하고 올바르지 못한 생활, 즉, 술, 놀이, 거짓말과 속임
수를 못 쓰게 하며 옷과 주변을 청결하게 유지하도록 관리한다.

**31장** 각 부서에 배치한 통·번역가는 외국어를 러시아어로 명확
하게 번역한다.…… 각 부서에 독일어 전문 번역가를 한 명씩
확보하면 바람직하다. 외무부 외에도 모든 부서에 전문 번역가가
필요하다.

**33장** 문서 등록부에는 연월일을 분명히 적고 번호와 문서의 명칭을 적어, 부서의 모든 일을 알 수 있게 한다. 부서에서 작성한 서류와, 원로원과 다른 부서, 지방 등에서 받은 서류는 모두 체계적으로 관리한다.

**36장** 각 부서의 비율에 따라 공직에 봉사하기를 희망하는 실습생을 사전에 배치하여 글쓰기와 산술을 가르치고, 문서를 성실히 작성하는 훈련을 시킨다. 만일 공석이 생기면 업무능력이 출중하고 성품과 품행이 선량한 자를 채용한다.

**44장** 각 부서 비서실과 사무실은 3년간 생성한 책, 문서, 파일, 기록서 등을 기록보관소로 전달한다.

**50장** 공무원의 선행에는 상을 주고, 죄를 지으면 벌금을 부과한다.…… 충성도와 공로에 따라 보상하며 다음과 같은 범죄는 사안의 중요도에 따라 처벌한다. 첫째, 누군가 악의를 품고 정부의 서신이나 문서를 몰래 훔쳐 가는 경우, 둘째, 어떤 의도를 가지고 누군가 사실이 아닌 보고서를 작성하거나 어떤 제안을 고의로 보류하거나 은폐하여 법령이 제때 발효되지 않을 경우, 셋째, 의정서와 문서를 허위로 전송하면 지위고하를 막론하고 사형을 선고하거나 코를 자르고 전 재산을 빼앗은 후 갤리선으로 영원히 추방한다.

넷째, 부서 내 비밀이 외부인에게 전달되거나 의정서를 발표하기 전에 회의 구성원의 투표나 의견이 누설되는 경우, 다섯째, 개인적 친분, 적개심, 뇌물 등으로 업무를 소홀히 한 경우 영구적으로 또는 일정 기간 갤리선으로 유형을 보내거나 전 재산 또는 일부를 빼앗은 후 명예를 박탈하고 직위를 해제한다. 초범일 경우에는 죄의 강도에 따라 벌금을 부과한다.
**52장** 벌금형을 받은 자가 지불할 돈이 없으면 갤리선에서 노역하며 1년에 10루블씩 변제받을 수 있다."

표트르는 규정의 외래어까지 자세하게 검토하여 오역이 없도록 부록에 넣었다. 외래어는 총 54개였고, 오늘날에는 평범하게 사용하는 단어이지만 당시에는 모두 낯선 언어였다. 이익(Интерес), 리포트(Репорт), 증서(Дипломы), 서류(Документы), 추천(Рекомендации) 등이었다.

이 규정은 방만하고 나태하던 행정을 혁명적으로 바꾼 문서이다. 드디어 러시아에 전문 관료제가 등장하고 업무의 효율이 높아졌다. 공무원은 공익이라는 개념을 알았으며 군주가 아닌 국가에 충성하는 문화가 만들어졌다.

장관이 회의에 1시간 늦으면 일주일 치 월급을 삭감했다는 규정에서 독자들은 무엇을 느꼈는가. 표트르가 어떤 사람인지 이해할 수 있을 것이다. 약소국이 패권국으로 가는 그 배경에는 표트르가 그물망처럼 세밀하게 만들어 놓은 규정이 있었다.

수백 년간 뇌물의 온상이었고 폐습이었던 '코르믈레니예(Кормление)'는 사라졌다. 코르믈레니예는 러시아어로 '먹이'를 뜻하는데,

국민이 지방 관료와 왕족에게 바치던 빵, 고기, 치즈 등 현물이었다. 후에 이는 현금으로 바뀌었는데 국민에게는 특별세처럼 느껴져 불만이 쌓여갔다. 이 폐습을 단칼로 자른 법령이 일반규정이었다.

공무원의 「일반규정」은 1832년 「러시아 제국 법령」으로 재개정 될 때까지 중요한 헌장이었고 볼셰비키 혁명 전까지 영향을 미쳤다. 러시아가 제국이 된 비결에는 행정조직의 합리성과 행정의 효율성이 있었다. 표트르 행정의 핵심은 시스템적으로 업무를 처리할 수 있는 제도를 만들고, 인간의 오류와 게으르거나 사악한 본성을 제어할 수 있는 장치를 설치하고, 독단적인 결정이 아닌 여러 의견을 수렴한 다수결 원칙을 도입하였으며, 모래시계를 활용하는 등 회의의 효율성을 높였다는 것이다.

국무회의와 장관 주재 회의에 모래시계가 도입되었다는 그 의미는 바로 합리성과 효율성이었다. 하나의 단순한 도구가 결국 강국이 되는 지름길을 제시했다.

오늘날과 비교하면, 정부 부서에 장·차관, 실장(4명), 외부 평가위원(4명)이 함께 의논하고, 균등한 한 표를 행사하여 부서의 주요 사항을 결정했다. 그 결정에 모래시계가 등장하여 누구도 자기 말을 혼자서 많이 할 수 없게 시스템적으로 제약해 두었고, 회의 전에 투표권자가 무슨 의견을 내는지 공유하지 않았으며, 그 회의 과정에 감사원 출신 감사관이 참여했다. 회의 내용을 모두 공증인이 속기하듯 기록했고, 장관 1인의 서명이 아니라 모든 참석자의 서명을 받았다. 논의 결과를 서면으로 작성하여 보관했다.

이 규정을 공포한 3월 10일은 오늘날 '기록보관의 날'이다. 현재도 서류관리와 서명을 함부로 하지 않는 러시아인의 특성은 표트르 시기부터 형성된 습관이다. 표트르는 공무원에게 공공의 이익이 무엇인지 법률로 보여주었다.

## 관등표

1722년 1월 24일, 표트르는 모든 관료에게 적용하는 「관등표」[129]를 공포했다. 공무원 직급표였다. 국가의 녹봉을 받는 모든 사람을 1급에서 14급으로 분류했다. 수백 년간 이어왔던 보야르 귀족 계급, 선출 귀족, 도시 귀족, 왕실 청지기 등의 개념은 사라졌다.

표트르는 외무부 차관이었던 오스터만에게 외국과 비교하여 관등표 초안을 작성하도록 지시했고, 외교관들이 보고한 프랑스, 프로이센, 스웨덴, 덴마크 등의 공무원 법령을 참고하여 러시아 실정에 맞는 관등표를 정립했다. 원로원 회의와 사령관들의 의견을 거쳐 표트르가 최종 서명했다. 군인의 등급은 상대적으로 일반 공무원보다 높았다.

관등표에는 군인과 관료, 왕실로 크게 세 분류로 나누고, 군인을 육군, 친위대, 포병, 해군으로 나누어 각 등급을 부여했다. 육군 지상군 총사령관과 해군 총사령관은 1급, 각 군의 대장은 2급, 중장은 3급이다. 관료 1급은 수상 한 명으로 국무장관 겸 외무부 장관이다.

왕실의 경우에는 전체 직원을 관리 감독하는 '수석 실장'이 2급으로 가장 높다.

관료 중 추밀원 정회원(국가 고문)은 2급, 원로원 의장 겸 검찰 총장은 3급, 각 정부 부서의 장관은 4급이다. 장관과 동급인 군인 4급은 육군 소장, 친위 대장, 포병 소장과 후방 제독으로 군인은 3~4등급 이상 관료보다 높다.

표트르는 총 263개의 직위를 14등급으로 분류하고 관등표에 대한 해석으로 19개 항을 넣었다. 1항은 왕실 친족에 관한 내용인데 관등표에는 포함하지 않고 있어 별도로 언급했다. 해석의 주요 내용들은 아래와 같다.

"**1항** 우리 혈통의 왕자들과 공주와 결혼한 부마(駙馬)들은 어떤 상황에서도 모든 공(公)과 고위공무원 위의 등급이다.

**3항** 이 관등표는 국가의 모든 행사, 공식 회의, 결혼, 세례, 장례 등 종교의례에서 철저하게 지켜져야 하며, 자신의 등급보다 높은 자리를 요구할 경우, 두 달 치 월급의 벌금을 부과한다. 신고한 자에게는 벌금의 3분의 1을 포상하고 3분의 2는 병원 유지비로 사용한다. 하지만 이는 친구와 이웃이 함께 모이거나 연회를 열 때 적용하지 않는다. 또한, 자신의 등급보다 낮은 자에게 자신의 지위를 양보한 자에게도 똑같은 벌금을 부과한다.

**7항** 결혼한 여성은 남성의 관등에 따르기에, 위에 언급한 벌금은 여성에게도 적용한다.

**8항** 왕자, 백작, 남작, 귀족, 최고위층의 아들은 아버지의 등급에 따라 왕실 연회에 자유롭게 참여할 수 있지만, 그들이 공직에 종사하지 않으면 어떤 등급도 받을 수 없다.
**10항** 왕실의 귀부인과 미혼 여성들에게도 등급을 적용한다."

이 관등표에 따르면 모든 사람은 신분에 상관없이 공직에 종사하여 오직 자신의 공로에 따라 등급이 올라가고 보상을 받았다. 또한, 모두 최하위 14등급에서 시작하여 능력에 따라 진급했고 연봉을 받았다. 표트르는 출신보다 능력을 중시하는 문화를 만들었다. 중요한 직책의 종사자라도 높은 등급부터 시작하는 경우는 없었다.

8등급이 되면 세습 귀족의 지위를 받았다. 그들이 이전에 어떤 신분이었는지는 중요하지 않았다. 관등표 주석에는 귀족의 아들에게 산업기술을 습득하기 위한 국외 훈련 기회를 부여한다는 내용이 있었다. 무슨 의미일까. 당시 귀족은 상공업에 종사하기를 꺼렸고 영지를 관리하며 지주 노릇을 하고 국가 관료가 되고자 했다. 하지만 실질적으로 그들은 소작농이 수확한 열매를 나누어 먹는 일만 했다. 표트르는 이러한 귀족의 게으른 행태를 못마땅해했고 그들이 상공인으로서 국가 경제에 참여하기를 바랐다.

8등급 세습 귀족이 된 후 태어난 자녀에게만 귀족의 지위가 주어졌는데 만일 귀족이 된 후에 아들이 태어나지 않으면 이전에 태어난 아들 중 한 명에게만 귀족의 지위를 부여했다. 즉, 귀족을 함부로 늘리지 않겠다는 표트르의 의중이 반영된 것이다. 또한, 표트르는 귀족에 어울리는 복장과 행동을 요구했다.

표트르는 기존의 귀족 체제를 없앴지만, 실질적으로 귀족을 없앴다기보다 누구나 고귀한 귀족이 될 기회를 부여했다. 그 귀족은 품위와 능력을 갖춘 전문가로 자신의 노력으로 계층 사다리를 올라간 사람이었다. 차르의 특별한 명령이 없으면 오로지 등급으로만 승진했다.

이 제도는 볼셰비키 혁명 전까지 운영했다. 실례로 19세기 작가 도스토옙스키의 부친도 나폴레옹과의 전투에서 군의관으로 참전하고 병원에서 의사로 16년을 복무한 후 8등급 귀족이 되었다. 약 15년 정도 근무하면 8등급이 되었다.

## 비밀경찰·경찰청·검찰청

표트르는 새로운 정부 기구를 설립하여 권력체제를 변화시켰지만, 정부 내 곳곳에 뇌물과 횡령은 여전했다. 표트르가 법대로 모두를 처형했다면 아마도 러시아에 살아남은 사람은 표트르 혼자였을 것이다. 심지어 최측근도 표트르 생전 단두대에 목을 올렸다.

특히 지방 총독은 행정권과 사법권 등 전권을 가지고 있었기에 횡령이 심했는데, 시베리아 총독 가가린은 뇌물, 공금 횡령, 외교 지연 등의 혐의로 처벌받았다. 그는 표트르에게 세 번이나 시베리아 유물을 보낸 것으로 유명한 총독이었다. 오늘날 예르미타시 박물관에 있는 '표트르의 시베리아 컬렉션'은 바로 그가 보낸 것이다.

원로원은 만장일치로 그를 사형 선고했다. 판결 이틀 후 차르와 원로원 의원, 가족 등이 지켜보는 가운데 법무부 앞 광장에서 사형이 집행되었다. 표트르는 추도 만찬을 지시했는데 기이한 사형집행이었다. 가족들도 참여한 가운데 오케스트라의 연주곡이 흐르고 축포도 울렸다. 지금의 사고방식으로는 도저히 이해할 수 없지만, 죄에 대한 벌을 내리는 것은 정의를 세우는 것으로 축하할 일이고 본보기를 보여주는 셈이었다. 시신은 증권거래소 광장으로 옮겨져 무려 7개월간 매달려 있었는데 부패한 관료들에게 보여주는 경고였다. 이후 시신은 장대에 걸려 3년간 이곳저곳을 떠돌아다녔다.

표트르는 사지를 찢는 공개 처형, 신체 체벌, 망신 주기 등 다양한 방법으로 범죄를 처벌했다. 하지만 17세기 유럽에서 보편적이었던 수족 자르기, 귀 자르기 등 신체의 일부를 자르는 형벌은 최소화했다. 그는 때로는 폭력적인 성향이었으나 처벌은 늘 법에 근거했다. 법은 통치의 근본이었다. 없는 법을 만들어 처벌하는 경우는 없었다. 자신 역시 법에 근거하여 연봉을 받았는데, 차르였지만 사병이었을 때는 사병의 연봉을, 대위였을 때는 대위의 연봉을, 항코항 승리 후 중장이 되었을 때는 중장의 연봉을 받았다. 그 당시 해군 총사령관 아프락신 제독보다 연봉이 적었다.

표트르 임기 후반에 접어들어 전쟁이 사라지고 평화로워지자, 측근들 사이의 부와 권력 쟁탈전이 심했다. 표트르의 동료들은 서로 고소·고발을 남용했다. 표트르는 이 문제로 늘 괴로워했다. 그가 고독한 군주가 된 이유 중 하나였다. 그는 그럴수록 정직한 신하를 좋아했다.

### 비밀경찰

표트르는 자신이 직접 관할하는 비밀경찰을 만들었다. 정권 초기부터 가장 신뢰하는 동료 로모다놉스키(Romodanovsky, 1640~1717)에게 이 일을 맡겼다. 반역자, 국가의 중요범죄와 정치범을 조사하는 곳이었다.

16세기 이반 4세 시기 차르에 대한 반역은 최고의 범죄로서 엄격하게 다루었다. 이 시기부터 밀고자들은 보야르 두마와 왕자에 대해 적개심이 생기거나 자신의 신분에 피해가 발생하면 차르 반역 음모를 지어내 밀고했다. 조사는 즉시 이루어졌고 정치적 상황에 따라 무고한 자가 희생되기도 했다. 이러한 밀고가 빈번해지고 심지어 친척까지도 고발하는 지경에 이르자 국민은 두려움에 휩싸여 서로를 믿지 못했다.

차르를 언어적으로 모욕하거나 차르의 행동을 비난한 자는 사형에 처했다. 「1649년 법전」에서는 이러한 범죄를 '위대한 주권자의 행동'에 반하는 국가 범죄로 보았고 표트르 시기에도 '주권자의 말과 행동(Слово и дело государево)'에 대한 반역으로 여겼다. 표트르는 두 번이나 소총수 반란을 진압한 적이 있으며 이복누이와의 권력 투쟁 속에서 비밀경찰에 의지했다. 그는 반역죄에 대해 구체적인 기준을 세웠다. 반란과 반역뿐만 아니라 차르의 건강 상태를 고의로 알아내거나 차르의 명예를 훼손하는 때도 국가 범죄로 보았다.

고발이 들어오면 관할청에서 1차 조사를 실시하고 신빙성이 있으면 '프레오브라젠스코예 명령부'로 사건을 넘겼다. 로모다놉스키가 직접 심문했으며 밀고가 사실이면 보상을 받고 거짓이면 사형이었다. 표트르의 아들 알렉세이도 차르 반역죄로 이곳에서 조사받고 결국 사형이 선고되어 감옥에서 죽었다. 만일 반역죄를 알면서 숨겨도 처벌을 받았기에 심지어 가족 사이에서도 불안했다. 밀고는 사회적으로 큰 고통이었고 병폐였다.

## 로모다놉스키

표트르 시기 비밀경찰 수장을 역임한 로모다놉스키는 어떤 인물일까. 그는 러시아 류리크 왕조의 후예로 표트르가 만든 프레오브라젠스코예 요새의 '가짜 차르'였다. 표트르는 그를 시저로 불렀고 그에게 늘 깍듯이 말했다.

"영광스러운 군주여! 폐하의 영원한 하인, 병사 피에테르(표트르)입니다."

표트르가 가짜 차르에게 이렇게 말한 건 신하들이 그를 본받아서 자신에게 공손하게 말하게 하기 위함이었다. 로모다놉스키는 표트르 탄생 기념 축하 만찬에 초대된 귀족 중 첫 번째 사람이었다. 어려서부터 표트르 아버지 차르 알렉세이와 친했고 크렘린궁의 시종이었다. 그는 소피아의 섭정 시기에도 표트르를 지지했고 그녀를 수녀원에 감금시키고 감시했으며 표트르가 선단을 구성하여 아르한겔스크와 백해를 항해할 때 총책임자였다. 차르가 유럽 시찰을 했을 때는 국내에 남아 국가를 운영한 사람 중 한 명이었다.

표트르가 얼마나 그를 신뢰하게 되었는지는 그에 대한 일화가 잘 보여준다. 1700년 북방전쟁 첫해에 표트르는 나르바에서 비참한 패배를 맛보았다. 전쟁의 의지는 있었지만, 대포와 무기를 살 돈도, 용병을 모을 돈도, 식량을 구매할 돈도 없었다. 표트르는 누구도 방으로 들어오지 못하게 하고 절망에 사로잡혀 계획을 세우고, 지우고, 다시 세우고, 무려 3일간 나오지 않을 때였다. 모두 두려움에 떨며 방으로 들어가지 못했다. 동료 멘시코프조차도 마찬가지였다.

하지만 로모다놉스키는 위험에 처한 국가를 구하기 위해 표트르를 방문했다. 문을 지키던 경비병은 로모다놉스키를 보자마자 차르가 얼마나 신뢰하는 사람인 줄 알기에 감히 막지 못했다. 방으로 들어가자, 표트르는 깊은 생각에 잠겨 돌아다니고 있었다. 표트르는 처음에 그를 알아보지 못했다. 그가 가까이 다가가니 표트르는 깜짝 놀랐다.

"아저씨(표트르는 때때로 이렇게 불렀다), 어떻게 여기를 들렀습니까. 들여보내지 말라는 명령을 듣지 못했나요."

"다른 사람에게는 그렇게 해도 저는 아닙니다. 당신의 부친 차르 알렉세이는 언제든지 저를 들여보냈습니다. 선친이 죽었을 때 당신을 저에게 맡겼다는 것을 잘 알고 있지 않습니까. 제가 아니라면 누가 이 역경에서 당신을 돌보겠습니까. 온종일 무슨 생각을 하십니까. 당신의 아버지와 어머니는 저의 충고를 들으라고 명령했습니다. 슬픔은 혼자가 아니라 함께 쫓아버려야 합니다."

"그만 하세요. 아저씨! 알맹이 없는 타작입니다. 재무부에 돈도 없고 군대에 아무것도 공급되지 않는 상황에서 포병도 없는데, 무슨 조언이 소용 있겠습니까. 지금 당장 필요한 것이 산적해 있는데."

차르의 절망에 그는 화를 냈다.

"숙고와 비참한 슬픔, 그리고 완전한 절망에 빠져있지만, 생각을 좀 더 가다듬어 보십시오. 어떤 방안을 찾을 수 있을 겁니다. 아마도 당신의 충실한 시종이 유용한 뭔가를 제공하지 않을까요."

표트르는 그의 충성심과 진실 어린 태도를 보고 비밀스럽게 말했다.

"구리 없이도 포병을 움직이려면 반드시 여분의 종(鐘)이 필요합니다. 대포 제작을 위해 그 종들을 모두 녹여버리면 대포는 오로지 조국을 위해 스웨덴을 향해 커다란 천둥소리를 낼 겁니다."

"좋은 생각입니다. 표트르 알렉세예비치, 그런데 돈은 있습니까. 수도원과 교회에 보관된 금은보화를 빼앗아 돈을 짜내려고 하십니까. 민중과 성직자들의 불만은 쏟아질 것이며, 결국 성물을 강탈하는 것입니다.…… 표트르 알렉세예비치, 다른 방법을 생각하십시오."

"아저씨, 돈은 식량 '만나'처럼 하늘에서 떨어지지 않습니다. 돈이 없으면 우리 병사들은 추위와 굶주림으로 죽을 것입니다! 지금은 다른 수단이 없습니다."

"압니다. 하지만 하느님께서 당신에게 뭔가를 보내주시리라 믿습니다. 얼마가 필요합니까."

"국민을 억압하지 않고 세금을 더 모을 때까지 우선 200만 루블입니다."

"그보다는 더 적은 금액으로 가능하지 않겠습니까."

이 말을 들은 표트르는 기분이 좋아졌다. 로모다놉스키는 헛말을 하지 않는 사람인 것을 누구보다 잘 알고 있었기에 그가 묘책을 제시하리라 생각했다. 깊은 밤 두 사람은 프레오브라젠스코예에서 크렘린궁으로 이동했다. 로모다놉스키는 자신이 관리하던 크렘린궁 무기고로 향했다. 무기고 내실에는 방을 지키는 노파 외에는 아무도 없었다. 노파에게 벽장을 열라고 하자 철문이 나왔다. 그는 문에 달린 밀랍 인장을 확인하고 주머니에서 열쇠를 꺼내어 오래되어 녹슨 문을 열었다. 표트르는 호기심이 가득한 채 촛불을 밝히며 서 있었다. 20년 동안 열리지 않았던 문이었다. 그와 노파만 알고 있는 비밀 방이었다. 지렛대와 도끼를 이용하여 첫 번째 금고를 가까스로 열었다. 그 안에는 황금, 은 접시, 은화와 네덜란드 화폐까지 산더미처럼 쌓여 있었다. 표트르는 너무나도 기분이 좋아, 그에게 키스하며 그동안 보물을 보관해 주어 감사하다고 연신 말했다.

"어떻게 이것을 이복형들과 소피아에게 알리지 않았습니까."

"전쟁터에 자주 출전하신 폐하의 부친 차르 알렉세이 미하일로비치께서 저에게 돈과 보물을 보관하도록 주셨습니다. 돌아가시기 전 저를 따로 불러 전쟁 중에 돈이 절박하게 필요한 경우가 아니면 후계자들에게 절대 내어 주지 말라고 유언하셨습니다. 저는 이 명령을 소중하게 지켰습니다. 지금이 바로 내어 줄 시기라고 생각합니다. 이제부터 이 모두는 당신 것입니다."

"고맙습니다. 아저씨! 당신의 충성심을 잊지 않겠습니다."[130]

로모다놉스키는 모스크바 화재 후 도시 재건을 위해 총독을 역임했고 시베리아 총독도 맡았다. 이런 충성스러운 신하도 표트르의 뜻을 유일하게 반대한 것이 있었다. 바로 표트르가 첫째 부인을 버리고 둘째 아내를 맞이할 때였다. 그는 죽어서 제국의 판테온인 넵스키 수도원에 묻혔고 그의 아들 역시 프레오브라젠스코예 '가짜 차르'였다. 셰레메테프 백작과 함께 표트르의 방에 예고 없이 들어갈 수 있는 충신 중 충신이었다.

## 경찰청

1718년 표트르는 파리 경찰국을 모델로 경찰청을 설립했다. 경찰은 도시의 치안, 위생, 소방 등을 담당했다. 상트페테르부르크에는 경찰청 본부를, 모스크바에는 경찰 지청을 두었다. 원래 이는 주지사의 관할 업무였다. 1718년 5월 25일 표트르가 경찰청장에게 보낸 문서에는 경찰의 업무에 대한 13개의 명확한 지침이 있다.[131]

지침에 따르면, 청장은 오늘날 도시의 시장만큼 많은 업무를 수행하고 화재도 책임졌다. 당시 화재는 빈번한 일로 소방 의무는 중요한 사항이었다. 경찰청장은 도시의 모든 건물이 차르의 지침에 따라 지어졌는지 살펴보고, 난방과 난로 통로가 규정대로 설치되어 화재 피해가 발생하지 않도록 관리했다. 거리와 골목은 평평하게 유지하여 물이 고이는 웅덩이를 없앴으며, 특히 홍수에 대비하여 제방이 튼튼한지 확인하고 배수구가 막히지 않고 물이 잘 흐를 수 있게 정비해야만 했다.

   청장은 모든 거리와 골목을 깨끗하게 유지하여 마차와 주민 통행에 불편함을 없애고 주민을 동원하여 도로를 복구했다. 그는 도로와 다리 근처에 집을 짓지 못하게 단속했다. 모든 주민이 집 앞을 깨끗하게 청소하고 쓰레기를 쌓아두거나 함부로 버리지 않게 했으며 어기면 무거운 벌금을 부과했다. 시장은 청결해야만 했고, 시장 상인들이 저울을 속이는지 물건값이 갑자기 오르는지 주의 깊게 관찰했다.

   그는 화재를 대비하여 안전 예방 수칙을 주민들에게 사전 공지하고 주민 스스로 화재가 발생할 수 있는 난로, 부엌, 욕실 등을 점검하게 했다. 위험에 노출된 모든 장소 - 선술집, 도박, 사창가 - 등을 수시로 조사하여 악의 뿌리를 근절했다. 길거리에서 배회하는 사람을 검문하고 걸인이나 노숙자, 빈둥거리는 사람이 있으면 산업공장과 군대로 보냈다.

   또한, 경찰청장은 다른 지역에서 손님이 방문하거나 부랑자가 머물면 경찰에게 알리게 했으며 만일 거짓으로 신고하면 그의 재산을 박탈하고 갤리선으로 유배시켰다. 밤중에는 경비병이 종을 울리며 거리를 순찰했다. 주민들은 수상한 것을 보면 즉각 신고하도록 했다. 오늘날까지 이상한 사람이나 낯선 사람이 마을에 들어오면 할머니들은 경찰에 신고한다.

   표트르가 청장에게 보낸 13개 조항의 꼼꼼한 지침서는 제국의 안전을 책임지는 중요한 문서였다. 주민의 안전, 생명과 위생을 책임지는 부서가 표트르 시기 경찰청이었다.

## 데비예르

초대 청장은 포르투갈 출신의 유대인 데비예르(De Vieira, 1682~1745)였다. 관등표 기준 5등급이었다. 그는 표트르의 명령을 신속하게 수행하는 영민한 자였으며 무엇보다 정직했다. 표트르가 유럽 시찰 당시 네덜란드 함대와 전투 훈련을 한 적이 있었는데, 상대편 함대에서 민첩하게 돛에 오르는 16세의 청년 데비예르를 보고 러시아로 데려왔다. 차르의 정예병이 된 그는 신임을 얻어 최초의 경찰청장이 된 것이다.

그는 수도 상트페테르부르크의 도로포장, 배수구, 쓰레기, 분뇨처리 등 생활편의를 책임졌다. 마차를 이용하여 정기적으로 쓰레기를 수거했다. 거리의 구걸 행위를 금지했고 걸인에게 돈을 주면 벌금을 부과했다. 걸인도 구걸하다가 잘못하면 군대로 끌려가는 걸 알았으니, 거리에서 사라졌다. 거리의 노점상은 깨끗한 가판대로 바뀌었고 낡은 건물은 깨끗하게 칠해졌다. 러시아 최초로 가로등을 설치하고 휴식을 위한 벤치를 거리에 놓았다.

그는 상한 음식을 시장에서 팔거나 과도한 이익을 챙기는 상인을 처벌했다. 시민들이 도시를 출입하면 경찰에 등록해야 했고 신고 없이 주거하는 사람을 단속했다. 군인과 사제를 제외하고 시민들은 밤늦게 함부로 돌아다닐 수 없었다. 강도와 도둑이 사라지고 범죄가 줄었다. 그는 쾌적한 환경을 책임지는 도시의 총사령관이었다.

이 시기 영국 템스강은 오물 천지였다. 하지만 네바강은 데비예르의 공로로 깨끗했다. 언젠가 표트르가 데비예르를 마차에 태워 도시를 시찰한 적이 있었다. 그는 다리의 널빤지가 튀어나와 있는 것을 보고 데비예르를 마구 때렸다. 시민이 다칠 수 있다는 이유에서였다. 나무 널빤지 하나 때문에 마구 때릴 수 있느냐고 궁금해하겠지만, 표트르에게 도시의 안전은 그만큼 중요했다.

## 검찰청

1722년 1월 12일, 표트르는 검찰청을 설립했다. 「검찰 총장과 검사들의 지위에 관한 법령」[132]을 공포했다. 당시 원로원에 부패와 불법을 감찰하는 부서가 있었는데, 이를 확대하여 중앙과 지방의 모든 감찰 기능을 통합하고, 뇌물 수수와 불법을 처단하는 임무를 수행했다. 검찰 총장은 원로원 의장을 겸직하며 원로원과 모든 정부 부서의 재무제표와 보고서를 감사했다. 표트르는 원로원 회의에서 검찰 총장을 소개하며 말했다.

"나의 눈이요, 나는 모든 걸 보게 될 것이다."

검찰 총장은 부패를 처단하고 국가의 모든 업무를 감찰하는 사람이었다. 전제군주 아래 검찰과 대법원장의 기능을 합친 것이었으니, 매우 중요한 직책이었다. 차르 아래 실질적인 권력의 2인자였다.

법령에 따르면, 검찰 총장의 첫 번째 직무는 원로원이 규정과 법령에 따라 시간을 낭비하지 않으면서 모든 의제를 논의하고 결정하게 하는 것이었다. 총장은 자신의 일지에 원로원의 모든 상황을 기록했다. 그는 원로원의 결정뿐만 아니라 법령을 집행하는 부서의 장관에게 실행 여부를 점검하고 잘 마무리할 수 있도록 독려했다.

총장은 만일 일이 잘되지 않는다면, 원인이 무엇인지 파악하고 그 내용을 원로원 회의에 안건으로 올렸다. 그의 일지 절반은 법령이 내려진 날짜를 기록하고 나머지 절반은 법령 시행 여부를 적었다.

총장은 원로원 의원이 거짓과 위선 없이 정의롭게 행동하는지 감시했다. 만약 정의롭지 않은 행동을 하면, 원로원에 문제를 제기해 의원의 행동을 시정했다. 만일 의원이 이에 대해 항의하면 직무를 중단시켰다. 필요한 경우 매주 또는 매월 보고하고 보고서 작성을 신중히 하여 누군가의 명예를 실추하지 않도록 주의했다. 의원의 잘못이 불분명하거나 의견이 분분하면 보고를 중단하고 더 논의했다.

총장은 모든 검사가 진실하고 열정적으로 업무를 수행하는지 살펴보고 누구든지 잘못을 범하면 원로원 재판에 회부했다. 검찰에 대한 모든 고발은 원로원에 보고되었고 검찰이 성실하게 직무를 수행하지 않는다는 신고가 들어와도 원로원에서 재판받았다.

또한 총장은 행정감독관을 감시하고 문제가 발생하면 원로원에 즉각 보고했다. 정부 부서와 귀족재판소의 행정감독관은 검찰에게 모든 걸 보고했고, 검찰은 국가의 눈으로 국정의 감독관으로서 충실하게 일했으며, 자신의 지위에 반하는 행동은 범죄이자 명백한 국가 파괴로 간주하여 엄하게 처벌받았다.

## 야구진스키

표트르는 이런 막중한 임무에 야구진스키(Yaguzhinsky, 1683~1736)를 초대 검찰 총장으로 임명했다. 그는 리투아니아 출신의 오르간 연주자의 아들이었다. 어려서 러시아로 귀화한 후 루터교에서 정교로 개종했고, 표트르의 정예 부대에서 근무했으며 후에 정예 부대 대장이 되어 차르와 함께 원정을 다녔다. 외국어에 능통하여 올란드 회의 때 협상에 참여했고 오스트리아 특사로 가기도 했다. 그는 술을 좋아하고 춤을 잘 추었기에 연회와 축제에서 감초 같은 역할을 했다. 표트르의 신임을 얻은 것은 정직이었고 올곧은 말을 할 수 있는 용기와 일에 대한 열정이었다.

표트르가 공직자의 횡령과 뇌물에 짜증을 내며 원로원 의원들에 이렇게 명령했다.

"밧줄을 조금이라도 훔쳐 간 공무원은 그 줄에 교수형을 시키는 법을 만들어!"

원로원 의원들은 긴장한 얼굴로 침묵했다. 야구진스키가 말했다.

"한 명의 신하도 남지 않을 것입니다. 우리는 모두 훔치며, 그저 누가 더 많이 훔치느냐, 더 적게 훔치느냐가 차이 날 뿐입니다."

없던 일이 되었다. 과도한 지시에 대해 대차게 말할 수 있는 용기 있는 사람이었다. 표트르는 동료들에게 자주 말했다.

"파벨(야구진스키)이 조사한 것은 내가 직접 본 것과 같다."

1724년 황후의 대관식 날, 야구진스키는 국가 최고의 훈장인 성 앤드루 훈장을 받았다. 동시대 사람들에 따르면 그는 말을 잘하고 활기차면서도 변덕스럽고 자존심이 강했다. 매우 똑똑하고 활동적이었다. 다른 사람이 일주일을 해도 못 할 일을 단 하루 만에 해내는 사람이었다. 고위 인사들과 백작들에게 아첨하지 않고 자기 생각을 대담하게 표현했다. 재능 있고 민첩한 그는 누구 앞에서도 소심하지 않았다.

이렇기에 또 한 명의 2인자를 자처했던 멘시코프와 갈등을 빚었다. 허점 많고 욕심 많던 멘시코프는 영혼 깊숙이 그를 증오했다. 표트르 사후 황후가 여제가 되었을 때 멘시코프는 최고의 권력을 이용하여 야구진스키를 검찰 총장에서 사임시킨 후 폴란드로 파견 보냈다. 그는 한평생 러시아를 위해 일했다. 러시아 제국이 기틀을 잡는 데에는 무엇보다 리투아니아인 야구진스키의 지칠 줄 모르는 열정과 헌신이 있었다.

## 지방 개혁

### 아스트라한 봉기

1700년 북방전쟁 초기 러시아가 스웨덴과 나르바 전투에서 패배한 후 표트르의 강압적인 개혁이 이루어질 때 지방은 크게 동요했다. 특히 남쪽의 아스트라한과 전통적으로 차르 반대 세력이 많았던 볼가강 중·하류의 지역에서 반란이 자주 일어났다.

봉기의 원인은 전례 없는 대규모 징집과 전쟁 물자 조달을 위한 세금 징수와 요새 건설을 위한 강제 노동이었다. 더군다나 지방관의 과도한 수탈은 지역민의 원성을 불러일으켰으며 이들 봉기 세력에게 힘을 실어주었다. 하지만 반란을 진압할 수 있는 현지의 병사도 부족했고 군을 통솔할 수 있는 현명한 지방관도 많지 않았으며 중앙에서 군을 신속히 파견할 여력도 못되었다.

표트르의 전시체제에 불만을 품은 지방의 농노, 농민과 탈 주민들은 국경지대로 도망가 봉기 세력과 뜻을 같이하면서 반란은 걷잡을 수 없는 상태가 되었다. 더욱이 표트르는 자신에게 대항했던 소총수 부대 중 일부를 국경으로 쫓아냈는데 이들이 지방 봉기를 주도했으니, 하나의 화약고를 살려둔 셈이었다. 이렇게 표트르 통치에 불만을 품은 세력이 점차 남부지방 외에도 지방 곳곳으로 확대되어 쉽게 제압할 수 없는 지경에 이르렀다.

1705년 7월 30일 밤, 볼가강 하류 삼각주에 있는 도시이자 카스피해 연안의 도시인 아스트라한에서 봉기[133]가 발생했다. 아스트라한은 페르시아와 중앙아시아 등 아시아와의 무역로로 전략적 요충지였다. 옛 실크로드의 중심지 중 하나였고 하자르의 수도였다.

봉기는 표트르가 도입한 새로운 세금, 턱수염 금지령과 전통 의복 금지령에 반대한 소총수가 주도했다. 지역 빈민, 수산업자, 소금 상인, 바지선 운송업체, 대상(隊商) 등이 참여한 대규모 민중 봉기였다. 턱수염과 전통 의복 금지령에 반란을 일으켰다기보다는 경제적 수탈에 대한 항의였다.

봉기 세력들은 순식간에 아스트라한의 크렘린을 점령하고, 민중들에게 원성이 자자했던 지방 총독을 바로 처형했다. 이들은 장로협의회를 거쳐 시의회 의원을 선출했다. 의원들이 도시를 통치했다. 각종 세금을 폐지하고 자신들을 보호하는 소총수와 군인의 월급을 인상하며 전통 의복과 턱수염 금지령을 폐지했다. 지역 총독과 귀족의 재산은 몰수하고 세금 징수를 담당했던 관리와 평소 미움을 받았던 귀족을 처형했다.

이 반란은 인근 지역으로 확산하였는데 표트르는 스웨덴과 전쟁 중이어서 초기 진압이 불가능했다. 그는 전통적 우호 세력이었던 돈 코사크와 칼미크에 협조를 얻어 반란 세력을 처단하고자 했다. 반면 반란군 내에서도 '지방관은 나쁘나 표트르는 선한 군주'라고 여기는 자들이 있어 모스크바로 바로 진입하지는 못했다.

이듬해인 1706년 1월이 되어서야 표트르는 셰레메테프 야전 사령관을 파견하여 반란군 제압에 나섰다. 파견이 늦어진 것도 중앙에서 급히 보낼 군사가 부족했기 때문이다. 3월 13일 차르 군은 아스트라한을 습격하여 탈환하고 반란에 참여한 지도자들을 모두 체포했다. 처음엔 사면을 약속했지만, 모스크바로 압송한 이후 붉은 광장에서 모두 처형했다. 그 어떤 반란도 용서하지 않는 표트르였다.

### 구베르니야(지방 주)

표트르는 아스트라한 봉기를 계기로 지방을 효율적으로 운영하고 병사들의 징집을 원활히 하기 위해 지방 행정제도를 개편했다. 당연히 전쟁 자금이 필요했고 지방에서 세수를 확보하는 것이 무엇보다 우선이었다. 그는 스웨덴의 지방 제도를 모델로 하여 지역에서 차르를 지지할 수 있는 강한 정치세력을 만드는 방법을 모색했다. 지방자치제도와는 다른 접근이었다.

1708년 12월 18일, 표트르는 「구베르니야 설립과 도시 할당에 관한 법령」[134]을 공포했다. 이것이 1차 지방행정 개혁이었다. 구베르니야는 지방 주를 뜻하는 말이다. 법령에 따르면, 8개 주로 러시아를 나눴다. 모스크바, 상트페테르부르크, 키예프, 스몰렌스크, 아르한겔스크, 카잔, 아조프, 시베리아였다. 모스크바주에 39개 도시가 포함되었다. 모스크바를 비롯하여 야로슬라블, 툴라, 코스트로마, 블라디미르 등이었다. 상당히 큰 지역이었다.

구베르니야를 총괄하는 사람을 '총독 주지사(Генерал-губернатор)'라고 말했다. 총독 주지사는 막강한 권력을 가졌다. 그들은 행정권은 당연하고, 군부대 물자보급과 징집 등 지방 군 통수권, 세금 징수, 재정권, 심지어 사법권까지 가졌다. 주지사 산하 지역 수비대가 지역 안전을 맡았다. 초대 8명의 총독 주지사는 귀족, 장군, 왕자들이었으며, 멘시코프는 상트페테르부르크, 아프락신 제독은 아조프 지역을 맡았다. 표트르는 측근들을 총독 주지사로 임명하여 중앙집권을 강화했다. 소련혁명 전까지 황실의 대공과 측근들이 총독이었다. 그들에게 지역 전권을 준 것이다. 오늘날에도 대통령 전권대표가 연방 관구에 파견되어 지방을 통치한다.

표트르는 북방전쟁의 승리가 확실시되자, 전시 상황의 행정제도가 아닌 체계적인 지방 행정조직을 구상했다. 2차 지방행정 개혁의 준비였다. 이 업무를 독일인 하인리히 픽(Heinrich Fick, 1679~1750)[135]에게 맡겼다. 픽은 함부르크에서 태어나서 스웨덴군에 입대하여 병참 장교로 근무했다. 그는 스웨덴의 스파이로 활동했는데 덴마크군에 체포되어 감옥 생활을 했다. 이 시기 그의 능력을 알아본 브루스가 그와 연락을 취해 보석으로 풀려나자, 러시아로 초빙했다.

1715년 그는 러시아 정보관으로 복무하며 당시 표트르의 관심사였던 스웨덴의 중앙과 지방 행정 조직에 대한 자료를 수집하고 그 제도를 활용할 수 있는 외국 전문가를 러시아에 소개하는 임무를 수행했다. 그는 러시아 첩자로 스웨덴으로 갔다. 많은 자료와 함께 러시아로 돌아온 후, 브루스와 함께 정부 개혁 초안을 작성하고 각 부서의 직원 수, 임금, 외국인 초빙 시 주택 제공 등 건설적인 안을 만들어 표트르에게 보고했다.

그는 새로운 행정조직을 운영할 수 있는 능력 있는 인재가 필요함을 건의하고, 청소년은 글쓰기, 산술, 회계, 과학, 독일어 등을 배워야 한다고 주장했다. 그는 이후 상업부 차관으로 러시아 국적을 취득하지 않고 올라갈 수 있는 최고 요직까지 갔지만, 표트르 사후 권력이 바뀌면서 황제 모욕죄로 모든 재산을 박탈당하고 시베리아로 유형을 갔다.

그는 유형 생활 중 『야쿠트와 퉁구스족에 관한 메모』를 작성했다. 후에 이는 당시 시베리아 사람들의 생활방식과 태도, 지방 관료의 권력 남용과 뇌물 수수 등에 관한 귀중한 자료가 되었다. 표트르의 딸이 황제가 되면서 다시 유배에서 풀려났고, 리보니아에서 생을 마감했다. 러시아 행정조직 개편에는 한 독일인의 삶의 애환이 그대로 묻어 있었고, 그런 재능을 활용한 건 표트르와 그의 외국인 동료들의 지혜였다.

## 프로빈티야

1719년 5월 29일, 표트르는 픽이 가져온 자료를 바탕으로 2차 지방행정 개혁을 단행했다. 광대한 러시아 지역을 스웨덴의 모델로 세분화하여 지방을 뜻하는 45개 '프로빈티야'[136]로 나누었다. 기존 9개 구베르니야에서 2개를 추가하여 11개로 만들었고, 이 11개를 45개로 나눈 것이었다.

물론 모스크바를 비롯한 11개의 지방 핵심 도시에는 총독 주지사(Генерал-губернатор)를 그대로 임명하고 그 외 지역에는 관등표 상 8등급인 주지사(보예보다, Воевода)를 임명했다. 러시아어 '보예보다'는 오랫동안 군 지휘관을 뜻했으며 최고 행정관을 의미하기도 했다.

즉, 11개의 광역시가 있고 각 광역시를 관할하는 총독 주지사가 있으며, 총독 주지사 관할의 중소도시를 주지사 보예보다가 관할했다. 예를 들면, 모스크바 총독 주지사의 담당 지역 아래 9개 프로빈티야가 있으며, 모스크바시에 총독 주지사를 임명하고, 모스크바 인근 툴라와 블라디미르 등 8개의 중소도시에는 보예보다를 임명한 것이다. 모스크바 총독 주지사는 모스크바시뿐만 아니라 주 소재지인 8개 지역에 영향력을 미쳤다. 보예보다는 총독 주지사의 지시를 받으며, 행정, 재정, 세금 징수, 상업 활성화, 지역 치안 등을 담당했고, 총독 주지사는 지역의 군 통치권과 사법권을 행사했다.

또한, 각 프로빈티야를 5개 지구(Дистрикт, Districtus)로 더 세분화했으며, 한 지구는 1,500~2,000가구였다. 이것은 당시 스웨덴의 헤라트(Härad)에서 차용한 것으로 한 개의 헤라트는 약 1,000가구였다.

이 지구는 관등표상 14등급인 '자치 코미사르(Земский комиссар, 읍장)'가 관할했고, 지방 최하위 행정관으로서 재정과 행정을 담당하면서 경찰 지구대장을 겸직했고 심지어 지역 복지와 교육까지도 책임졌다. 무엇보다 가장 중요한 역할은 세금 징수였다. 이들은 지역 상공회의소에서 임명한 귀족이었다.

또한, 지방행정을 돕는 협조자들은 지역 특별 회의에서 선출한 '100인대'와 '10인대'였다. 1년 임기의 동장과 같은 역할로서 마을 자치 지구대로 자치 코미사르의 지시를 받았지만, 관료 등급에는 포함되지 않았다.

1719년 1월 26일, 표트르는 각 프로빈티야의 수장(보예보다)에게 지침[137]을 내렸다. 실질적으로 지방 발전은 이들의 어깨에 달려 있었기 때문이다. 총 46항 중 첫 항은 황제에 대한 명세였다.

"보예보다는 폐하와 가장 은혜로운 황후와 황실의 후손에게 충실하고 공정하며 선한 신하여야 한다."

이 지침에 따르면, 보예보다는 관할 지역에서 적과 내통자가 나오지 않도록 신중히 관찰하고, 지역의 요새가 적에게 점령당하지 않도록 잘 경계해야 했다. 지역 내 국유공장의 생산량을 점검하고 근로자들이 부지런히 작업하는지 재무부 자금이 유용하게 사용되는

지, 수공업자들은 생업에 만족하는지 등을 관찰했다. 지역 제조업과 상거래를 활성화하는 방안을 마련하고 광물을 채굴할 수 있는 곳을 조사했다. 외부인과 지역주민과의 갈등을 줄이고 봄과 겨울에 도로를 제때 정비하며 이정표를 세워 행인의 불편함을 없앴다.

보예보다는 시장에 통용되는 돈의 진위여부를 확인하고 저울과 척도의 기준을 통일시켜야 했다. 유능한 사람을 관청에 배치하고 세수를 증대시키고 지역 소득과 자산, 토지에 손해가 없도록 관리하며 이 자산들이 특정인에게 넘어가지 않게 보호했다. 지역 내 참나무와 숲이 황폐하지 않도록 주의 깊게 감독하고 사냥꾼은 그의 명령에 복종하고 해로운 동물을 근절시켜야 했다. 지침의 마지막은 이렇게 쓰여있다.

"이 지침서는 세세하게 설명하고 있지 않다.…… 모든 일에 있어 차르 폐하와 국익을 보호하고, 중요한 사항은 원로원과 중앙부서에 보고하여 결정을 기다리며, 법령에 따라 집행하고 경계심을 가지고 업무를 수행하기를 바란다."

표트르의 임기 후반에는 중앙과 지방의 모든 권력이 차르의 손에 있었다. 강력한 전제군주가 등장했다. 표트르는 방만한 중앙정부 조직을 슬림화해서 행정의 효율을 증대시켰고, 지방행정을 체계적으로 나누어 구역을 분명히 하고 담당업무를 명확히 하여 혼돈을 줄였다. 이것은 국가 발전의 시금석이었다. 그는 공무원의 근무 태만, 뇌물과 공금 횡령에 엄격하게 대처했으며 세세한 법령과 지침을 내려 혼돈을 없앴다. 그 모든 규정은 선진국과 비교 분석하여 유용한 것을 차용했다.

그는 행정조직을 개편한 후 자신에게 대범하게 올곧은 말을 할 수 있는 자를 정부 요직에 배치했고, 그들은 정직했으며 차르의 명을 신속하게 실행했다. 그런 사람을 찾은 건 오직 표트르 자신이었다.

표트르가 마키아벨리의 군주론을 읽었는지는 알 수 없다. 하지만 그는 마키아벨리가 그렇게도 찾던 군주였다. 표트르는 자신이 무엇을 해야 하는지 잘 아는 뛰어난 군주였다.

[II 권 계속]

## II 권 차 례

### 6. 경제 개혁

산업 시찰·외국인 초빙 | 11
산업정책 | 16
상업정책 | 26
농업정책 | 32
농민과 농노 | 36
화폐·세금 개혁·예산 | 42
표트르의 경제학자 포소시코프 | 57

### 7. 교육 개혁

표트르의 교육 | 65
통·번역학교 | 69
수학·항해학교 | 75
중등학교 김나지야 | 79
의과대학 | 82
산술학교 | 86
과학예술 아카데미 | 89

### 8. 사회·문화·종교 개혁

새해 연도·달력·서명·신문·숫자·알파벳 | 97
수집광 표트르: 동물원·식물원·도서관·쿤스트카메라 박물관 | 105
표트르의 고고학자 매서슈미트 | 113
여성·무도회·황제의 여인·사생아 | 117
음식문화 | 134
종교 개혁 | 146

## 9. 예술 개혁

연극 | 159

음악 | 165

황제를 그린 화가 니키틴 | 175

자화상을 그린 화가 마트베예프 | 181

누드를 그린 화가 카라바크 | 185

판화 | 194

조각 | 201

## 10. 표트르의 도시, Saint Petersburg

뉴 암스테르담 | 213

페트로파블롭스크 요새와 대성당 | 218

트루베츠코이 감옥과 왕세자 알렉세이 | 224

크론슈타트 요새와 해군성 | 239

여름 정원·여름 궁전·겨울 궁전 | 243

트리니티 광장·넵스키 수도원·넵스키 대로 | 247

수도 이전 | 255

바로크 건축가 라스트렐리 | 261

## 또 하나의 에필로그(Another Epilogue)

표트르 치세 | 275

제국의 흥망성쇠 | 285

평가 | 292

작가의 마침표 | 299

I권 차례 | 304, 표트르 개혁 연표 | 306, 각주 | 311, 참고문헌 | 317, 찾아보기 | 326

# 각주 ||||||||||||||||

1. 이 유언은 표트르 사후 홀스타인 외교관의 기록으로 알려졌다.

2. Феофан Прокопович. Краткая повесть о смерти Петра Великого. (СПб.: Типографическое заведение А. Ильина, 1831), С. 56~57.

3. Феофан Прокопович, Сочинения. (М.; Л.: Изд-во АН СССР, 1961), С. 126~129.

4. 장례식 참고: Логунова М. О. За победою, после трудов, воспоследуете покой. Смерть, погребение и создание мемориала на могиле Петра I. (СПб.: История Петербурга, №73, 2018), С. 92-101. Логунова М. О. Печальные ритуалы императорской России. (М.: Центрполиграф, 2011). https://litresp.ru/chitat/ru/%D0%9B/logunova-marina-olegovna/pechaljnie-rituali-imperatorskoj-rossii/6(검색일: 2022.07.15.).

5. М. К. Каргер. Киев и монгольское завоевание// Советская археология XI, (М.: академии наук СССР, 1949), С. 86~90.

6. Гумилев Л. Н. От Руси к России, (М.: Прогресс, 1994), С. 293~296.

7. 페레야슬라프 라다(Переяславская рада) 회의. https://histrf.ru/read/articles/pierieiaslavskaia-rada-event(검색일: 2022.09.28.).

8. 스몰렌스크 정복에 관한 찬가(Песня о взятии Смоленска), http://www.hrono.ru/dokum/1600dok/1654text.html(검색일: 2022.06.22.).

9. Волынец А. Сколько Москва заплатила за Киев. https://profile.ru/culture/skolko-moskva-zaplatila-za-kiev-10146(검색일: 2022.09.13.).

10. Перевод Д. С. Лихачева и О. В. Творогова. Повесть временных лет. (СПб: Вита Нова, 2012), С. 17~18.

11. Новгородская первая летопись старшего и младшего изводов. Институт истории; отв. ред. М. Н. Тихомиров; под ред. и с предисл. А. Н. Насонова. (М.; Л.: Издательство АН СССР, 1950), С. 209.

12. Янин В. Л. Очерки истории средневекового Новгорода. (М.: Язы- ки славянски

13     х культур, 2008), С. 78~81.

13     같은 책, 117~118쪽, 129쪽.

14     Платонов О. А. Еврейский вопрос в русском государстве. (М.: Родная страна, 2013), С. 7.

15     Перевод Д. С. Лихачева и О. В. Творогова. Повесть временных лет. (СПб: Вита Нова, 2012), С. 42. 올가의 세례 연도는 946년 아니면 957년이다. 학자들 사이에 의견이 다르며, 연대기는 955년으로 되어있는데 연도가 틀린 것이다.

16     Гумилев Л. Н. От Руси к России, (М.: Прогресс, 1994), С. 42~45.

17     Артамонов М. И. Спорные вопросы древнейшей истории славян и Руси. (Москва-Ленинград: Издательство Академии Наук СССР, 1940), С. 3~14.

18     Артамонов М.И. История хазар. (Л.: Изд-во Гос. Эрмитажа, 1962), С. 38, 457.

19     Молчанов Н.Н. Дипломатия Петра Великого. (М.: Международные отношения, 1991), С. 162.

20     Миллер Г. Ф. История Сибири. (Москва ; Ленинград : Академия наук СССР, 1937), С. 195.

21     Жерносенко И.А., Балакина Е.И. Культура Сибири и Алтая. (Барнаул: Издательство Жерносенко С.С., 2011), С. 7.

22     Перевод Д. С. Лихачева и О. В. Творогова. Повесть временных лет. (СПб: Вита Нова, 2012), С. 150~151. 이 이야기는 알렉산드로스 대왕이 난공불락의 산에 가두었던 '부정한' 민족의 이야기뿐만 아니라 이스라엘인과 이스마엘인의 대결을 기반으로 한다. 이스라엘 지도자 기드온에게 패하고 에트리비아 사막으로 도망친 이스마엘 부족은 7,000년에 에트리비아 사막에서 나와 수많은 나라를 노예로 삼는다. 불법이 세상을 지배하고 도덕이 완전히 쇠퇴한다. 그러나 시간이 지나면 의로운 그리스 왕이 이들을 물리친다. 기독교의 번영이 있을 것이고, 그런 다음 알렉산드로스가 투옥한 '부정한' 민족이 나와서 전 세계를 정복한다. 하느님은 침략자들을 멸망시킬 대천사를 보내실 것이고, 잠시 후 적그리스도가 태어날 것이다. 적그리스도의 왕국에 그리스도의 재림과 최후의 심판이 뒤따른다는 내용이다.

23     Перцев Н.В. Поход московских войск 1499 г. в Югру в контексте внешней и внутренней политики Московского государства // Genesis: исторические исследования. (М., 2018, № 2) С. 40~54.

24     Миллер Г. Ф. История Сибири. (Москва-Ленинград: Академия наук СССР, 1937), С. 202~206.

25  Алексеев М.П. (сост., ред. и комментарии). Сибирь в известиях западноевропейских путешественников и писателей. (Иркутск: Восточно-Сибирское краевое издательство, 1936).

26  Миллер Г. Ф. История Сибири. (Москва-Ленинград: Академия наук СССР, 1937), С. 332~334.

27  같은 책, 338~341쪽.

28  같은 책, 217쪽.

29  시베리아 원정에 대해 러시아 고문서들도 각양각색인데 분명한 것은 한 번에 원정을 신속하게 진행한 것이 아니라, 거점지역에 머물면서 계절이 여러 번 바뀌고 다시 이동했다. 원정 당시에 모스크바 차르는 진행 과정과 결과들을 자세히 알지 못했다.

30  Пивоваров А.Н. Донские казаки. (Новочеркасск, 1892), С. 6.

31  Татауров С. Ф. Тюрко-татарские города Западной Сибири в XIV—XVI вв. в археологических и исторических исследованиях. Под редакцией С. Г. Бочарова и А. Г. Ситдикова Диалог городской и степной культур на Евразийском пространстве. Историческая география Золотой Орды. (КАЗАНЬ • ЯЛТА • КИШИНЁВ, 2016), С. 58~60.

32  Свадьба Петра I и Евдокии Фёдоровны (1689). http://petro-barocco.ru/archives/584 (검색일 : 2022.07.21).

33  Карион Истомин, Сазонова Л.И. (ред.), Книга любви знак в честен брак (1689). (Москва. 1989), С. 94.

34  Письма и бумаги императора Петра Великого : Т. 1(1688— 1701). (СПб.: Государственная типография, 1887), С.11.

35  같은 책, 13~14쪽.

36  Нартов А. А. Рассказы Нартова о Петре Великом. (Санкт-Петербург, 1891), С. 78.

37  같은 책, 20~21쪽.

38  같은 책, 105쪽.

39  Куракин Б. И. Гистория о Петре I и ближних к нему людях. 1682—1695 гг. // Русская старина. (СПб.: 1890, Т. 68. № 10), С. 238~260.

40  Письма и бумаги императора Петра Великого : Т. 1(1688— 1701). (СПб.: Государ

ственная типография, 1887), С.16.

41  Нартов А. А. Рассказы Нартова о Петре Великом. (Санкт-Петербург, 1891), С. 1~2.

42  같은 책, 4~5쪽.

43  비니우스는 네덜란드인으로 선친 때부터 러시아 궁정에서 일한 귀족이었고, 표트르에게 라틴어를 가르쳤다. 중요한 직책 중 하나였던 우체국 국장을 역임했고 시베리아 총독으로 있었다.

44  Письма и бумаги императора Петра Великого : Т. 1(1688— 1701). (СПб.: Государственная типография, 1887), С. 146.

45  Нартов А. А. Рассказы Нартова о Петре Великом. (Санкт-Петербург, 1891), С. 5.

46  Письма и бумаги императора Петра Великого : Т. 1(1688— 1701). (СПб.: Государственная типография, 1887), С. 157~162.

47  Соловьев С. М. История России с древнейших времен. (СПб.: Общественная П ольза, 1884, Т.14), С. 1169.

48  같은 책, 1171~1172쪽.

49  Нартов А. А. Рассказы Нартова о Петре Великом. (Санкт-Петербург, 1891), С. 4.

50  페르낭 브로델, 주경철 역, 『물질문명과 자본주의』, (서울: 까치글방), 1997, III-1, 254쪽.

51  같은 책, 284쪽.

52  같은 책, 263쪽.

53  런던에서 표트르 대제, 러시아 외무성 자료: https://london.mid.ru/ru/countries/stranitsy_istorii/pyetr_velikiy_v_londone/

54  Молчанов Н. Н. Дипломатия Петра Великого. (М.: Международные отношения, 1991), С. 100.

55  Нартов А. А. Рассказы Нартова о Петре Великом. (Санкт-Петербург, 1891), С. 82.

56  박동석 역, 『제갈량집』, (서울: 홍익출판사), 2006, 113쪽.

57  Ключевский В. О. Курс русской истории. (М.: Тип. А.И. Мамонтова, 1910, Ч.4), С. 30.

58  러시아 외무성 자료인 런던에서 표트르 대제 참고.

59  Полное собрание Законов Российской Империи Т. 4, СПб., 1830. С.282~283.

60  Молчанов Н. Н. Дипломатия Петра Великого. (М.: Международные отношения, 1991), С. 30. 캠퍼는 독일인 의사이자 박물학자였고 탐험가였다. 러시아, 페르시아, 인도, 일본까지 탐험하였으며, 『일본 역사』를 출간하여 서양인들에게 일본에 대한 지식을 제공했다. 일본의 침술과 뜸을 알렸다. 1683년 그는 스웨덴왕 카를 11세에게 소개되었고, 1683년 3월 20일부터 스톡홀름을 떠나 핀란드, 리보니아, 모스크바를 거쳐 아스트라한으로 이동했고, 카스피해를 거쳐 페르시아로 들어갔다. 그는 여행 동안 현지 풍습과 이방인에 대한 다양한 기록을 남겼으며 바로 이 시기에 모스크바 크렘린궁에서 표트르를 보았다.

61  Нартов А. А. Рассказы Нартова о Петре Великом. (Санкт-Петербург, 1891). 본문의 이야기 순서대로 발췌한 쪽은 다음과 같다. 83~84, 50~51, 51~52, 15~16, 86~87, 28, 32~34, 70~71, 49쪽.

62  표트르의 파워 엘리트는 그의 동료로 중요 직책을 맡은 사람들이다. 고든, 골로빈, 골롭킨, 골리친, 돌고루키, 데비예르, 레프닌, 로모다노프스키, 르포르, 마카로프, 멘시코프, 부르, 브루스, 샤피로프, 셰레메테프, 아프락신, 야구진스키, 오스터만, 쿠라킨, 쿠르바토프, 톨스토이, 프로코포비치 등이다.

63  모스크바 공국의 외교에 관한 글은 「러시아연방 외무부 역사·문서부」자료실 참고: https://idd.mid.ru/letopis-diplomaticeskoj-sluzby(검색일: 2022.07.22).

64  Под ред. В.П. Потемкина. История дипломатии. Том 1. (М., 1941), С. 231.

65  같은 책, 232쪽.

66  같은 책, 238쪽.

67  17세기 외무부 관료 구성, 구조와 기능(Чиновный состав, структура и функции, Посольского приказа в XVII в), 러시아연방 외무부 역사·문서부 자료실 참고: https://idd.mid.ru/letopis-diplomaticeskoj-sluzby(검색일: 2022.07.22).

68  Очерки история российской внешней разведки: В 6 томах. (М.: Международные отношения, 2014), С. 68.

69  톨스토이의 특별 임무에 관한 내용 참고: 같은 책, 70~76쪽.

70  힐코프 대사에 관한 내용 참고: 같은 책, 78~83쪽.

71  외무 콜레기야 설립문서(Утверждён регламент Коллегии иностранных дел) https://www.prlib.ru/history/619056(검색일: 2022.07.22).

72  Лебедева, О. В. История дипломатической службы России. (Москва: Аспект Пресс, 2020), С. 55~64.

73 Зонова Т.В. Основные этапы становления российской дипломатической службы//Дипломатическая служба. (М.,2011, №1), С. 107.

74 Багдасарян В. Э. Идеология Петра I историческая развилка и выбор модели развития государства. (Ярославль, 2022), С. 83~84.

75 Остерман А.И. К сочинению и определению канцелярии Коллегии иностранных дел предложения. 러시아연방 외무부 역사·문서부 자료실 참고: https://idd.mid.ru/letopis-diplomaticeskoj-sluzby(검색일: 2022.07.23).

76 마트베예프 대사에 관한 자료는 러시아연방 외무부 역사·문서부 자료실 참고: https://idd.mid.ru/letopis-diplomaticeskoj-sluzby(검색일: 2022.07.24).

77 표트르의 아조프 원정 관련 자료 참고: Лунин Б. В., Потапов Н. И. Азовские походы Петра I (1695~1696 гг.). (Ростов-на-Дону: Ростовское областное книгоиздательство, 1940).

78 Лунин Б. В., Потапов Н. И. Азовские походы Петра I (1695~1696 гг.). (Ростов-на-Дону: Ростовское областное книгоиздательство, 1940), С. 18.

79 같은 책, 61쪽.

80 콘스탄티노플 협상 관련 솔로비요프의 『고대로부터 러시아 역사』 14권 4장 참고: Соловьев.С.М. История России с древнейших времен: Глава IV. Продолжение царствования Петра I Алексеевича. (Санкт-Петербург, Т.14).

81 Украинцев Е. И. 참고. http://www.hrono.ru/biograf/bio_u/ukraincevei.php(검색일: 2022.07.28).

82 Науменко В. Г. Константинопольская история: из дипломатических сношений Московского государства с Крымским ханством и Турцией//Знание. Понимание. Умение. (М., №4 2015), http://www.zpu-journal.ru/e-zpu/2015/4/Naumenko_History-of-Constantinople(검색일: 2022.07.29).

83 제임스 크라크라프트, 『표트르 대제』. (서울: 살림), 2008, 54~55쪽.

84 Гузевич Д.Ю. Petro Primo Catharina Secunda. Два монарха, две эпохи - преемственность, развитие, реформы. Материалы VIII Международного петровского конгресса, (Санкт-Петербург: Европейский дом, 2017), С. 134.

85 폴 케네디, 『강대국의 흥망』. (서울: 한국경제신문사), 1995, 115쪽.

86 Ключевский.В.О.Курс русской истории. ЛЕКЦИЯ LXI(61).

http://www.spsl.nsc.ru/history/kluch/kluch61.htm(검색일: 2022.08.21).

87   Гусев И. Регулярная Армия Петра I. (М.: АСТ, 2002), С. 8.

88   Черников С.В. Dynamiques sociales et classifications juridiques dans l'Empire russe// Состав и особенности социального статуса светской правящей элиты России первой четверти XVIII века, (Paris, 2010, 51/2~3), С. 259~280.

89   Законодательство Петра I/Отв. ред. А.А. Преображенский, Т.Е. Новицкая. (М.: Юрид. лит., 1997), С. 155~231.

90   김영식 역, 『상군서』, (서울: 홍익출판사), 2000, 45쪽, 83쪽, 86~87쪽.

91   Нартов А. А. Рассказы Нартова о Петре Великом. (Санкт-Петербург, 1891), С. 90.

92   Нартов А. А. Рассказы Нартова о Петре Великом, Санкт-Петербург, 1891, С. 57.

93   Законодательство Петра I/Отв. ред. А.А. Преображенский, Т.Е. Новицкая. (М.: Юрид. лит., 1997), С. 236~237.

94   같은 책, 233쪽.

95   같은 책, 232~384쪽.

96   Евгений Киселев. Как Петр I Мадагаскар подчинить хотел//Независимая газета. (М., 2005.07.01.).

97   린지 휴스, 김혜란 역. 『표트르 대제: 그의 삶, 시대, 유산』. (서울: 모노그래프), 2020, 401~402쪽.

98   Апраксин Федор Матвеевич, Сражения и победы.(http://100.histrf.ru/commanders/apraksin-fedor-matveevich/검색일: 2022.07.22.).

99   Керсновский А.А. История русской армии в 4 томах. Т. 1. (М.: Голос, 1992), С. 23~24.

100  Молчанов Н.Н. Дипломатия Петра Великого. (М.: Международные отношения, 1991), С. 194~195.

101  Керсновский А.А. История русской армии в 4 томах. Т. 1. (М.: Голос, 1992), С. 27.

102  같은 책, 35~36쪽.

103  표트르의 연설문은 신화화되었다. 좀 더 평범한 문구였을 것이다. 표트르의 사상가 프로코

포비치 사제가 쓴 표트르의 연설문도 있다. 여러 개이다. 이 책의 연설문은 러시아 교과서에 나오는 가장 잘 알려진 연설문이다. Бутурлин Д.П. Военная история походов россиян в XVIII столетии. Часть первая. Том III, (СПб.: Военная Типография Главного Штаба Его Императорского Величества, 1821), С. 52.

104 Нартов А. А. Рассказы Нартова о Петре Великом, (Санкт-Петербург, 1891), С. 80.

105 Керсновский А.А. История русской армии в 4 томах. Т. 1. (М.: Голос, 1992), С. 39.

106 Артамонов В. А. Великая победа под Полтавой//Проблемы национальной стратегии. (М., 2009, N. 1), С. 164.

107 프루트 전투 관련 자료는 케르스노프스키의 러시아 군사 역사 참고: Керсновский А.А. История русской армии в 4 томах. Т. 1. (М.: Голос, 1992). С. 41.

108 Артамонов В.А. Турецко-русская война 1710-1713. (М.: Издательство ≪Кучково поле≫, 2019), С. 173~174.

109 같은 책, 174~175쪽.

110 같은 책, 183쪽.

111 같은 책, 197쪽.

112 Договор и постановление между Гетманом Орликом и войском Запорожским в 1710 году. Источники Малороссийской истории : Ч. 2 : 1691~1722. (Москва : В Унив. Тип., 1859), С. 242~257.

113 Молчанов Н.Н. Дипломатия Петра Великого. (М.: Международные отношения, 1991), С.253.

114 Мартенс Ф., Собр. трактатов и конвенций, заключенных Россиею с иностранными державами, т. 5, (СПБ, 1880), С. 162~168.

115 Соловьёв С. М. История России с древнейших времен. Книга четвертая. Том XVI - XX. (СПб.: Товарищество "Общественная польза", 1851~1879), С.496~497.

116 Костомаров Н. И. Русская история в жизнеописаниях ее главнейших деятелей: монография. Второй отдел: Господство дома Романовых до вступления на престол Екатерины II. (М.: Директ-Медиа, 2015), С. 707.

117 Полное собрание законов Российской империи. Том 6 (1720~1722). (СПб. 1830), С.

420~431.

118　Полное собрание законов Российской империи. Собрание первое. Т. 6. (1720-1722). (СПб. 1830), №. 3840. С. 446.

119　Соловьёв С. М. История России с древнейших времен. Книга четвертая. Том XVI - XX. (СПб.: Товарищество "Общественная польза", 1851~1879), С. 861~862.

120　귀족회의(БОЯ́РСКАЯ ДУ́МА) 참고.
https://old.bigenc.ru/domestic_history/text/1880882(검색일: 2023.03.21.).

121　Нартов А. А. Рассказы Нартова о Петре Великом, Санкт-Петербург, 1891, С. 44.

122　Законодательство Петра I/Отв. ред. А.А. Преображенский, Т.Е. Новицкая. (М.: Юрид. лит., 1997), С. 72.

123　같은 책, 72~73쪽.

124　같은 책, 74쪽.

125　같은 책, 75~76쪽.

126　같은 책, 77~78쪽.

127　콜레기야에 관한 법령(О штате коллегий и о времени открытия оных) 참고: 같은 책, 97쪽.

128　일반규정(Генеральный регламент) 참고: 같은 책, 99~124쪽.

129　관등표(Табель о рангах) 참고: 같은 책, 393~401쪽.

130　Нартов А. А. Рассказы Нартова о Петре Великом, Санкт-Петербург, 1891, С. 37~41.

131　Законодательство Петра I/Отв. ред. А.А. Преображенский, Т.Е. Новицкая. (М.: Юрид. лит., 1997), С. 631~632. 경찰청장에게 보내는 지침(Пункты генералу полицимейстеру) 참고.

132　검찰 총장직에 관한 법령(Должность генерал-прокурора) 참고: 같은 책, 133~135쪽.

133　아스트라한 봉기(Астраханское восстание), 러시아연방 대통령도서관 참고: https://www.prlib.ru/history/619448(검색일: 2022.07.21.).

134　지방설립과 도시 할당에 관한 법령(Об учреждении губерний и о росписании к ним городов) 참고: Законодательство Петра I/Отв. ред. А.А. Преображенский, Т.Е. Новицкая. (М.: Юрид. лит., 1997), С. 424~427.

135 Прокопенко Я.И. Политический инженер Генрих фон Фик и феномен реформ Петра I // Феномен реформ на западе и востоке Европы в начале Нового времени (XVI-XVIII вв.) / ред. М.М. Кром, Л.А. Пименова. (СПб., 2013), С. 330~337.

136 Тархов С. А. Историческая эволюция административно-территориального и политического деления России // Регионализация и развитие России: географические процессы и проблемы. М., 2001. С. 191~213.

137 보예보다에 대한 지시 또는 명령(Инструкция или Наказ Воеводам) 참고: Памятники законодательства Петра Великого. (М., 1910), С. 33~40.

||||||||||||||||||||
러시아는 어떻게 제국이 되었나
**표트르 대제의 개혁 I**

**초판 인쇄** | 2024년 3월 27일
**초판 발행** | 2024년 4월 07일
**초판 2쇄 발행** | 2025년 1월 22일

지은이 | 강평기

펴낸 곳 | 아르바트
편집 디자인 총괄 | 최새롬
그래픽 디자인 | 정지영
편　집 디자인 | 채효정
고문서 디지털 원본 허가 | 러시아연방 국가기록청, 러시아 국립 고문서관

출판등록 | 2023년 12월 8일 제2023-000063호
전자우편 | bookarbat@gmail.com
전화번호 | 010-9842-4743(주문·판매·마케팅·편집)

잘못된 책은 구매처에서 교환해 드립니다.
책값은 뒤표지에 있습니다.

ISBN　979-11-986876-1-6 04920
　　　979-11-986876-3-0 (세트)